This English edition of the following title published by Cambridge University Press:
The Making of Modern Intellectual Property Law: The British Experience, 1760 – 1911,
ISBN978 0 521 05713 4, © Brad Sherman and Lionel Bently 1999.
This simplified Chinese edition for the People's Republic of China(excluding Hong Kong, Macau and Taiwan) is published by arrangement with the Press Syndicate of the University of Cambridge, Cambridge, United Kingdom.
© Cambridge University Press & Peking University Press 2021
This simplified Chinese edition is authorized for sale in the People's Republic of China (excluding Hong Kong, Macau and Taiwan) only. Unauthorised export of this simplified Chinese edition is a violation of the Copyright Act. No part of this publication may be reproduced or distributed by any means, or stored in a database or retrieval system, without the prior written permission of Cambridge University Press and Cambridge University Press & Peking University Press.
Copies of this book sold without a Cambridge University Press sticker on the cover are unauthorized and illegal.
本书封面贴有Cambridge University Press防伪标签，无标签者不得销售。

法律今典译丛　　　　　　重排本

The Making of Modern Intellectual Property Law
The British Experience

现代知识产权法的演进
英国的历程
（1760—1911）

〔澳〕布拉德·谢尔曼（Brad Sherman）
〔英〕莱昂内尔·本特利　（Lionel Bently）　著　金海军 译

北京大学出版社
PEKING UNIVERSITY PRESS

著作权合同登记号　图字:01-2003-3321
图书在版编目(CIP)数据

现代知识产权法的演进:英国的历程:1760~1911/(澳)谢尔曼(Sherman,S),(英)本特利(Bently,L.)著;金海军译.—2版.—北京:北京大学出版社,2012.3
(法律今典译丛)
ISBN 978-7-301-20266-1

Ⅰ.①现… Ⅱ.①谢…②本…③金… Ⅲ.①知识产权法-法制史-英国-1760~1911 Ⅳ.①D956.13

中国版本图书馆CIP数据核字(2012)第026859号

书　　　名	现代知识产权法的演进:英国的历程(1760—1911)(重排本) XIANDAI ZHISHI CHANQUANFA DE YANJIN: YINGGUO DE LICHENG (1760—1911)(CHONGPAIBEN)
著作责任者	〔澳〕布拉德・谢尔曼(Brad Sherman) 〔英〕莱昂内尔・本特利(Lionel Bently)　著　金海军　译
责 任 编 辑	朱　理　王　晶
标 准 书 号	ISBN 978-7-301-20266-1
出 版 发 行	北京大学出版社
地　　　址	北京市海淀区成府路205号　100871
网　　　址	http://www.pup.cn
电 子 信 箱	law@pup.cn
新 浪 微 博	@北京大学出版社　@北大出版社法律图书
电　　　话	邮购部 010-62752015　发行部 010-62750672 编辑部 010-62752027
印 刷 者	北京虎彩文化传播有限公司
经 销 者	新华书店
	965毫米×1300毫米　16开本　20.25印张　267千字 2006年4月第1版 2012年3月第2版(重排本)　2021年12月第3次印刷
定　　　价	59.00元

未经许可,不得以任何方式复制或抄袭本书之部分或全部内容。
版权所有,侵权必究
举报电话:010-62752024　电子信箱:fd@pup.pku.edu.cn
图书如有印装质量问题,请与出版部联系,电话:010-62756370

目　录

重排本说明	1
致谢	3
缩略词表	5
制定法与法案表	9
案例表	17
导论	1
第一编　无体财产刍论	**9**
第1章　智力劳动中的财产	11
第2章　无体财产的智力性	50
第二编　现代知识产权法的兴起	**71**
第3章　外观设计法	73
第4章　划定法律的界线	90

2　现代知识产权法的演进

第三编　知识产权法刍议	**113**
第 5 章　法律范畴的固定化	120
第 6 章　完成架构	154
第 7 章　知识产权法形态之解释	168
第四编　知识产权法的转化	**189**
第 8 章　架构的变化	191
第 9 章　从创造到对象	206
第 10 章　闭合及其后果	230
第 11 章　回忆与遗忘	243
参考文献	262
索引	278
译跋	295

重排本说明

自2006年本书首次出版，忽忽已6年矣！其间不时有读者、同仁向译者提起这本书，多谓此书主题难得，译事艰巨云云。更有朱理、罗向京专撰书评[1]，阐微发明，颇受教益。

2010年10月14—15日，中国法学会、中国版权协会与中国人民大学共同主办"中国著作权法律百年国际论坛"。记得在论坛邀请函起草当时，特意在开头加上这样一段话："今年适逢中国第一部著作权法——1910年《大清著作权律》颁布一百年，《中华人民共和国著作权法》颁布二十年，也是世界上第一部著作权法——1710年英国《安妮法》颁布三百年。"这一表述既反映了这样的事实，中国之有著作权法制，晚于世界200年，但也已有一个世纪，并非只有20年的历史；它也说明，著作权制度的历史与发展，并非一人之私，甚至也不只是一国之事，实在是需要世界之眼光，全球之视野。此次论坛广邀海内外知识产权各界有识之士与会，其中，本书原著的两位作者也在受邀之列。澳洲昆士兰的谢尔曼教授自南徂北，亲临人大会场，译者得以在开会之余与其晤面，讨论包括本书在内的多个专业问题。剑桥大学的本特利教授无法亲往，但他推荐了格拉斯哥的Ronan Deazley教授参加，后者对英国著作权制度史的研究颇为精深，他们在若干年前成立专门

---

[1] 朱理：《惊异于历史的力量——读〈现代知识产权法的演进：英国的历程（1760—1911）〉》，载《互联网法律通讯》第2卷第10期（2006年3月）；罗向京：《除魅与重述——评〈现代知识产权法的演进：英国的历程（1760—1911）〉》，载《知识产权》2007年第6期。

研究小组,致力于现代之前的知识产权相关文献的解读。与他们的交流合作,也算是翻译此书的另一收获。

翻译这活计,按一位专业前辈所言:能人不愿干,孬人干不好。每次译完,虽然自觉尽心尽力,但因为不是"能人",故每每回头再看,也总有无心之误。"译无止境",意即在此。此次北京大学出版社准备重印此书,应编辑王晶女士之请,得以有机会对译本作一些勘误和改进。与初印本相比,重印本除了字词和规范方面的改动,约有十余处较为实质的更动,主要涉及词语订正和句子结构调整。其中,术语改动较大的几处胪列如下,以再就教读者大家:

(1) 原译"Statute of Anne"为《安妮女王法》,但译者在几年已自我更正为《安妮法》,故重印本改之。

(2) 原译"Lord Chancellor"为"御前大臣",现改译为"衡平法官"。该词源于英国古时执掌文秘署之官员,原译也无不可,但因本书将其所在机构"Chancery"译为"衡平法院",故此改译。

(3) 原译"bureaucratic property"为"官僚式财产",且在译跋中专门讨论此术语翻译之难。为便于读者理解和避免误解,现决定跳出社会科学界对"官僚制"与"科层制"的争论,另择义项,改译为"登记制财产"。

(4) 初印本第194页提到,当时的外观设计处于二流地位时,"声称外观设计是专利法和著作权法的'继子女'(step-child)"。其中,"继子女"之译,虽不算错,但终究未充分显示其不受重视、受到漠视之意味。故而不避粗俗,改译为"拖油瓶"。书中其余各处出现此词,亦相应改译。

(5) 关于"处处是无知的军队在黑夜里冲突"一段(初译本第208页),译跋中提到译者曾遍查诸书,深究其源。重印本保留这句话的整体意思不变,但参考张韬略博客中的意见,将后半句中出现的"realm"一词译为"领域",而不再拘泥于前后一致,均采"王国"之义项。这样做或可有利于一般读者之理解。

金海军
2012年3月5日

致　谢

在本书写作过程中，我们得到了许多人的帮助。我们要特别感谢以下人士在研究上的帮助：David Althus, Kier Ashton, Cate Banks, Robert Burrell, Jeremy Hopgood 和 Katie O'Rourke；以下人士在评阅书稿上的帮助：Robert Burrell, Bill Cornish, Shaun McVeigh, Alain Pottage, Alian Strowel, Julian Thomas, Adam Tomkins 和 Leanne Wiseman；以及伦敦大学国王学院研究战略基金（King's College Research Strategy Fund）和高级法律研究院对外研究基金（Institute of Advanced Legal Studies External Research Fund）的资助。

缩略词表

AC	*Law Reports: Appeal Cases*
All ER	*All England Law Reports*
Amb	*Ambler's Chancery Reports*
App Cas	*Law Reports: Appeal Cases*
Atk	*Atkyns' Chancery Reports*
Black W	*Sir William Blackstone's King's Bench Reports*
Bro PC	*Brown's Parliamentary Cases*
BT	Board of Trade
Bull NP	*Buller's Law of Nisi Prius*
Burr	Burrow's King's Bench Reports
CA	Court of Appeal
Carp Pat Cas	*Carpmael's Patent Cases*
CCD Mass	Circuit Court, District of Massachussetts
Ch	*Law Reports: Chancery*
Ch App	*Law Reports: Chancery Appeals*
Ch D	*Law Reports: Chancery Division*
Chit	*Chitty's King's Bench Reports*
CJ	*Commons Journal*
Co Rep	*Coke's King's Bench Reports*
Cowp	*Cowper's King's Bench Reports*
CPC	*Cooper's Chancery Patent Cases*
Dav Pat Cas	*Davies' Patent Cases*
De G J and S	*De Gex, Fones and Smith's Chancery Reports*
Eden	*Eden's Chancery Reports*

EIPR	*European Intellectual Property Review*
ER	*English Reports*
F	*Federal Reporter (US)*
F Cas	*Federal Cases*
FO	Foreign Office
FSR	*Fleet Street Intellectual Property Reports*
GATT	General Agreement on Tariffs and Trade
Giff	*Giffard's Chancery Reports*
HBL	*H. Blackstone's Common Pleas Reports*
HL	House of Lords
HLC	*House of Lords Cases*
HLJ	*House of Lords Journal*
HMSO	Her Majesty's Stationery Office
Holt	*Holt's King Bench Reports*
HPC	*Hayward's Patent Cases*
IIC	*International Review of Industrial Property and Copyright Law*
IPJ	*Intellectual Property Journal*
JPTOS	*Journal of the Patent and Trademark Office Society*
Jur Ns	*Jurist Reports, New Series*
K & J	*Kay and Fohnson's Vice Chancellor's Reports*
LJ Ch	*Law Journal: Chancery*
LJCP	*Law Journal: Common Pleas*
LJJ	Lord Justices of Appeal
LQR	*Law Quarterly Review*
LR	*Law Reports*
LR Ch D	*Law Reports: Chancery Division*
LT	*Law Times*
LT NS	*Law Times (New Series)*
M & W	*Meeson and Welsby's Exchequer Reports*
Man & G	*Manning and Granger's Common Plea Reports*
Mer	*Merivale's Chancery Reports*
Mor Dict	*Morison's Dictionary of Decisions*

My & Cr	*Mylne and Craig's Chancery Reports*
New Rep	*New Reports*
Noy	*Noy's King Bench Reports*
PP	*Parliamentary Papers*
QB	*Law Reports: Queen's Bench Division*
RIDA	*Revue Internationale du Droit de l'Auteur*
RPC	*Report of Patent Cases*
Russ & M	*Russell and Mylne's Chancery Reports*
S Ct	*Supreme Court*
Salk	*Salkeld's King's Bench Reports*
Scott NR	*Scott's New Common Pleas Reports*
Sim	*Simons' Vice Chancellor's Reports*
Stark	*Starkie's Nisi Prius Reports*
Swans	*Swanston's Chancery Reports*
Taunt	*Taunton's Common Pleas*
TNAPSS	*Transactions of the National Association for the Promotion of Social Science*
TR	*Term Reports*
TRIPS	*Agreement on Trade-Related Aspects of Intellectual Property Rights*
Web Pat Cas	*Webster's Patent Cases*
WLR	*Weekly Law Reports*
WR	*Weekly Reporter*
Y & CC	*Younge and Collyer's Chancery Cases*

制定法与法案表

按时间先后排序；在括号内给出的是其相应的简称和敕令编号；每段最后一个（或一组）阿拉伯数字为本书边码。

1335 年《使外来商人在英国从事购销活动而不受干扰法》(An Act which Enabled Merchant Strangers to Buy and Sell without Disturbance) 9 Ed. Ⅲ s. 1 c. 1 (1335) 209

1621 年《议会针对弗朗西斯·米切尔爵士、英格兰御前大臣弗朗西斯·怀康特·圣奥尔本和爱德华·弗勒德而通过之公开谴责法》(An Act Containing the Censure Given in Parliament against Sir Francis Mitchell, Francis Viscount Saint Albane Lord Chancellor of England and Edward Flood) 18 Jac. Ⅰ c. 1 of Private Acts (1621) 208

1623 年《确认枢密院所作之关于废止授予亨利·赫伦在德文郡和康沃尔郡诸县从事鱼类腌制、晾晒和包装特权的特许证之判决法》(An Act to Confirm a Judgement Given in Chancery for Annulling Certain Letters Patent Granted to Henry Heron, for the Sole Privilege of Salting, Drying and Packing of Fish within the Counties of Devon and Cornwall) 21 Jac. Ⅰ c. 11 (1623) 208

1624 年《关于垄断、刑法之特许以及由此产生之没收的法律》(An Act Concerning Monopolies and Dispensations with Penal Laws and Forfeitures Thereof) 21 Jac. Ⅰ c. 3 (1624) (1624 年《垄断法》[Statute of Monopolies]) 49, 108, 206, 207, 208, 209, 210

1662 年《关于禁止频繁滥用印制煽动性叛乱性和非经许可之图书小册子并且管制印刷业印刷机法》An Act for Preventing the Frequent Abuses in

Printing Seditious Treasonable and Unlicensed Books and Pamphlets and for Regulating of Printing and Printing Presses 13 & 14 Car. Ⅱ c. 33 (1662) 11

1690年《鼓励从玉米中蒸馏白兰地和酒精法》(An Act for Encouraging the Distilling of Brandy and Spirits from Corn) 2 W. & M. c.9 (1690) 209

1710年《在所规定时间内将已印刷图书之复制件授予作者或者该复制件购买者以鼓励学术法》(An Act for the Encouragement of Learning by Vesting the Copies of Printed Books in the Authors or Purchasers of such Copies) 8 Anne c. 19 (1710) (1710年《安妮女王法》[Statute of Anne]) 12, 13, 19, 32, 36, 40, 49, 74, 206, 207, 208, 209, 210, 214

1735年《通过在规定时间内授予发明人和雕工以财产权而鼓励设计、雕刻、蚀刻历史性以及其他印版之技术法》(An Act for the Encouragement of the Arts of Designing, Engraving and Etching Historical and Other Prints, by Vesting the Properties thereof in Inventors and Engravers during the Time therein Mentioned) 8 Geo. Ⅱ c.13 (1735) (1735年《雕工法》[Engravers' Act]) 16, 40, 74

1742年《保护技术能手约翰·拜罗姆对由其发明之速记技术和方法在一定年限内享有独家出版权法》(An Act for Securing to John Byrom, Master of Arts, the Sole Right of Publishing for a Certain Term of Years the Art and Method of Shorthand, Invented by him) 15 & 16 Geo. Ⅱ c.23 (1742) 16

1787年《通过在有限时间内授予设计人、印花工和所有权人以财产权而鼓励亚麻布、棉布、白棉布和平纹细布的设计、印花技术法》(An Act for the Encouragement of the Arts of Designing and Printing Linens, Cottons, Calicos and Muslins by Vesting the Properties thereof in the Designers, Printers and Proprietors for a Limited Time) 27 Geo. Ⅲ c.38 (1787) (1787年《白棉布印花工法》[Calico Printers' Act]) 37, 41, 63, 64, 74, 75, 211

1789年《关于将当朝陛下二十七年所制定法律——其名称为〈通过在有限时间内授予设计人、印花工和所有权人以财产权而鼓励亚麻布、棉布、白棉布和平纹细布的设计、印花技术法〉——延长至1794年7月1日法》(An Act for Continuing an Act Made in the Twenty Seventh Year of the Reign of His Present Majesty (c.38) intituled An Act for the Encouragement of the Arts of Designing and Printing Linens, Cottons, Calicos and Muslins, by Vesting the Properties thereof in the Designers, Printers and Proprietors for a Limited Time-Till 1 July 1794) 29 Geo. Ⅲ c. 19 (1789) 63

1794年《关于修订和使当朝陛下二十七年所制定法律——其名称为〈通过在有限时间内授予设计人、印花工和所有权人以财产权而鼓励亚麻布、棉布、白棉布和平纹细布的设计、印花技术法〉——永久化法》(An Act for Amending and Making Perpetual an Act Made in the Twenty Seventh Year of His Present Majesty intituled An Act for the Encouragement of the Arts of Designing and Printing Linens, Cottons, Calicos and Muslins by Vesting the Properties thereof in the Designers, Printers and Proprietors for a Limited Time)34 Geo. Ⅲ c.23 (1794) 37, 63

1798年《鼓励制作新模型和胸像以及其他物品法》(An Act for Encouraging the Art of Making New Models and Casts of Busts, and Other Things Therein Mentioned) 38 Geo. Ⅲ c. 71 (1798) (1798年《雕塑著作权法》[Sculpture Copyright Act]) 17

1831年《强制亚麻布印花工在其印制亚麻布上标示其名字法案》(A Bill to Oblige Printers of Linen to Mark their Names on Linens Printed by them) (1831) 2 *PP* (281) 166

1833年《修订有关戏剧文学财产法律法》(An Act to Amend the Laws Relating to Dramatic Literary Property)3 & 4 Wm. Ⅳ c. 15 (1833) (1833年《戏剧财产法》[Dramatic Property Act]) 117

1835年《修订与发明专利相关法律法》(An Act to Amend the Law Touching Letters Patent for Inventions)5 & 6 Wm. Ⅳ c.83 (1835) (1835年《布鲁厄姆勋爵法》[Lord Brougham's Act]) 103, 104, 105, 177

1837年《修订与发明专利相关之惯例,以改善鼓励技术与制造品法案》(A Bill to Amend the Practice Relating to Letters Patent for Inventions, and for the Better Encouragement of the Arts and Manufactures) (1837) 3 *PP* (315) 104

1837—1838年《为改善鼓励技术和制造品,保障个人在有限时间内对其发明享受利益法案》(A Bill for the Better Encouragement of the Arts and Manufactures, and Securing to Individuals the Benefit of their Inventions for a

Limited Time)(1837—1838) 1 *PP* (71) 104, 105

1838年《在某些案件中保护作者之国际著作权利益法》(An Act for Securing to Authors in Certain Cases the Benefit of International Copyright) 1 & 2 Vict. c.59 (1838) (1838年《国际著作权法》[International Copyright Act]) 114, 115, 116, 117

1839年《关于白棉布印花工之外观设计著作权扩展至一般性外观设计法》(An Act for Extending the Copyright of Designs for Calico Printers to Designs) 2 Vict. c.13 (1839) (1839年《外观设计著作权法》Copyright of Designs Act) 64, 65, 70

1839年《关于在限定时间内确保制造品外观设计所有人对该外观设计享有著作权法》(An Act to Secure to Proprietors of Designs for Articles of Manufacture the Copyright of Such Designs for a Limited Time) 2 Vict. c.17 (1839) (1839年《外观设计登记法》[Designs Registration Act]) 64, 65, 67, 70, 71, 72, 74, 75, 80, 81, 82, 83, 84, 85, 87, 89, 170

1839年《为改善鼓励技术和制造品,保障个人在有限时间内对其发明享受利益之法案》(A Bill for the Better Encouragement of the Arts and Manufactures, and Securing to Individuals the Benefit of their Inventions for a Limited Time) (《式样和发明法案》[Patterns and Inventions Bill]) (1839) 4 *PP* (31) 104, 105

1841年《对于在机器织物和糊墙纸上之印花设计扩大其著作权期限法案》(A Bill for Extending the Term of Copyright in Designs for Printing on Woven Fabrics and Paper Hangings) (1841) 2 *PP* (13 and 23) 74, 79

1842年《著作权法修订法》(An Act to Amend the Law of Copyright) 5 & 6 Vict. c.45 (1842) (1842年《著作权法》[Copyright Act]) 116, 117

1842年《合并与修订有关装饰性制造品外观设计著作权法律法》(An Act to Consolidate and Amend the Laws Relating to the Copyright of Designs for Ornamenting Articles of Manufacture) 5 & 6 Vict. c.100 (1842) (1842年《装饰性外观设计法》[Ornamental Designs Act]) 65, 77, 79, 80, 81, 87, 88, 89, 90, 110, 163, 218

1843年《修订有关外观设计著作权法律法》(An Act to Amend the Laws Relating to the Copyright of Designs) 6 & 7 Vict. c.65 (1843) (1843年《实用性外观设计法》[Utility Designs Act]) 65, 77, 79, 88, 89, 90, 91, 92,

制定法与法案表　　**13**

93,110,170,188

1844 年《修订与国际著作权相关法律法》（An Act to Amend the Law Relating to International Copyright）7 & 8 Vict. c. 12（1844）（1844 年《国际著作权法》[International Copyright Act]）114,115,116,117

1850 年《扩大和修改与外观设计著作权相关法律法》（An Act to Extend and Amend the Acts Relating to the Copyright of Designs）13 & 14 Vict. c. 104（1850）（1850 年《外观设计法》[Designs Act]）183

1851 年《扩大 1850 年〈外观设计法〉之规定,对于在 1851 年万国工业成果展览会上展出新发明者给予保护法》（An Act to Extend the Provisions of the Designs Act, 1850, and to Give Protection from Piracy to Persons Exhibiting New Inventions in the Exhibition of the Works of Industry of all Nations in One Thousand, Eight hundred and Fifty One）14 & 15 Vict. c. 8（1851）（1851 年《发明保护法》[Protection of Inventions Act]）134

1851 年《进一步修订与发明专利相关法律之法案》（A Bill for the Further Amendment of the Law Touching Letters Patent for Inventions 5 *PP* 63（502）；5 *PP* 91（612），（1851）（1851 年《专利法案》[Patents Bill]）134

1851 年《扩大 1850 年〈外观设计法〉之规定,对于在 1851 年万国工业成果展览会上展出新发明者给予保护之法予以命名的法案》（A Bill Intituled An Act to Extend the Provisions of the Designs Act, 1850, and to give Protection from Piracy to Persons Exhibiting New Inventions in the Exhibition of the Works of Industry of all Nations in 1851）2 *PP*（443）（1851 年《发明保护法》[Protection of Inventions Act]）134

1852 年《修订授予发明专利之法律法》（An Act for Amending the Law for Granting Patents for Inventions）15 & 16 Vict. c. 83（1852）（1852 年《专利法修订法》[Patent Law Amendment Act]）107,130,134,187,188,208

1852 年《修改在威斯敏斯特普通法高级法院和在兰开斯特、达勒姆伯爵领地高级法院之程序、惯例和诉讼模式法》（An Act to Amend the Process, Practice and Mode of Pleading in the Superior Courts of Common Law at Westminster and in the Superior Courts of the Counties Palatine of Lancaster and Durham）15 & 16 Vict. c. 76（1852）（1852 年《普通法程序法》

[Common Law Procedure Act]）191

1852年《使女王陛下得以实行与法国缔结之著作权公约,扩张和解释国际著作权法,以及解释有关版画著作权法律法》（An Act to Enable Her Majesty to Carry into Effect a Convention with France on the Subject of Copyright, to Extend and Explain the International Copyright Acts, and to Explain the Acts Relating to Copyright in Engravings）15 & 16Vict. c. 12 (1852) 118

1858年《修订当朝女王陛下五年和六年法律,以合并和修改与装饰性制造品之外观设计相关法律法》（An Act to Amend the Act of the Fifth and Sixth Years of her Present Majesty, to Consolidate and Amend the Laws Relating to Designs for Ornamenting Articles of Manufacture）21 & 22 Vict. c. 70 (1858) (1858年《外观设计著作权修订法》[Copyright of Designs Amendment Act]) 183

1860年《标题为合并、修改英格兰和爱尔兰可指控仿冒罪制定法之法律的法案》（A Bill Intituled An Act to Consolidate and Amend the Statute Law of England and Ireland Relating to Indictable Offences by Forgery）（No. 152）3 PP (383) 171

1861年《修改与美术作品著作权相关法律法案》（A Bill for Amending the Law Relating to Copyright in Works of Fine Art）1 PP (519) 184

1862年《修订与美术作品著作权相关法律并遏制该作品之欺诈性生产销售法》（An Act for Amending the Law Relating to Copyright in Works of the Fine Arts, and for Repressing the Commission of Fraud in Production and Sale of Such Works）25 & 26 Vict. c. 68 (1862) (1862《美术作品著作权法》[Fine Art Copyright Act]) 127, 163, 184

1862年《修改与欺诈性商品标记相关法律法》（An Act to Amend the Law Relating to the Fraudulent Marking of Merchandise）25 & 26 Vict. c. 88 (1862) (1862年《商品标记法》[Merchandise Marks Act]) 168, 170

1862年《修改与美术作品著作权相关法律法案》（A Bill for Amending the Law Relating to Copyright in Works of Fine Art) 1 PP 485 184

1862年《修改与美术作品著作权相关法律法案》（A Bill for Amending the Law Relating to Copyright in Works of Fine Art)（业经特别委员会修改）1 PP 493 184.

1862年《修改与假冒、欺诈性使用或者盗用商标相关之法律,以在某些案件中保护商标所有人之国际保护利益的法案》(A Bill to Amend the Law Relating to the Counterfeiting or Fraudulent Use or Appropriation of Trade Marks, and to Secure to Proprietors of Trade Marks in Certain Cases the Benefit of International Protection) (1862) 5 PP (267) 166

1863年《授予由1851年和1862年展览局长所制之证明奖章以防止虚假陈述法》(An Act to Prevent False Representations as to Grants of Medals of Certificates Made by the Commissioners for the Exhibitions of 1851 and 1862) 26 & 27 Vict. c. 119 (1863) 166

1873年《为设立最高法院以及与改善英格兰法官之管理、授权将女王司法委员管辖权移转该最高法院之上诉庭相关之其他目的而制定法》(An Act for the Constitution of a Supreme Court and for Other Purposes Relating to the Better Administration of Justice in England and to Authorise the Transfer to the Appellate Division of such Supreme Court of the Jurisdiction of the Judicial Committee of Her Majesty's) PC 36 & 37 Vict. c. 66 (1873) (1873年《司法法》[Judicature Act]) 191

1875年《设立商标登记簿法》(An Act to Establish a Register of Trade Marks) 38 & 39 Vict. c. 91 (1875) (1875年《商标法》[Trade Marks Act]) 190

1881年《合并修改与著作权相关法律法案》(A Bill to Consolidate and Amend the Law Relating to Copyright) 1 PP 639 (121) (1881) (1881年《著作权法案》[Copyright Bill]) 192

1883年《修改、合并有关发明专利以及外观设计和商标登记之法律法》(An Act to Amend and Consolidate the Law Relating to Patents for Invention, Registration of Designs and of Trade Marks) 46 & 47 Vict. c. 57 (1883) (1883年《专利、外观设计和商标法》[Patents, Designs and Trade Marks Act]) 162, 183, 188, 189

1883年《外观设计规则:专利、外观设计和商标局长报告》(Design Rules: Report of the Comptroller-General of Patents, Designs and Trade Marks) C 4040 (1884) 28 PP 33 (1883年《外观设计规则》[Design Rules]) 189

1898年《修改合并与著作权相关法律法案》(A Bill to Amend and Consolidate the Law Relating to Copyright) 9 PP 231 (393) 181

1899年《修改合并与商标相关法律法案》(A Bill to Amend and Consolidate

the Law Relating to Trade Marks)7 *PP* 349（287）162

1905年《商标法》(Trade Marks Act)5 Edw. Ⅶ c.15（1905）162

1907年《专利与外观设计法》(Patents and Designs Act)7 Edw. Ⅶ c.29（1907）162，181

1907年《1907年度专利、外观设计和商标局长第25次报告》(25th Report of the Comptroller-General of Patents, Designs and Trade Marks for the Year 1907（1907年《外观设计规则》[Design Rules]）(1908) 25 *PP* 13 181

1910年《修改合并与著作权相关法律法案》(A Bill to Amend and Consolidate the Law Relating to Copyright)(1910) *PP* Bill No.282 128，136

1911年《著作权法》(Copyright Act)1 & 2 Geo. Ⅴ c.46（1911）128，129，135，136，137，165，212

1912年《1912年度专利、外观设计和商标局长第30次报告》Design Rules：Thirtieth Report of the Comptroller-General of Patents, Designs and Trade Marks for the Year 1912（1913）38 *PP*（61）17（1912年《外观设计规则》[Designs Rules]）181

案 例 表

注：在正文脚注中，所引案例若属《英国判例汇编》（English Reports），则仅以其 ER 引见方式表示，其他判例报告的详细出处附后。

Bach v *Longman* (1777) 98 ER 1274; 2 Cowp 623; 1 Chit 26   113
Bainbridge v *Wigley* (1810) 171 ER 636   82
Baker v *Selden* (1879) 101 US 99   187
Batt & Co. v *Dunnett* (1899) 16 RPC 413   167
Beal ex parte (1868) 3 QB 387   184
Bentley v *Foster* (1839) 10 Sim 329; 59 ER 641   113
Boswell v *Denton* (1845) 6 *Repertory of Patent Inventions* 265   89
Boulton and Watt v *Bull* (1795) 126 ER 651; 2 HBL 463   45, 46, 408
Brett v *Massi* (1847) 30 *London Journal of Arts and Sciences* 357   94
British Leyland v *Armstrong Patents Co.* (1986) 1 All ER 850; (1986) AC 577; (1986) 2 WLR 400; (1986) RPC 279; (1986) FSR 221   218
Burnett v *Chetwood* (1720) 35 ER 1008; 2 Mer 441   54
Chappell v *Davidson* (1855) 69 ER 719; 2 K & J 123   170, 171, 197
Chappell v *Purday* (1845) 153 ER 491; 14 M & W 303   113
Chappell v *Sheard* (1855) 69 ER 717; 2 K & J 117   170, 171, 197
Crane v *Price* (1842) 134 ER 239; 1 Web Pat Cas 393; 4 Man & G 580 5 Scott NR 338; 12 LJCP 81   49, 108
Darcy v *Allin* (1602) 74 ER 1131; 11 Co Rep 846, No 178; Noy 173   4
Delondre v *Shaw* (1828) 57 ER 777; 2 Sim 237   113
Donaldson v *Becket* (1774) 2 Bro PC 129; Hansard: *The Parliamentary History of England from the Earliest Period to the Year 1803* (London Longman, 1813), vol. 17 (1771–4), col. 953   13, 14, 22, 25, 27, 28 29, 34, 39, 41, 42, 175, 210
Drewhurst's Application for a Trademark (1896) 2 Ch 137; 13 RPC 288   190
Edgeberry v *Stephens* (n.d.) 90 ER 1162; 91 ER 387; 2 Salk 447   44
Ex parte *Dyer* (1812) 1 HPC 555   151
Eyre v *Walker* (1735) 98 ER 213; 4 Burr 2325   12

Feist Publications v *Rural Telephone* (1991) 111 S Ct 1282   43, 206
Folsom v *Marsh* (1841) 9 F Cas 342, 344   59
Forsyth v *Riviere* (1819) 1 HPC 785; 1 CPC 401; 1 Web Pat Cas 97   151
Glyn v *Weston Feature Film Co.* [1916] 2 Ch D 261   201
Hall v *Burrows* (1863) 46 ER 719; (1863) 4 De G J and S 159   197
Hanson (1887) 37 Ch D 112   190
Hill v *Thompson* (1818) 129 ER 427; 1 Web Pat Cas 239, 1 HPC 754; 8 Taunt 375   90, 108
Hinton v *Donaldson* (1773) *The Decision of the Court of Session upon the Question of Literary Property in the Cause of John Hinton, London Bookseller, against Alexander Donaldson, Bookseller in Edinburgh* (Edinburgh: Boswell, 1774)   13, 14, 19, 29, 30, 147
Holdsworth v *McCrea* (1867) LR 2 HL 380   187, 188, 191
Hornblower v *Bull* (1799) 101 ER 1285; 8 TR 95   108
In re Barrows (1877) 36 LT NS 780; 5 Ch D 353   182
In re Robinson (1880) 29 WR 31   190
In re Worthington & Co's Trademark (1880) 14 Ch D 8   190
Jefferys v *Boosey* (1854) 10 ER 681; 4 HLC 815   33, 47, 53, 98, 113, 126, 175, 193
Jeffreys v *Baldwin* (1753) 27 ER 109; 1 Amb 164   97
John Huston Decision, Cour d'appel de Paris, 4 chambre, sect. B, 6 July 1989   215
Kelly v *Hutton* (1868) LR 3 Ch 703; 37 LJ Ch 917; 19 LT 228; 16 WR 1182   170
Leidersdorf v *Flint* (1878) 15 F Cas 260   169, 170
Liardet v *Johnson* (1780) 62 ER 1000; 1 Y & CC 527   72
Maxwell v *Hogg* (1867) 2 Ch App 307; 33 LJ Ch 433; 16 LT 130; 15 WR 467   170
Midwinter v *Hamilton* (1748) *Remarkable Decisions of the Court of Session* (1730–1752) (Edinburgh: A. Kincaid and J. Bell, 1766), 157; Mor Dict 8305   20
Millar v *Kincaid* (1743) (unreported) 98 ER 210; 4 Burr 2319   13
Millar v *Taylor* (1769) 98 ER 201; 4 Burr 2303   13, 14, 15, 19, 20, 21, 22, 23, 25, 26, 27, 28, 31, 38, 39, 41, 175, 193, 210
Millington v *Fox* (1838) 40 ER 956; 3 My & Cr 338   171
Morgan v *Seaward* (1836) 150 ER 874; 1 Web Pat Cas 170; 2 M & W 544   108
Nichols v *Universal Pictures Corporation* (1930) 45 F. 2d 119   56, 57
Nobel's Explosives Co v *Jones, Scott & Co* (1882) LR Ch D 721; 8 App Cas 5; 52 LJ Ch 339; 48 LT 490, 31 WR 388 HL   218

Osborne v *Donaldson* (1765) 28 ER 924; 2 Eden 327   29
Ouvah Ceylon Estates v *Uva Ceylon Rubber Estates* (1910) 27 RPC 645; (1910) RPC 753   191
Pianost's Application (1906) 23 RPC 774   191
Picard v *United Aircraft Corporation* (1942) 128 F 2d 632   203
Pitts v *Bull* (1851) 2 Black W 229   47
Pope v *Curl* (1741) 26 ER 608; 2 Atk 342   12
Queensberry v *Shebbeare* (1758) 28 ER 924; 2 Eden 328   12
R v *Arkwright* (1785) 1 Web Pat Cas 64; Dav Pat Cas 61; Bull NP 76; 1 Carp Pat Cas 53   108
R v *Metcalf* (1817) 2 Stark 149   82
Sega Enterprises v *Galaxy Electronics* (1996) 35 *Intellectual Property Reports* 161   193
Sheriff v *Coates* (1830) 39 ER 61; 1 Russ & M. 159   68
Tathham v *Dania* (1869) Giff 213   200
Thorn v *Worthing Skating Rink Co.* (1876) 6 Ch D 415   201
Tonson v *Collins* (1760) 96 ER 180; 1 Black W 301   13, 14, 16, 23, 24, 25, 26, 27, 28, 53, 54, 71, 113, 147
Tonson v *Walker* (1739) 96 ER 184; 1 Black W 331   12
Tonson v *Walker* (No. 2) (1752) 36 ER 1017; 3 Swans 671   12, 13
Walthoe v *Walker* (1736) 96 ER 184; 1 Black W 331   12
Webb v *Rose* (1732) 96 ER 184; 1 Black W 331   12
Windover v *Smith* (1863) 11 WR 324; 1 New Rep 349; 32 LJ Ch 561; 7 LT 776; 9 Jur Ns 397; 11 WR 323   182
Wood v *Zimmer* (1815) 171 ER 161; Holt 58; 1 Web Pat Cas 44; 1 Carp Pat Cas 290   98, 101, 108

导论

知识产权法似乎又到了一个危急时刻。既陷于数字化革命的创造与实践的包围之中,对基因变种的植物或者动物授予专利所引起的伦理问题尚悬而未决,又即将被有机计算(organic computing)抓住错误的把柄。至少在一部分人的眼里,当代知识产权法面临着诸多挑战,但它尚未准备好解决的对策。在许多方面,它可以被看做是一个持续变化中的病理问题,长期以来主导着本领域的法律分析,而这些主张的与众不同之处在于,它们是以这样的信念为前提条件的,即最近的这些变化为法律提出了一系列的难题,既独特无比又难以解决。在这个一般框架内,还存在着这样一种感觉,越来越多地把过去看做是毫不相关的,而那些组成知识产权法的法律概念、理念和制度也许曾经是适合的,但它们现在变得过时和落伍了。美国网络激进主义者约翰·佩里·巴洛(John Perry Barlow)在说到他认为由数字化财产所带来的"迫在眉睫的大难题"时,就持这样的辩论基调。他说,"知识

2　现代知识产权法的演进

产权法不可能通过打补丁、翻新或者扩展就能包容数字化表达的这些东西。……我们有必要开发出一套全新的方法,以适应这个全新的环境"[1]。本书部分地就是为反对这种思维方式而写的。更具体地说,过去和现在是紧密相连的,从这个依据出发,我们相信现代知识产权法的许多方面,只有透过过去才能得到理解。而且,虽然法律所面临的数字化财产和重组 DNA,已经给它带来了许多实际的困难,但其中的许多困难还是被认为是独一无二和新颖的,关涉知识产权法与新环境的互动,而在该新环境中,法律就会发现,尤其当它被置于某一个历史语境中时,它自己就可以被看做是解决一系列其已经对付多年问题的法律的例子。无论一个数字化、有机将来的解放性呼吁是如何具有吸引力,但因为所争议的概念和提出这些主张的用语都是以过去为中介的,所以,即使最激进的理由也仍然受惠于它们所力图挣脱的传统。矛盾的是,过去越是受人忽视,它对将来所能施加的控制就越大。

虽然在这些条件下考虑知识产权法就会出现许多的可能性,但我们把自己限制在两个相关主题的探讨上。第一个涉及无体财产在法律上的特征。更具体而言,我们集中于法律在对无体物给予财产地位时所面临的那些难题,反过来,也集中于法律在其意图解决这些难题时所采用的各种技巧。第二,我们的目标是解释为什么知识产权法呈现出现在这个为人所熟知的形式。在探讨这两个主题时,我们在很大程度上把自己仅限于自 1760 年至 1911 年期间的英国法;1760 年标志着文学财产之争的高潮;而 1911 年则正是联合王国著作权法得到法典化的当年。

在更具体地讨论这些主题之前,还必须记住一系列的初步要点。第一点,我们最主要的问题是关于知识产权法。与本领域的

---

[1] J. Barlow, "Selling Wine without Bottles: The Economy of Mind on the Global Net", 载 P. Ludlow(编), *High Noon on the Electronic Frontier: Conceptual Issues in Cyberspace*(坎布里奇,马萨诸塞州:麻省理工学院出版社,1996),第 10 页。他补充说,"法律家们正在采取行动,就当作旧法律还能够继续发挥作用,无论是通过奇怪的扩张,还是借助强制力。但他们错了"。同揭。

许多历史性作品不同,它们所关注的是知识财产和其他领域的关系,比如专利法对于技术发展的作用,或者文学财产与创作活动的关系,而我们的关注焦点就是知识产权法。这不能被认为似乎我们在表明,法律所运行的环境无关紧要,或者我们相信法律裁判应当优先于法律的其他形式。毋宁说,它是为了强调,我们的根本旨趣在于所谓的知识产权法的规定(*doctrine*),而不是其他的,例如经济学家或者政治哲学家们所可能告诉我们的关于知识产权法的那些东西。

有必要提出来的第二点是,我们的主张是以这样一种信念为根据的,即在19世纪中期,对智力劳动授予财产权的法律发生了一个重大转变(开始使用在那时被用来描述现在所称的知识产权法的用语)。更具体地说,我们主张,尽管缓慢、偶然并且在某种程度上仍属不完全,但是到19世纪50年代左右,现代知识产权法就已经作为一个独特的法律部门出现了,充斥着自己的逻辑和语法。为了突出这一转变,我们认为有必要在我们所谓的"前现代"和"现代"知识产权法之间作出区分。我们同意,这种区分在某种程度上是人为的,但我们相信它为探索和理解知识产权法提供了一个有用的基础。我们这样做并不表明,现代法在任何方面都优于前现代法,也不认为在当前的法律中就无法找到前现代法的痕迹。我们也并非表明,在19世纪的某一特定时刻发生了一个突然的、不可挽回的变化,从而成为由一个时期走向另一个时期的完美标志。毋宁说,我们使用这些概念是把它们当作一种方法,用来描述在许多方面接近于那些思考和处理无体财产的各种不同方法。考虑到前现代法和现代法的概念在本书中所处的位置,因此,从一开始就概括说明我们所认为的每个这样的历史时期的特点可能将有所帮助。

现代法和前现代法之间最重要的一个差异,是将该法律组织起来的方法。尽管该法律的当前形态几乎普遍被人视若当然——知识产权法的一般性范畴被划分为专利、外观设计、商标、著作权和相关权利等子范畴(subsidiary categories)——但在前现代法中,并不存在任何诸如该法律应当如何进行编排之类的明确共识:没有任何一个思维方法开始占据优势而成为组织模式。相反,那时存在着许多相互对抗的,并且从我们现代眼光看来彼此格格不入的组织形式。同样明确的是,至少一直到19世纪50年代之前,并不存在任何的著作权法、专利法、外观设计法或者商标法,当然也没有任何的知识产权法。至多存在着这样的一致意见,即法律承认并授予了在智力劳动上的财产权,尽管这一法律范畴本身的特征并不确定。

现代法之异于前现代法,还特别在于其所采取的形式。具体而言,前现代法对诸如白棉布、平纹细布和亚麻布外观设计的印染这样的东西给予保护,所以它的保护是按对象而具体化的(subject specific),是回应性的(reactive)。亦即,它趋向于对当时向法律所提出的特定问题作出回应。相反地,现代知识产权法倾向于更为抽象(abstract)和具有前瞻性(forward looking)。特别是,前现代法的形态在很大程度上是对法律的运行环境作出被动回应而确定的,而在现代法的立法起草过程中,则不仅考虑到其所调整的对象,而且也关注法律在实现这些任务时自身所采取的形态。

这两种制度之间的另一个不同点,在于其所保护的对象和法律针对这些对象所采取的方法。前现代法的一个显著特点,是它对在该保护对象中所体现的智力劳动或者创造性劳动的关注。而且,就它影响到知识产权法最终所呈现的形态以及确定各种法律权利的期限和范围的方法而言,智力劳动在知识产权法的许多方面起到了枢纽作用。虽然创造性劳动在前现代的知识产权法中发挥了卓越作用,但当该法律呈现出其现代姿态时,它却把注意力从被保护对象所体现的劳动那里转移了,转而更多地集中于其自身权利的客体上。也就是说,现代知识产权法不再把注意力集中于比如说体现在一本图书上的劳动那里,或者集中于被认为是无体财产本质的东西上，而是更多地关心作为一个封闭和统一实体的客体；关心图书对于读者大众、经济等等的作用。这种无体财产的封闭性，反映在法律处理被保护对象时所采用方法的变化上。前现代法利用的是古典法理学的语言、概念和问题，而现代知识产权法则利用了政治经济学和功利主义的资源。更具体来说，前现代法的特征是其自称的对无体财产本质的形而上学讨论——比如，怎样确定被保护对象的本质——而现代知识产权法的特征则出于无体财产的封闭性，对这种思考和处理其所保护对象的方法毫无兴趣。

把现代法从前现代法中区别开来的另一个要点，是关于登记在这两种制度中所起的作用。尽管无体财产的登记很早以来就存在于知识产权法中，但将此做法应用于前现代法和现代法中却有着重要差别，突出表现在登记所发挥的功能上。特别是，根据前现代法，证据通常是一件私人控制的事情，而在其现代形态中，证据和对记录管理则更通常是一件公共关注的事务。此外，无论在其前现代抑或现代形式上，登记对于无体财产的确认都起着一种重要作用，根据现代法，它越来越多地依赖于被保护对象的表述(representation)而非该对象本身，因此，登记就起着另一个重要作用：亦即管理和划定无体财产的界限范围。

一、无体财产的问题

虽然知识产权法的对象——我们倾向于称之为无体财产——起着关键作用，但是，人们对这一主题显然关注极少。从我们对现代知识产权法的探讨中所显露出来的一个令人感兴趣的问题是，无体财产在各种不同领域都发挥了显著作用。在突出无体财产对于知识产权法的作用的同时，我们也特别关注法律授予无体物以财产地位的方法以及由此所产生的问题。我们对于无体财产的分析开始于对这一事件的关注，即18世纪中叶在英国发生的一场针对永久性普通法文学财产地位的争论。从对智力劳动和体力劳动的区分开始,我们概括地介绍了由文学财产的反对者所提出的在授予无体物以财产地位的法律中所存在问题,以及由永久性文学财产的支持者所提出的对这些问题的解决方案。虽然随着文学财产之争的结束,法律以一种前所未有的方式而乐于给予无体物以财产地位,但是,法律继续面临着由文学财产的反对者们所确认的那类问题。事实上,巴洛关于数字化财产而提出的问题,其中有许多就与18世纪针对文学财产而提出的问题是相似的,因此,这些问题可以被看做是法律意图对无体物给予财产地位的一个漫长过程的组成部分。

虽然法律在其给予无体物以财产地位的努力中所面临的许多问题是长期性的,但这并非表明它们不会随着时间推移而有所变化,也不意味着法律的反应方式仍然保持不变。值得注意的是,根据19世纪知识产权法而形成的由公共资金支持的集中登记制度,变成了一个重要的场所,许多由无体财产所产生的问题在那里得到了排遣。特别是,就登记制度要求申请人交存其创作物的表述而非该创作物本身(这是以往的通常情形)而言,确认财产所有人以及财产边界的任务就以官僚方式(bureaucratically)获得了解决。重要的是,这些变化虽然强化了财产的封闭性,抑制了法律的创造性,但它们让法律避免了必须确认被保护财产的本质这个艰难的任务。

二、法律的形成

除了探讨知识财产在法律上的本质特征,我们也试图解释知识产权法作为一个法律范畴是如何形成的。我们之所以这样做,是为了对如下问题提供答案:为什么对智力劳动授予财产权的法律要分成专利、著作权、外观设计和商标等现已为人熟知的种类?

在我们开始解释知识产权法的形态时,我们主张反对如下这种人,他们把知识产权法当作永恒实体而始终存在的,虽然是以一种初级、新兴的形式。事实上,我们表明,现代知识产权法一直到19世纪50年代前后才作为一个独立的法律部门而出现。在此之前,该法律不仅是未加组织的、开放的和非固定的,而且还存在着许多竞争性方法,它们都可以用来把那些授予智力劳动以财产权的法律组织起来。同样地,该法律就有许多潜在的方向可供选择。虽然前现代法的组织结构具有非固定和不确定的特征,但在19世纪50年代前后,现在为人熟知的归类模式就已经完全形成了,并且在事实上开始被接受为能够将该法律组织起来的唯一可能的方法。

在解释知识产权法形态的过程中,我们也反对这样的人,他们把法律视作某种自然程序的反映,或者自恃采取了正确的哲学立场。更具体地说,我们写作本书的目的是为了厘清知识产权法的历史条件,对之加以改造,并且表明,那些常常被人视若当然或者看做自然构造的东西,事实上却是由一组复杂而变化着的环境、实践和习惯共同作用的产物。[2] 我们也希望表明,作为一个法律范畴,知识财产不能被确认为一项由功能、原则或者规范的目的论所调整的特定技巧;除非是在最平庸、陈腐的水平上,否则它也不能从经济学依据、作者人格权理论或者自然法、实证法方面得到解释。我们还试图抵制把法律的实际情况进行神秘化的无尽诱惑。在这种情况下,哲学家们、国际公约、法律原则以及自然法主张就统统被放到了叙述中心之外。相反,它们与如下这些事物相提并论,比如双边条约的谈判行为、形成和实施那些意在调整专利说明书书写方法的规则、知识产权法讲述的其自身的实际情况,以便把那些可用来解释知识产权法形态的各种因素融为一体。

---

[2] 诚如巴特思所言,在任何地方都不存在"任何自然的东西,而只有历史的东西": R. Barthes, *Roland Barthes* (R. Howard 译)(伦敦:麦克米伦,1977),第139页。

第一编　无体财产刍论

❧

　　我们对知识产权法的探讨就从 18 世纪下半叶在英国所发生的关于文学财产的争论开始。这场争论"成本高、范围大而又迁延多时",并且"在所有地方、所有人都在谈论着它"[1],但它显露出普通法文学财产的地位和本质特征。更具体地说,该争论是被这样的事实推动起来的,即出版商公会(Stationers' Company)由于其在图书出版上的权力和控制受到了破坏,因此主张,无论当时的制定法是怎么说的,在普通法上,作者(及其受让人)都对其创作的东西享有永久的权利。尽管对于像边沁(Bentham)这样一些人来说,由此引起的讨论几近于"一群盲人在争论颜色问题"[2],但我们相信,它们为我们提供了一个独一无二的机会,去

---

[1] 参见 A. Birrell, *Seven Essays on the Law and History of Copyright in Books*(伦敦:Cassel and Co., 1899),121。它也"让我们时代一些最具实力的律师发挥了才能":*A Vindication of the Exclusive Rights of Authors to their own Works: A Subject now under Consideration before the Twelve Judges of England*(伦敦:Griffiths,1762),1。

[2] "没多少年之前,这起文学财产案件就在威斯敏斯特厅(Westminster Hall)很彻底地被人搅动开来了,它呈现出一道古怪的景象:大量的律师和所有的法官无论在办公室还是下班后,都在谈论一般财产,尽管他们中没有人知道它究竟是什么,也不知道它是如何产生的;这就像一群盲人在争论颜色问题。" J. Bentham, *Manual of Political Economy*, W. Stark 编(伦敦:Allen and Unwin,1952),第 265 页注。

理解知识产权法的分类以及该法律是用何种方法授予无体物以财产地位的。

尽管现代知识产权法直到19世纪中叶才作为一个独特的法律领域显现出来,但是,有关文学财产的争论,或者至少是其中的某些方面,可以被看做是对前现代和现代知识产权法的冲突性需求的法律之争。更具体地说,下面这一点在争论过程中变得很明显了,即法律相信,智力劳动是知识产权法所专有并使之统一的问题,它与体力劳动存在着根本性区别。同时,随着法律开始对创造性智力劳动给予超过体力劳动的特权,从许多方面来说,我们也看到了对智力劳动授予财产权的各种法律部门予以合理化和进行整理的最初企图。尽管主要的推理方式就是对当时已经存在的、按对象具体确定财产权利的一种类比,但这毕竟是第一次公开而有意识地讨论该法律的形态。在第1章的前半部分,我们利用这些作为论据,来探讨在前现代知识产权法中所采用的那些范畴。在该章的后半部分,我们把注意力集中于无体物在法律上的财产地位这个问题。更具体地说,我们所探讨的是,永久性普通法文学财产的反对者认为法律在授予无体物以财产地位时所面临的根本性、并且在许多方面看来难以克服的问题究竟是什么。在某种意义上,文学财产的支持者对这些反对意见提出了许多看似有理的解决方案,但我们在第2章中提出,在文学财产争论中被讨论过的这类问题,仍然是知识产权法中的一个持续性话题。虽然这些问题的特征随时间而变(著名者如现代登记制度的引入),并根据所争议的对象而有所不同,但我们要表明的是,它们所突出的是无体财产的智力性。

第1章 智力劳动中的财产

1774年2月,英国上议院召开会议,决定苏格兰书商亚历山大·唐纳森(Alexander Donaldson)在制作未经授权而发表汤普森(Thompson)的诗《四季》(The Seasons)时,是否侵犯了在该作品上可能存在的任何权利。在作出唐纳森可以自由出版《四季》的判决中,上议院不仅反对永久性的普通法文学财产,它还有效地结束了这场关于文学财产的争论。这个关于普通法文学财产地位的争议,除了在英格兰和苏格兰的法院,还在当时的传单、小册子和报纸上被人讨论。

该场文学财产争论的主要推动力产生于17世纪末在图书交易管制方式上发生的变化。[1] 在此之前,是通过对印刷机和所

---

[1] 参见 C. Blagden, *The Stationer's Company: A History, 1403—1959*(伦敦:Allen 与 Unwin,1960); J. Feather, *A History of British Publishing*(伦敦:Croom Helm, 1988); L. Patterson, *Copyright in Historical Perspective*(纳什维尔,田纳西州:范德比尔特大学出版社,1968); M. Rose, *Authors and Owners: The Invention of Copyright*(坎布里奇,马萨诸塞州:哈佛大学出版社,1993),9—30。

出版的作品种类实施控制,从而对图书的制作和发行进行管制的。[2] 这种体制意在阻止传播煽动性、宗教异端的、淫秽和亵渎上帝的材料,而出版商公会根据该体制取得了对印刷业和印制特定图书的一般性垄断。这些权利的配置方式所导致的结果之一,就是个人出版商在事实上取得了一种对特定图书出版的永久性垄断。[3] 不过,随着《经营许可法》(Licensing Act)在 1695 年失效,出版商开始丧失了他们长期以来对图书交易所行使的控制权。他们对此作出了回应,发起了一场运动,试图恢复它们的垄断权。在最初的试图游说议会恢复《经营许可法》的努力失败之后,出版商们最终说服立法机关引入了《鼓励学术法》(Act for the Encouragement of Learning),即通常为人所知的《安妮法》(Statute of Anne, 1710)。[4] 该法授予"复制件"(或者手稿)的作者和所有权人以印刷和重印其作品复制件的权利。只要书商能够说服作者将其权利转让给他们,上述规定的效果就是给书商提供了一个机会,可以收回他们以往在图书交易上所行使的某些控制权。无论这一点可能做得如何成功,但相比于他们曾经拥有的控制权,它向出版商们提供的只是一个受到相当多限制的控制权形式。特别是,在 1710 年《安妮法》中得到承认的印刷和重印图书的权利只能持续一段有限的时间(如果该图书是新的,为 14 年;如果在该期限结束时,作者尚生存于世的,则再加 14 年;而"旧图书"的时间是 20 年)。这就意味着,到 18 世纪 30 年代,对以往有利可图的作品所享有的制定法权利(statutory rights)就开始失效了。面对这种情况,出版商们开始采取进一步的行动,以恢复其

---

[2] 参见,例如《关于禁止频繁滥用印制煽动性叛乱性和非经许可之图书小册子并且管制印刷业印刷机法》(1662)。

[3] 《出版商特许状》(Stationers' Charter,1557 年玛丽女王所颁)规定,王国内任何人均不得应用印刷术,除非其为出版商公会的自由民或者经王室特许。引人注目的是,这些法令规定,出版商在将之交与同业公会管理员并登记于登记簿之前出版图书的,构成一种犯罪。

[4] An Act for the Encouragement of Learning 8 Anne c. 19 (1710)。

在图书交易上曾经享有的控制权。由于在 1735 年未能说服议会延长该项保护的时间长度[5]，出版商们提出，虽然根据《安妮法》所授予的权利在登记之后 14 年(或者 28 年)即期限届满，但这些权利只是补充了作者先前存在的、永久性的普通法权利。因为他们就如同存在着这些普通法权利那样来展开行动(出版商的做法是在该法定期限届满之后继续转让在文学财产上的权利，以及在衡平法院[Chancery]提起诉讼要求强制执行此项假设之权利)[6]，所以，由他们所提出的这个问题就开始引起公众的争论。[7]

该争论形成了大量的文献，既有支持对普通法上永久性文学财产给予法律承认的，也有反对这样做的。在这场争论中，更大范围内的各种不同的问题都得到了讨论：从财产的形而上学地位、在图书上和在机器上的财产之间的差异，到苏格兰和英格兰普通法之间的关系，以及更一般而言的在制定法和普通法之间的关系。尽管在这些讨论的过程中产生了大量的不同问题，但所争论的中心问题还是，作者以及通过他们的书商是否享有一种在他们作品上的永久性普通法复制权(copy-right)，或者他们的权利是否被限定在由《安妮法》所规定的法定期限内。

---

[5] L. Patterson, *Copyright in Historical Perspective* (1968), 154 ff.
[6] 关于未发表的作品，参见，例如 *Webb v. Rose* (1732)，引用 96 ER 184; *Pope v. Curl* (1741) 26 ER 608; *Queensberry v. Shebbeare* (1758) 28 ER 924; *Eyre v. Walker* (1735) 引用 96 ER 184; *Tonson v. Walker* (1739) 引用 96 ER 184; 以及 *Tonson v. Walker* (No. 2) (1752) 36 ER 1017。
[7] 关于从众多解释中所作的一种选择，参见 H. Abrams, "The Historic Foundation of American Copyright Law: Exploding the Myth of Common Law Copyright" (1983) 29 *Wayne Law Review* 1120; M. Rose, "The Author as Proprietor: Donaldson v. Beckert and the Genealogy of Modern Authorship"，载 B. Sherman 与 A. Strowel 编，*Of Authors and Origins: Essays on Copyright Law* (牛津: Clarendon 出版社, 1994); T. Ross, "Copyright and the Invention of Tradition" (1992) 26 *Eighteenth Century Studies* 1; J. Feather, *A History of British Publishing* (1988); L. Patterson, *Copyright in Historical Perspective* (1968); D. Saunders, *Authorship and Copyright* (伦敦: Routledge, 1992)。

14　现代知识产权法的演进

当时的文献对普通法复制权的地位进行了讨论,与此同时,法院也被请求考虑这一问题。起初,支持普通法权利的衡平法院的法官授予了大量的禁制令。[8] 不过,考虑到衡平法院和普通法法院之间是相互独立的,这就使得关于在普通法中是否存在着一种永久性权利这个核心问题变得存而未答。由于企图在苏格兰[9]和英格兰[10]解决争议未果,有关文学财产的问题就开始由王座法院(King's Bench)在1769年的 *Millar v. Taylor* 一案的判决中加以考虑了。[11] 该诉讼因以下事实而起:1729年,安德鲁·米勒(Andrew Millar)花242英镑购买了对汤普森作品《四季》(Seasons)的权利。罗伯特·泰勒(Robert Taylor)是一位来自贝里克郡(Berwick-upon-Tweed)的书商,他于1763年出版了该作品,后米勒起诉要求获得法律救济。考虑到在那时,《四季》的制定法权利(至少在1757年)就已经过期了,米勒如果想要在诉讼中获胜,他就必须证明自己享有该作品上的普通法权利。既然如此,该案的主要问题就变成了,作者或者其受让人在其文学作品发表后是否在普通法上仍然保留着一个永久性的财产权,以及《安妮法》的本质特征及其对该普通法权利的影响。在经过一番广泛的争论之后,王座法院以3比1的多数作出了支持普通法文学财产的判决[12],其中,曼斯菲尔德勋爵(Lord Mansfield)和威尔

---

[8] 例如,在 *Tonson v. Walker* 案中,哈德威克(Hardwicke)勋爵发出一项禁制令,要求中止审理,以考虑该财产是否存在。关于对授予该等禁制令所依据之原则的考察,参见卡姆登(Camden)勋爵的 *Danaldson v. Becket* (1774)案,载 *Hansard: The Parliamentary History of England from the Earliest Period to the Year 1803* (伦敦:朗文出版社,1813), Vol. 17 (1771—1774) (以下简称 *Parliamentary History*) cols. 953—1003。

[9] *Millar v. Kincaid* (1743) 引用98 ER 210; *Hinton v. Donaldson* (1773) *The Decision of the Court of Session upon the Question of Literary Property in the cause of John Hinton against Alexander Donaldson* (爱丁堡:Boswell, 1774)。

[10] *Tonson v. Collins* (1760) 96 ER 169.

[11] (1769) 98 ER 201.

[12] 关于 *Millar v. Taylor* 案可能的共谋特征,参见 R. Tompson, "Scottish Judges and the Birth of British Copyright" (1992) *Juridical Review* 36。

斯（Willes）法官以及阿斯顿（Aston）法官支持米勒，而耶茨（Yates）法官持反对意见。[13]

在 Millar v. Taylor 案判决宣布之后不久，上议院在 Donaldson v. Becket 一案中对有关普通法文学财产的地位问题进行了重新评议。[14] 该案于 1774 年 2 月宣判结果，其中涉及与在 Millar v. Taylor 案中所提出的同样的问题——亦即是否存在一个永久性的普通法复制权，而且是关于同一作品的——汤普森的《四季》——所以，它可以被看做是对此案判决的一个事实上（de facto）的上诉。[15] 在就此问题作出判决之前，上议院全体议员先向法官们征求意见。尽管法官们就普通法复制权的特征问题而向上议院所提出的意见是支持伦敦出版商的主张的，但是，当上议院全体议员就此问题进行表决时，却以 22 票对 11 票支持唐纳森，反对普通法上的永久性复制权。[16] 值得注意的是，上议院不仅得出了与王座法院对 Millar v. Taylor 案的判决相反的结论，而且它这个结论是以不同的推理方式为根据的。

---

[13] 耶茨过去在 Tonson v. Collins (1760) 案 (96 ER 180) 中，是对普通法文学财产持反对立场的律师。此后有人提出，"后来的耶茨法官在其被确定担任法官时，并未完全与他作为律师的自己相分离"：Attorney-General Thurlow Commenting on Dunning's assertion in Donaldson v. Becket (1774) 17 Parliamentary History Col. 968。在 Hinton v. Donaldson (1773) 案中，苏格兰最高民事法院（Scottish Court of Session）拒绝遵循 Millar v. Taylor 案，认为即便该种财产存在于英格兰，在苏格兰也不存在这样的东西。尽管《安妮法》同时适用于这两个国家（它是在统一以后通过的），但英格兰和苏格兰是采用不同的普通法的不同法律管辖区域。不过，英格兰和苏格兰的判决是相互影响的：Hinton v. Donaldson (1773) Decisions of the Court of Session (1774)。

[14] (1774) 17 Parliamentary History col. 953.

[15] 唐纳森出版了《四季》的复制件。贝克特在此前已经花费 505 英镑，从米勒手中取得了《四季》的权利，因此，他在衡平法院提起了侵犯著作权之诉。在衡平法官巴瑟斯特（Bathurst）以 Millar v. Taylor 案为基础而授予一项禁制令之后，唐纳森向上议院提出上诉。

[16] 在辩论结束之际，上议院议员们就许多问题征询法官的意见。大多数法官承认普通法权利（10 比 1），也有较弱的多数派认为该权利即使在作品出版后仍然存在（7 比 4）；不过，法官们在《安妮法》是否排除了作者得以普通法权利为依据这个问题上，则形成了对等的两派。关于表决的情形，参见 J. Whicher, "The Ghost of Donaldson v. Becket" (1962) 9 Bulletin of the Copyright Society of USA 102。

这个吸引那么多人、为时如此之久的问题似乎得到了最终决定,那么 Donaldson v. Becket 案招引了这么大的公众注意力就无可奇怪的了。而且,考虑到上议院的司法地位,这一点也同样并不奇怪,即当它作出宣告时,Donaldson v. Becket 案就被认为标志着知识产权法历史上一段最重要时期的终结。事实上,为什么书商们的斗争会如此令人好奇,而且为什么在知识产权学术上引起了那么多的注意,其原因之一就在于,它不仅是第一次而且也许是唯一一次有那么多的问题得到了讨论,并且讨论得如此长久和如此详细。而且,因为所提出论据的详细和复杂性特点,也因为有那么多的关键性法律理念都得到了批判性考察,所以,它也给我们提供了一个有益的机会,来探讨前现代和现代知识产权法的各个不同的方面。特别是,它让我们检验了本书的两个中心主题:即知识产权法的类型化(categorisation)以及该法律对无体物授予财产地位的方式。

一、智力劳动

虽然在文学财产争论的双方之间存在着诸多不同意见,但它们的讨论都是在一个具有共同思想的背景下展开的。这些思想中最重要的一个,就关系到智力劳动在法律上的地位。[17] 尤其是,尽管有关智力劳动的本质特征的确切细节尚有争议,但获得人们广泛同意的是,智力劳动——它源于头脑的智慧劳动和天赋与思想的发挥——从根本上区别于体力劳动——它纯粹是人体

---

[17] 在最近时期,对纯粹的智力劳动(mental labor)和人格表达(expression of personality)之间的区别已变得很平常了。但是,在18世纪,"智力劳动"是在一种更广泛的意义上得到使用的,它还包括了人格。

力气的发挥和身体的运用。[18] 智力劳动和体力劳动,或者在此后为人所知的创造性劳动和非创造性劳动的区分,是基于一系列内容范围广泛的因素而作出的:有关个人之固有价值或者尊严的思想;一种越来越强烈的信念,即认为正是智力才能——"把我们命名为人的正是这项才能"[19]——才使得"人"兽相互区别[20];以及经济学上的依据。[21] 而且,由于一种在创造天赋上不断增强的信念,法律不仅涉及智力劳动和体力劳动之间的区分,它还涉及对智力劳动赋予超越于体力劳动的特权。[22]

与法律对智力劳动和体力劳动的区分同时发生的是,智力劳动开始被人看做是联系各种授予无体物以财产权的不同法律部门之间的纽带。也就是说,这一点在文学财产的争论过程中变得

---

[18] 典型的起始点是把财产分为动产和不动产。动产则进一步分为自然物(它是通过占有而取得的)和人造物(它是通过添附而获得的)。"知识财产"所落入的正是后一种财产——人造的动产:W. Warburton, *A Letter from an Author to a Member of Parliament concerning Literary Property*(伦敦:John 与 Paul Knapton,1747),7。正如布莱克斯通在担当 *Millar v. Taylor* 案律师时所言,"智力劳动与大脑的生产结果是正当地有权获得由此所产生的收益,正如体力劳动一样;文学作品是作者自身劳动和能力的结果,他对于由作品所产生的利益享有一种符合道德和公平的权利。"转引自 Yates 法官,*Millar v. Taylor*(1769)98 ER 231。

[19] W. Warburton, *A Letter from an Author*(1747),2。

[20] 同上揭,第2页。另参见 *Tonson v. Collins*(1760)96 ER 180。

[21] 亚当·斯密在熟练劳动和普通劳动之间,或者智力劳动和体力劳动之间的区分,就可以归因于每一劳动者所"投入"的教育程度,以及所涉及劳动种类的相关稀缺性。A. Smith, *The Wealth of Nations*(1776)(Edwin Cannan 编)(伦敦:Grant Richards,1904),103。

[22] 参见,例如 J. Reynolds, *Discourses on Art*(Discourse VIII)(R. Wark 编)(纽黑文;耶鲁大学出版社,1959),117。评论者把个人说成是有天赋的,但并不就是一个天才。有关天赋和创造的概念,参见 P. Kaufman, "Heralds of Original Genius" 载 *Essays in Memory of Barrett Wendell*(坎布里奇,马萨诸塞:哈佛大学出版社,1926);L. Pearsall Smith, "Four Romantic Words" 载 *Words and Idioms: Studies on the English Language*(伦敦:Constable 公司,1925);R. Wittkower, "Imitation, Eclecticism and Genius" 载 E. Wasserman 编,*Aspects of the Eighteenth Century*(巴尔的摩,马里兰州:约翰·霍普金斯出版社,1965),143—163;E. Panofsky, *Idea: A Concept in Art Theory*(J. Peake 译)(哥伦比亚,南卡罗来纳州:南加州大学出版社,1968);H. Dieckmann, "Diderot's Conception of Genius"(1941)11 *Journal of the History of Ideas* 151。

很明确,即把诸如1742年《保护技术能手约翰·拜罗姆对由其发明的速记技术和方法在一定年限内享有独家出版权法》(Act for Securing to John Byrom, Master of Arts, the Sole Right of Publishing for a Certain Term of Years the Art and Method of Shorthand, Invented by him)[23]与1735年《雕工法》(Engravers' Act)[24]连结起来的主线就是它们都承认或者授予在智力劳动上的财产权。尽管一直要到19世纪早期,对于创造性这一用语的使用才具有某种程度的连贯性,但是,表达这个公约数(common denominator)的另一种方式是,在各种不同法律部门中所共同存在的,是它们都有共同的概念即创造性。重要的是,这个关于创造性的概念不仅扩展到了"艺术"领域(比如文学财产),而且扩展到那时所存在的各种知识财产上。

思考这些法律的特征和限制,并且更具体而言,思考是什么东西连接和区分了各种不同的承认在智力劳动上财产权的法律,这样做的结果之一,就是文学财产争论的参与者们开始用一种他们从未尝试过的方法来思考该法律的结构。例如,在比较发明上的财产与对图书和版画所授予的财产时,评论者们开始把他们的关注焦点从这些按具体行业划分的法律转移到考察更为抽象的方法问题上,即该法律是以及应当以何种方法而被有机地组织起来。在此过程中,他们开始争论什么才是该法律在事实上的结构、顺序和组织。不过,这并不表明在文学财产发生争论之时,现代知识产权法就已经作为一个独特的法律部门存在了,并且有其自身的逻辑和子范畴。事实上,正如稍后所明确的,这样的法律是直到19世纪中叶才开始出现的。

---

[23] 参见J. Hancox, *The Queens Chameleon: The Life of John Byrom*(伦敦:Jonathan Cape, 1994),第10章。
[24] 《通过在规定时间内授予发明人和雕工以财产权而鼓励设计、雕刻、蚀刻历史性以及其他印版之技术法》。

尽管知识产权法是直到 19 世纪中叶才作为一个独立的法律领域而出现的,而在此之前并没有就该法律应当以何种方法组织起来的问题存在任何共识,但这并未否定前现代法律具有其自身的模式或者构造体系。虽然我们在后面会将关注的焦点再回到该法律所采取的形式上,并且予以更详细的论述,但现在对于前现代法律的组织方法的两个显著特点稍加概述,也许会有所帮助。第一个特点,与现代法律采用抽象的一般范畴从而可能将之适用于新对象的特征相反,在文学财产争论当时并且一直持续到 19 世纪中叶的对智力劳动授予财产权的法律,是一种反应性的和按具体对象制定的法律,它趋向于对特定(有时是轻微)的问题作出回应。[25] 例如,现代法律倾向于采用更为一般化的概念,而前现代法则按具体的对象来规定保护人物和动物外形的雕塑[26],以及棉布、亚麻布、平纹细布和白棉布的外观设计,并且还

---

[25] 关于回顾性、反应性立法的思想,参见 L. Davison 与 T. Keirn,"The Reactive State: English Governance and Society 1688—1750"载 L. Davison, T. Hitchcock 与 R. Shoemaker 编,*Stilling the Grumbling Hive: The Response to Social and Economic Problems in England, 1688—1750* (Stroud, Glos. 与纽约:Alan Sutton 与 St Martins 出版社,1992),xi—liv; J. Brewer, *Three Sinews of Power: War, Money and the English State, 1688—1783* (伦敦:Century Hutchinson, 1988),特别是第 8 章。比较,J. Innes, "Parliament and the Shaping of Eighteenth-century English Social Policy" (1990) 5th series 40 *Transactions of the Royal Historical Society* 63—92 (他对于将 18 世纪下议院看做一个无效率和不系统的立法机构的传统观点,提出了批评)。

[26] 《鼓励制作新模型和胸像以及其他物品法》(1798)。促成 1789 年《雕塑著作权法》(Sculpture Copyright Act) 的请愿书,请求"将此意见带入法案中,以保证其作者对于所有在人物和动物外形雕塑的新模型上享有复制权",其时间限于从人物或者动物雕塑新模型制作起 14 年。这种反应性、准私法的例子还包括 1831 年保护装饰花边式样的请愿书(J. Millward, 1836 *Report of the Select Committee on Arts and their Connexion with Manufactures* (Q. 171) (18)),以及约瑟夫·梅里(Joseph Merry)关于保护新颖和独创性缎带式样的请愿书(1829) (84 CJ. index entry for 'ribbon trade')。梅里还向贸易委员会写了两封信,请求保护生产天鹅绒缎带的机械发明(1829 年 7 月 6 日提出;35 *Minutes of the Board of Trade*, Letter No. 33, 266)。另参见 1829 *Report of the Commissioners Appointed to Inquire into the Present State of the Law and Practice Relating to Granting of Patents for Inventions* 89—90。

对于个人实施某些行为授予独占性特权(比如对药剂师威廉姆·库克沃西[William Cookworthy]授予特权,以"独家使用和行使其对用于制造瓷器的某些材料的发现",或者授予技师詹姆斯·瓦特[James Watt]以"在蒸汽或者火力引擎上的独家使用和财产权")。

随着该法律变得与智力劳动——作为一个抽象和开放外延的范畴而(至少潜在地)可适用于各种创造性劳动——日益相处融洽,与此同时,被用来限制其范围的运动也在进行着。也就是说,正如我们看到为智力劳动打开了一个概括性空间,我们同样目睹了这样的变化,它们将有助于对这个一般范畴设定限制,并且反过来也在现代知识产权各个范畴的形成过程中发挥作用。通常,这些运动是意图让新的对象种类受到法律保护而带来的副产品。[27] 它的关注焦点并不在智力劳动的一般范畴上,而是将其注意力放在智力劳动的一个具体区域:即那些已经被授予财产保护的智力劳动种类上。这是因为,当一种新的情况要把财产权保护扩张至一个新的对象时,它一般是通过与先前存在的保护模式进行类比而做到的。[28] 更具体地说,这是通过显示新的对象与那些已经获得保护的对象之间具有相似的特征而完成的。同样地,那些主张给予保护者的任务,就是在已经获得财产地位的智力劳动种类与手头的特定情形之间,发现一个共同的连接纽带。在这些情况下,它因此而更具有重要意义,不仅在于能够确认现有的保护形式如何划定其界线以及界线在哪里,而且使之能够保持这样的立场,即从现存的授予财产权的制度中进行推断。

---

[27] 这样的策略可见于霍格思(Hogarth)1735年有关保护雕工的申请、基尔伯恩(Kilburn)1878年关于白棉布印工的请愿书以及加勒德(Garrard)1798年关于动物雕塑的申请中;这些申请的每一个都类似于现有的保护,但所提议立法的范围仅限于它们特定的申诉中。

[28] 关于这一点,参见 F. Hargrave, *An Argument in Defence of Literary Property* (伦敦: Otridge, 1774), 8。

尽管它们仍然是开放的和不固定的,但在塑造19世纪出现的知识产权法各个范畴所采取的形式上,这些连接纽带将发挥重要的作用。

二、关于财产的难题

在文学财产争论所提出的全部问题中,最有意思的讨论是在于这样的问题,即一本图书的对象——它所包含的思想、情感、文字、字母和风格——是否可以被认为是一个独特的财产种类,如果是,那么是在何种情况下。这是因为在回答这些"表面看来被确立在法律形而上学的最深刻的奥妙之中"[29]的问题时,该主张就从一个较窄的关于复制权保护长度的专门性争论转移到了一个更具一般性的关于文学财产本体性地位的讨论上。正如剧作家、《绅士杂志》(*Gentleman's Magazine*)评论作家、讽刺作家和自称为发明家的威廉·肯里克(William Kenrick)所说,"确定财产应当是临时的还是永久性的,这并无多大意义,除非该财产的本质特征也得到了严格确定"。[30]

虽然永久性文学财产的支持者和反对者都同意,在智力劳动和体力劳动之间应当并且能够作出一种区分,但在承认智力劳动为一种财产上仍然意见不一。特别是,那些反对永久性文学财产的人认为,这种稀奇古怪虚构出来的财产不是也不能被英国普通

---

[29] 同上揭,第10页。
[30] W. Kenrick, *An Address to the Artists and Manufactures of Great Britain: Respecting an Application to Parliament for the Further Encouragement of New Discoveries and Inventions in the Useful Arts*(伦敦:Domville, 1774),45—46。"法学家们在关于财产起源的问题上,常常并不比他们对于财产本质特征的问题而更少困惑";同揭,第4页。

法承认为财产的一个种类。[31] 这些主张被概括到了耶茨法官在 *Millar v. Taylor* 案的反对意见判决中。他说,虽然一份作为物质载体的手稿可以被当作一种财产形式,但"在手稿之外,把这种主张扩展到思想本身则是非常困难的,或者说是非常疯狂的"。[32] 更具体地说,耶茨法官拒绝了那种认为智力产品也能够被当作一种独特的财产种类的主张,而是主张智力劳动并未呈现出任何他和其他许多人所认为的财产的关键性特征。[33]

关于为什么智力劳动不能被当作一种财产形式,他们给出了大量的理由,但是在某种程度上,所有的问题都可以追溯到它的非物质性(non-physical)特征:即非实体性(incorporeal),或者我们现在所说的文学财产的无体性(intangible nature)上。[34] 与已经得到法律承认的非实体性财产形式,比如一家酒店的商誉、一个秘方、在剧院里的某个特定座位,以及职位、头衔和年金享受权等不同[35],文学财产没有与任何物质对象存在任何直接或者间接的关联。假如正像耶茨法官所说的,这是"从所有财产的必要特征中所产生的"、一句众所周知的已确立的法律格言,即"无实

---

[31] *An Enquiry into the Nature and Origin of Literary Property*(伦敦:Printed for William Flexney,1762),7。"财产的一般对象众所周知,并且很容易想得到。……但是,当把财产适用于思想、或者文学作品和智力创作时,它就是全新的和令人惊奇的了。……迄今为止,它最全面的命名就是一种荒谬的财产":Lord Gardeston,*Hinton v. Donaldson*(1773),25。虽然《安妮法》已经具体指明这样一种财产是存在的(尽管是在有限的时间内),但是,许多同时代的人并不相信"从该语词的严格意义上而言",该法律是有关财产的:*Memorial for the Booksellers of Edinburgh and Glasgow Relating to the Process against them by some of the London Booksellers*(1774);重印 *The Literary Property Debate*(S. Parks 编)(纽约:Garland,1974),8。比较蒙博多(Monboddo)勋爵,他认定文学财产是一种并不令人奇怪的财产,因为它在诸如《安妮法》中就已经得到了承认:*Hinton v. Donaldson*,(1773),9。

[32] *Millar v. Taylor*(1769)98 ER 230。

[33] 同上揭,第229页。

[34] 诚如哈格雷夫所言,文学财产"没有任何实体性物质作为其支撑",这一事实是"反对文学财产之主张的首要论据":F. Hargrave,*An Argument in Defence of Literary Property*(1774),9—10。

[35] 对它们当中某些对象的考察,参见 *An Enquiry*(1762),27—28。

体者则非财产之对象"(nothing can be an object of property, which has not a corporeal substance)[36],那么,对于那些支持普通法文学财产的人来说,非实体性的文学财产造成那么多的困难就不足为奇了。

虽然存在着这样的想法,即一件财产可以透过一扇门窗玻璃而遭人窃盗,并且用眼睛就可以将之攫取,该人却并不被认为冒犯了法律的经验主义感情,但是,智力劳动的非物质性特征还是引起了许多更为具体的问题。尽管它们是紧密联系的,但这些主张还是可以归结为三个大的方面。它们是:第一,财产可以合法取得的环境;第二,关于确认文学财产之可能性问题;第三,承认一个永久性的文本垄断所造成的经济和文化后果。

三、文学财产的正当性解释

文学财产的反对者们从有关把智力劳动当作一种财产形式的做法中所看到的第一个问题,是与文学财产之争中再三被提到的、同时可能是最无趣的一个方面相关的:亦即关于财产所有权以何种方式产生的问题。[37] 根据现代的理解,只存在着可数的几种取得财产的方式。而在布莱克斯通(Blackston)写作其《英国法释义》(*Commentaries*)时,财产的所有权可以通过继承(De-

---

[36] Millar v. Taylor (1769) 98 ER 232. 另参见 *Memorial for the Booksellers of Edinburgh and Glasgow*,8;*Considerations on the Nature and Origin of Literary Property*(爱丁堡:Alexander Donaldson, 1767),25。凯姆斯勋爵称,财产和实体性是"相关的术语,它们不可能被分开,而财产,从其严格意义上来说,如果没有一个实体,不可能被人所感知,就好比如果没有子女就不能被人认为是父亲或者母亲":Lord Kames, *Midwinter v. Hamilton* 载 *Remarkable Decisions of the Court of Session* (1730—1752)(爱丁堡:A. Kincaid 与 J. Bell, 1766),157。

[37] 正如梅因所言,"理论已把[取得方式]作为它的美好食料":H. Maine, *Ancient Law*(伦敦:Dent, 1917),144。"先占之所以饶有兴味,主要由于它对纯理论法律学所作出的贡献,即它提供了一个关于私有财产起源的假说":同揭,第147页。

scent)、买受(Purchase)、土地复归(Escheat)、先占(Occupancy)、时效(Prescription)、没收(Forfeiture)和转让(Alienation)等方式取得。[38] 与之相互呼应的是在优士丁尼(Justinian)的《法学阶梯》(*Institutes*),它也同意一个人可以对无主物(*res nullius*)——该物没有或者从来没有所有人——取得所有权的主要方式,就是通过"占有"(occupatio)或者先占;亦即,只要通过对它们取得占有或者占用。[39] 考虑到这种对财产的理解,那么下面这个问题就顺理成章了,即借以取得文学财产所有权的方法问题,如果有的话,最初也表现为罗马法的先占原则——它被称作财产所有权基础的基础——是否可适用于图书的生产这个问题。

普通法永久性文学财产的支持者们所面临的问题在于,虽然财产"因先占而得到认定"[40],但还是有人提出,知识思想(intellectual ideas)不能被人占有或者占用。这是因为,当"必须实施某些占用行为,以把某物从公共状态中提取出来时……所有论述者均同意,不能仅仅只是一个头脑中的思想就可以对此主张任何先占行为"。[41] 简言之,因为知识思想不可能被占有,所以它们不能被当作一种财产。[42]

文学财产的支持者们从两个方面回应了这种主张。第一,他们虽然同意无主财产的所有权是通过先占或者占有而取得的,但他们反对将此方法适用于文学财产。也就是说,尽管他们承认了该主张的基本前提,即先占是借以取得财产所有权的原则,但他

---

[38] W. Blackstone, *Commentaries on the Laws of England*(伦敦:A. Strahan, 1809),第二卷,第13—19章。
[39] 利用普芬道夫(Puffendorf)和格劳秀斯(Grotius)的论著,这些主张所指的就是罗马法原理,人们借此得以通过占有无主土地而取得所有权。参见 W. Blackstone, *Commentaries*(1809),第二卷,第26章,第400页。
[40] *Millar v. Taylor*(1769)98 ER 230.
[41] 同上揭。有关在先占原则中必有一个物质性存在(或者其代表)的观点,参见 L. Becker, *Property Rights:Philosophic Foundations*(伦敦:Routledge, 1977),24—31。
[42] "假如任何人均能够随心所欲地创立一种新的财产种类,那么在他可能需要法律帮助的支持时,就会产生无数的不便":*An Enquiry*(1762), 21。

们并不同意其结论,即智力劳动不能被占有。特别是,文学财产的支持者们提出,"先占这个词在其适当的意义上,包括了文学财产的主要来源。通过先占而获得所有权是从占有一个空白的对象开始的;而对其培植过程中所付出的劳动就进一步确定了这个所有权。文学财产正好符合先占的理念"。[43] 弗朗西斯·哈格雷夫(Francis Hargrave)是托马斯·贝克勒(Thomas Becker)对唐纳森(Donaldson)的诉讼早期的出庭律师,也是颇具影响力的《为文学财产辩护》(*Argument in Defense of Literary Property*)一书的作者,尽管他走得很远,甚至声称作者的所有权比简单的先占所表明的所有权还要具有说服力,但当其面对智力劳动的非实体性特征时,这些主张就难以为继了。特别是,他们没有对于这个反驳提供任何可让人接受的回答:你怎么能够占有某个不具有任何物质存在的东西呢?

第二个回应是由出版商及其支持者们针对如下主张而提出的,意在转移该主张的基础,该主张认为,头脑中的思想不可能被当作财产的一个种类,因为不可能对它们实施先占。他们这样做的方法是表明,先占并非取得财产所有权的唯一方式。在一个与同时代的财产之争形成共鸣的运动中,支持一方的反应实际上就是主张一个非统一的财产观念和一个适合于手头对象的财产概念。[44] 这些主张的问题是由先占而产生的,如前所述,虽然先占原则是可适用于土地和野兽的,但它与非实体性的对象没有任何相关性。[45] 也有人主张,那些不仅依赖于先占原则而且依赖于财产的论述者,更通常地专门以土地为模型而塑造他们的财产

---

[43] F. Hargrave, *An Argument in Defence of Literary Property* (1774), 36(页及以下)。另参见 W. Enfield, *Observations on Literary Property* (伦敦:Johnson, 1774), 18。

[44] 比较, J. Ginsburg 主张承认一种对著作权的双重理解,一是以人格表达为基础,一是建立在单纯的智力劳动之上,载"Creation and Commercial Value:Copyright Protection for Works of Information" (1990) 90 *Columbia Law Review* 1865。

[45] Wilkers J, Millar v. Taylor (1769) 98 ER 218. 对此,参见 W. Kenrick, *An Address* (1774), 4; Solicitor-General Wedderburn, *Donaldson v. Becket* (1774) 17 *Parliamentary History* col. 964。

观念(比如格老秀斯[*Grotius*]和普芬道夫[*Puffendorf*])。[46] 用一个现代的比喻,他们是假扮成财产律师的土地律师。

这些主张又因以下看法而得到了强化,即虽然在有关反对文学财产的论据中所采用的财产观念也许曾经具有相关性,但它们已不再适合于现在所生活的启蒙时代了。[47] 简而言之,那些反对文学财产者所提出的问题,被认为是由于他们所持的财产观念过于狭隘和保守所致。正如当时的一位评论者所言,"有关财产的观念到目前为止是过于狭窄了——即便是格老秀斯亦然——这些[反对文学财产的]作者并没有看到世界的现状,最有价值的那种新'权利'已经在其中被确立起来了"。[48] 他们所需要的就是一种财产模式,以更好地与他们生活其中的主流的社会、经济、技术和文化环境相合拍。

否定以先占作为原始取得的唯一依据,就引起了这样的问题:如果先占不是恰当的取得方式,那什么才是呢?无论在小册子上还是在王座法院中,所给出的答案都把关注的焦点从先占转移到了劳动上;都是引用洛克的占有式个人主义(possessive individualism)(或者它的一个版本)。这就是这样的理念,即"任何人都对他自己的人身享有一种财产权。除了他自己,任何人都对

---

[46] F. Hargrave, *An Argument in Defence of Literary Property* (1774), 12. "不足为奇的是,那些主要熟悉土地所有权契据的人,在理解有关在模糊的、非实体性的思想世界中确定财产时就会面临某种困难";W. Enfield, *Observations on Literary Property* (1774), 18—19。

[47] 耶茨法官承认该主张的新颖性,因为他说"对一种思想的先占将在事实上成为一种新型的先占":*Millar v. Taylor* (1769) 98 ER 230。关于对该争论所发生时的"启蒙时代"的讨论,参见 D. Rae, *Information for Mess. John Hinton and Attorney against Mess. Alexander Donaldson and Others* (2 Jan. 1773), *Lord Coalston Reporter*, 9—10。

[48] *Information for John Mackenzie of Delvin, Writer of the Singet, and others, Trustees appointed by Mrs Anne Smith, Widow of Mr. Thomas Ruddiman, Late Keeper of the Advocates Library, Pursuers against John Robertson, Printer in Edinburgh, Defender* (30 Nov. 1771), *Lord Monboddo Reporter*, 7。正如波科克所解释的,"财产不再被限定在一个不变的规范结构中,而是被理解为存在于一个历史进程中":J. Pocock, *Virtue, Commerce and History* (剑桥:剑桥大学出版社,1985),115。

此没有任何权利。他的身体所从事的劳动和他的双手所进行的工作,我们可以说就是正当地属于他的"。[49] 由此所发生的结果事实上就是,那些支持永久性普通法文学财产权的人不再依赖于以先占作为取得财产的基础或者原始模式,而是将注意力集中于以劳动作为财产权的来源。另一种也许更准确的描述方式是,并不彻底否定先占,而是重新解释其作用:对先占加以改造,以便被人看做一种具有更一般内容的特定情形。亦即,将先占包含于如下理念中,并使之成为其中的一个例子,该理念就是,劳动是解释私人财产取得之合法性根据。[50]

四、文学财产的确认

反对永久性普通法财产的第二个论据是源于这样的信念,即所谓的文学财产,实际上并不具备其之所以作为财产的一个种类而通常被人认为所必需的特征。虽然以先占为依据而反对文学财产的论据,其在政治哲学上与在法律上同样为人熟悉,但这第二组问题的关注焦点却是在有关财产的存在和特性的本体性问题上,所以在很大程度上它们就是法律问题:它们关注于该法律在处理和适应这种特定的无体财产时所可能产生的问题。

那些反对出版商的主张的人提出,文学财产的非物质特征就

---

[49] J. Locke, *Two Treatises of Government* (1690) (P. Laslett 编)(剑桥:剑桥大学出版社,1967),Sect. 27. 虽然洛克有时得到了明确的适用(比如在 *Millar v. Taylor* (1769) 98 ER 201;*Tonson v. Collins* (1760) 96 ER 180 中引用了洛克的《政府论》第 2 编第 5 章;W. Blackstone, *Commentaries* (1809), Book II, ch. 2, 405),但更为通常的情形是,人们所主张的形式反映了或者类似于洛克的主张。参见,例如 F. Hargrave, *An Argument in Defence of Literary Property* (1774),第 21 页及以下。关于就这种解释模式的普适性和长久性而提出的一种主张(以及在政治哲学以外所采取的主张),参见 S. Oyama, *The Ontogeny of Information: Developmental Systems and Evolution* (剑桥:剑桥大学出版社,1985),10。

[50] "这样就存在着两种财产来源,先占与劳动,它们既可以分别存在,也可以被认为是合而为一的":W. Enfield, *Observations on Literary Property* (1774), 18。

意味着它未能展示出许多这样的特征,这些特征通常与某一对象被当作一种财产时的前提条件相联系,并且被视为前提条件。文学财产的反对者们认为这一点很重要,即任何得到法律承认的财产都是可确认的;而文学财产未能展示出任何特定所有人的"记号或者标志",这就意味着,在许多情况下,该财产的所有人是不可确定的。[51] 文学财产的无体性特征也意味着难以确定该财产上的利益是否受到了损害。[52] 约瑟夫·耶茨(Joseph Yates)在谈到文学财产的整体性存在时,对这些主张进行了归纳:

>　　（文学财产）仅存在于头脑之中;除了智力性占有或者理解,不可能有任何其他的取得方式或者受益方式;由于其非物质性而变得既安全,又不会受到侵害：没有任何侵入行为可以触及它们;没有任何侵权行为可以影响它们;没有任何欺诈或者暴力行为使之减少或者受损。但这些都是作者可能抓住和约束自己的幽灵：而这些就是被告受到指控从原告那里掠夺走的。[53]

那些主张支持普通法文学财产者所面临的另一个问题与下述事实相关,即当财产被用来划定一个独占区域时,就有必要显

---

[51] "并不存在任何标记或者专有符号,来确定该财产种类的所有人。什么是标记？它并不处于实际占有中;它也并不是可以看得见的占有,而凯姆(Kaym)勋爵的财产史规定这是财产的一个实质性条件。作者又是如何得以区分的呢？": *Tonson v. Collins* (1760) 96 ER 185。艾伦·瑞安(Alan Ryan)使这个观点更加明确,因为他说,"我们不应想着在我们起床那一刻就失去了我们的床,或者在我们脱去衣服的那一刻就失去了我们的衣服。因此,正如我们利用布莱克斯通、卢梭和康德以及其他作家所提出的,当我们谈及财产时,我们需要某种表示我们继续作为所有人之意图的标记,例如,持续不断的使用,而不是继续使用": A. Ryan, *Property and Political Theory* (牛津:Basil Blackwell, 1984),34。
[52] 这导致一些人主张,例如,翻译就没有侵犯原始作品的著作权,因为"演绎权既没有压缩也没有减少原始作品……因此就没有实施任何损害行为": *An Enquiry* (1762), 5。
[53] *Millar v. Taylor* (1769) 98 ER 233.

示存在着某种能够"清楚可见地得到享用"的东西[54];存在着某种"对它进行定义的界线和对之加以区分的标记"。[55] 将注意力集中在这些问题上,文学财产的反对者们就提出,这个理想化和虚构的财产具有"多么玄妙和荒诞的特征",以至于它"超出了人的理解范围,并且几乎是不可定义的"。[56] 同样地,它也不能被认为是法律的对象。更具体地说,他们主张有关文学财产的问题就是,它只存在于智力思想之中,并不具备任何可据此而将其确认出来的、表面上可识别的财产标记。它也意味着不存在任何可用来确定财产边界的明显的方法。[57] 文学财产的这一特征就意味着,法律不可能回答这个问题:"这个奇怪的财产始于何处,或者终于何处,或者在哪里继续?"[58]总之,文学财产的反对者们提出,既然没有任何方法可以确定合法利益是否受到了损害,没有任何方法可以确认作品的所有者或者作品本身,而且没有任何方法在该财产周围划定界线以区别一个人的权利与他人的权利,那么,知识思想就不能合法地被看做一个财产种类。

---

[54] 同上揭,第232页。在根据《安妮法》所产生的法定权利上就不存在任何此类难题,因为它以登记为必要条件。就与确定无体财产问题相关的方面而言,有人认为立法机关根据《安妮法》而使得文学财产能够"通过指令向出版商公会的登记机关交存图书"而得到确定。但就当下的权利主张而言,它与该法无关,因此这个不足之处仍然存在:它缺乏一个必要的品质条件而使之变成法律上的财产";Tonson v. Collins (1760) 96 ER 185。

[55] Millar v. Taylor (1769) 98 ER 232.

[56] Attorney-General Thurlow, Donaldson v. Becket (1774) 17 Parliamentary History col. 969. 另参见 Millar v. Taylor (1769) 98 ER 219。

[57] Yates J, Millar v. Taylor (1769) 98 ER 234. 无体财产权的不确定性就意味着,确立一个永久性垄断就将趋向于"在作者和书商自身之间发生无穷无尽的混淆和诉讼"。而且,有人认为,"无论作者如何想要通过法律来确保他们对文学作品的永久性占有;界定和确认侵犯著作权的违法行为都将是相当困难的":W. Enfield, Observations on Literary Property (1774), 38。

[58] Lord Camden, Donaldson v. Becket (1774) 17 Parliamentary History col. 997. 这是一个还在继续重现的主张。例如,最近它就有关文学作品著作权而被提出来了,即如果"词语是财产,那么它们就是一种奇怪的财产。无论如何,它们在数量上是有限的,还能够被自由和无限地发明或者复制。它们不可能被打上所有权标记":L. Stearns,"Copy Wrong: Plagiarism, Process, Property, and the Law" (1992) 80 California Law Review 536。

虽然以先占为依据的主张由于其固有的保守性而遭到了否定,但文学财产作为一个财产种类的特征所提出的问题却不那么容易被忽略。这一点由于以下事实而变得更加令人印象深刻,亦即,即便产生财产所有权的方式能够被扩展至包括无体财产在内,也不需要改变关于什么是财产的根本特征之类的观点。因为争论各方对于财产的特征具有相同的印象,所以这一点是很明确的,即文学财产只有当其能够呈现出(或者能够使之看起来呈现出)这些必要特征时,才被承认为财产的一个种类。[59] 在此情况下,文学财产的支持者们所面临的任务,就是给"这个虚幻的幽灵添上四肢和面容"[60],也就是说,提供那些使文学财产能够被确认和区别出来的标记,而这样做,就从无转变为有了。[61]

人们提出了许多不同的技巧,以使作者的智力劳动能够被当作一种财产。那种认为挪用思想而不可能损害其所有人,从而不把文学财产视为一种财产的意见,因为人们对将来经济收益——利润——的关注而得到了回应,即如果承认其为财产,则该收益可由其所有人或者挪用者所获得。[62] 正如哈格雷夫所言,如果某人出售盗版的复制件,则权利将由于以下事实而遭受破坏和影响,即"那些本来可以从权利的行使中产生的利润被减少了;而对该特定权利的侵犯在很大程度上就是一种侵扰、侵权、欺诈、暴力、损害行为,正如对任何其他无体财产所可能入侵的那样"。[63]

尽管把注意力集中在利润上可能有利于呈现出文学财产可见的某一面(而这样做就显示了它有遭受损害的可能性),但这对于确定该财产本身没有提供什么帮助。同样地,文学财产的支

---

[59] 参见 *A Vindication* (1762)。
[60] *An Enquiry* (1762), 2.
[61] 在一个不同的语境中,参见 B. Edelman, *Ownership of the Image* (E. Kingdom 译)(伦敦:Routledge 与 Kegan Paul, 1979), 40。
[62] *Tonson v. Collins* (1760) 96 ER 181. 另参见 *A Vindication* (1762), 7。在 *Millar v. Taylor* (1769) 98 ER 201 中,曼斯菲尔德勋爵称,根据自然正义,允许陌生人来收获他人作品所产生的金钱性收益是不合适的。
[63] F. Hargrave, *An Argument in Defence of Literary Property* (1774), 19.

持者不得不考虑这样的意见,即文学财产缺乏据以得到确认的适当方法。提出来用以对抗这种反对意见的其中一个回答是基于如下事实,即作者的名字是被固定在一本图书的扉页上的。[64] 无论这个回答多么巧妙,它都将产生一个同样机巧的回答。"图书扉页是一个显示专有性的标记吗？不是；它常常会被人丢失或者遗漏,并且一位购书者对此拥有同样有效的所有权,不管它是否带扉页。"它同样"不可能因此而被区别开来"。[65]

面临着这些方法上的明显不足和它们仅仅确认了作品的所有人而非作品本身这一事实,文学财产的支持者因此就被迫开发出另外的技巧,以使他们既能够确认被保护的对象,同时又能够在文学财产的周围划定界线。为此目的,最初被采纳的策略是把注意力集中到智力劳动的物质体现上,因为它是以印刷文字记录和表述的。[66] 正如阿斯顿法官在 *Millar v. Taylor* 案中所说的,虽然"情感和原理可以被称作是观念性的,但当同样的东西通过印刷媒介而传播给每个人观看和理解时,该作品就变成了一个可予区别的财产对象"。简言之,作者的劳动被表现为那些表达在纸上的可观看和理解的文字,这一事实就为识别该财产提供了标记和界线,而这样做就是"为了确定对印刷权的占有和独立的行使"。[67] 而且,这使得文学财产的支持者得以主张它是可以被确认、区别和专有的[68],并且,它同样呈现出将之当作一种财产所

---

[64] *Information for John Robertson, Printer in Edinburgh (Defender) against John Mackenzie of Delvin* (10 Dec. 1771), Lord Monboddo Reporter, 22。在 Donaldson v. Becker 案的一个咨询意见中,阿斯顿法官提出,"一本图书上署有作者的名字,就是标记,就像脖子上的铃铛":(1774) 17 *Parliamentary History* col. 977。比较 R. Chartier, "Figures of the Author"载 B. Sherman 与 A. Strowel, *Of Authors and Origins*（牛津:Clarendon 出版社,1994）,7。

[65] *Tonson v. Collins* (1760) 96 ER 185.

[66] 关于印刷文字的主导性地位,参见 E. Eisenstein, *The Printing Press as an Agent of Change*（纽约:剑桥大学出版社,1979）,第 10 页及以下。

[67] F. Hargrave, *An Argument in Defence of Literary Property* (1774), 15、18。

[68] *Donaldson v. Becket* (1774) 17 *Parliamentary History* col. 981.

必须的特征。[69] 这样一来，他们就能够主张，虽然文学财产是"抽象和观念性的，新颖而精制的，但它也是可理解的，并且既易于使之仅存于若干年限之内，也可永存于世"。[70]

无论这样的拟制在确定财产的范围上可能如何有效，但这也只是提供了一个临时性解决方案。在我们把关注焦点集中于以印刷作为确认文学财产的方法所产生的问题之前，首先有必要来考察由文学财产的反对者所提出的第三个论据；即所有权人通过发表，就放弃了任何在作品上的所有人权益，从而在事实上将作品交给了公众。[71]

五、文学财产作为赠与？

针对永久性普通法文学财产而提出来的第三个反对意见是，一旦作品发表，作者应当不可能再对包含于该作品中的思想情感

---

[69] 简言之，它为其被称作一种动产和无体财产，提供了确定的标记（*indicia certa*）或者基础。Aston J, *Millar v. Taylor* (1769) 98 ER 221—222。由此，文学财产的支持者们得以主张，尽管"抽象地看，情感或者原理是无体的和观念的"，但作为如下事实的一个结果，即它"是以可视性文字而印在纸张上的，所以，手工复制件又是有体的对象了"：*A Vindication* (1762), 17。

[70] De Grey LCJ, *Donaldson v. Becket* (1774) 17 *Parliamentary History* col. 988.

[71] 印刷本身的出现带来了需要用它来解决的难题，这样说也有几分道理。正如Ong 所主张的，"在标志着现代社会的个人隐私感的发展过程中，印刷是一个主要因素。通过把语词从它们源于人类主动交换的原始的声音世界中转换出来，并且把它们明确地转移到视觉空间中，以及利用视觉空间实施他们的知识管理，印刷鼓励人们把他们内在的意识和无意识资源想象成越来越物化的、非个人的和宗教中立的。印刷鼓励思维去感受，其占有是被掌握在某种中性的智力空间中的"：W. Ong, *Orality and Literacy: The Technologizing of the World*（伦敦：Methuen 公司,1988）,120。另参见 M. Ross,"Authority and Authenticity: Scribbling Authors and the Genius of Print in Eighteenth-Century England" (1992) *Cardozo Arts and Entertainment Law Journal* 495。

加以控制了。[72] 正如耶茨法官所称，发表行为"在实质上是并且也必然是对公众的赠与"，这就表示该作品"立即和无可避免地变成了公共品"。这样一来，它"就把作者置于开放状态，接受公众的审查，就如同一片土地的所有人将之置于公开状态，允许在其上经过一条公路"。[73]

为什么图书一经发表，其内容就应当不可撤销地给予公众了呢，对此问题虽然可以举出很多理由，但它们都呈现为一个相同的主题。这就是，在评估文学财产的地位时，法律必须考虑到这样的事实，即图书并不是孤立存在的，它是一个复杂的交流网络的组成部分，该网络比如说连接着作者与读者以及作者与作者。[74] 尽管文学财产的反对者也承认，在发表之前，作者对其智力劳动是完全控制的，但他们主张，如果在发表之后仍给予作者以与发表之前所享有的相同权利，则将是"不合理、荒谬和不现实的，并且与任何有关公共效用(public utility)的思想相对立"。[75] 这是源于这样的担心，即永久性普通法文学财产将冲击其他作者，以及更一般地说，冲击读者大众的权利。[76] 尤其是有人声称，"公共效用就是要求思想的产物应当尽可能广泛地得到传

---

[72] 诚如 Macaulay 所言，"最后一个也是最重要的问题"是，"使文学财产成为公共品，这对于本世纪的文学发展状况到底是有利还是不利？这个问题，我认为是容易回答的，它不仅是不利的，而且对文学发展状况是灾难性的。如果文学财产变成了公共品，我们就只有两类作者了，一类是富人，另一类是仰赖别人的人"：C. Macaulay, *A Modest Plea for the Property of Copy Right* (伦敦：由巴思的 R. Cruttwell 为 E. Dilly 与 C. Dilly 所印,1774),37。

[73] *Millar v. Taylor* (1769) 98 ER 234. 另参见 F. Hargrave, *An Argument in Defence of Literary Property* (1774), 15—16; *Tonson v. Collins* (1760) 96 ER 185; *Information for John Robertson* (1771), 11。

[74] 比较，D. Goodman, "Epistolary Property: Michel de Servan and the plight of letters on the eve of the French Revolution" 载 J. Brewer 与 S. Staves (编), *Early Modern Conceptions of Property* (伦敦:Routledge,1995), 348—349。

[75] F. Hargrave, *An Argument in Defence of Literary Property* (1774), 3。

[76] 这些主张利用了不断变化中的"公众"概念，以及更具体地说，读者大众的概念：T. Ross, "Copyright and the Invention of Tradition" (1992), 9。

播"[77],所以,允许对已发表作品享有复制权,其结果之一就是可为公众所获得的知识资源被缩减了。把科学和知识约束在财产保护的"蛛网密布"中[78],就将限制新作品的开发,图书的发行以及翻译和引用。[79] 虽然"当前时代的学问"被认为是由"过去时代的天才们贡献其聪明才智和辛劳"所组成的一个庞大的上层结构,[80]但永久性普通法文学财产的结果将是限制对文学传统的使用(和积累)[81],并且同样地,将抑制和压缩在研究和知识上的进步。[82] 简言之,他们主张,永久性文学财产就可能对文学的现状带来毁灭性破坏,从而不应被允许。[83] 把这些因素结合起来,文学财产的反对者就能够提出这样的主张,即虽然永久性文学财产可能对于作者和出版者具有潜在的利益,但随着更经常地是由该文学财产所造成的损害超过了这些利益,在已发表的作品上就不应当再有任何财产权了。简而言之,"个人的私益必须为公众的利益让路"。[84]

文学财产的支持者们最先的反应,是同意这些主张的一般性攻击。特别是,他们同意,"如果一位作者主张对其书中所包含的知识享有唯一的使用权……那么答应这样一个如此荒唐、如此吝

---

[77] *The Case of Appellants and Respondents in the Cause of Literary Property Before the House of Lords* (伦敦:为 J. Bew 所印,1774),6。

[78] Lord Camden, *Donaldson v. Becket* (1774) 17 *Parliamentary History* cols. 992—1002.

[79] Lord Gardenston, *Hinton v. Donaldson* (1773),25.

[80] *An Enquiry* (1762),4.

[81] Lord Kames, *Hinton v. Donaldson* (1773),19.

[82] *Information for John Robertson* (1771),11. "如果世上还有什么东西是人类所共有的话,那么科学和知识从其本性而言就是公用财产(*publici juris*),并且它们应当像空气和水一样无偿取用和普遍存在。他们忘记了他们的创造者,以及他们的同胞。……我们进入社会就是为了启迪彼此的思维……他们不应当对世界吝啬,或者把公共资源贮藏起来归自己所有":Lord Camden, *Donaldson v. Becket* (1774) 17 *Parliamentary History* col. 999。

[83] 同样令人担忧的是,对作者给予永久性财产权就将"不仅给了他们一个出版权,而且也给了他们一个压制别人的权利":Lord Chancellor, *Osborne v. Donaldson* (1765) 28 ER 924。

[84] W. Kenrick, *An Address* (1774),33.

啬自私的要求将是既不合适也不可能的……这样一种对一个人的劳动果实进行无限攫取的做法将同样是不合理和荒谬的"。[85] 尽管支持者们同意,允许作者或者出版者控制在其作品中所包含的知识将是不公平的,但他们还是拒绝承认这个反对意见跟他们的主张有任何相关性。这是因为,文学财产的支持者们对于被保护对象的本质特征有着与反对者们不同的理解。亦即,尽管反对者和支持者都同意,允许对思想和知识给予财产保护是对社会有害的,但他们之间在看待权利范围的方法上存在差异。

虽然反对者的主张所依据的是,"假定作者所要求的专有权是在文学作品中所表达出来的思想和知识"[86],但是,作为支持者一方所依据的"对文学财产的主张",却是说不要成为"这种荒谬和不合理的财产"。而且,"无论它怎样达到了雄辩或者才智、幽默的目的,像这样表述都是太过明显了,以致难以成功地加以掩饰"。[87] 也就是说,虽然文学财产的反对者假定该权利使得作者能够控制体现在文本中的知识、原则和思想,但文学财产的支持者还是根据一种关于保护对象范围的不同观点,提出了他们的主张。[88] 诚如哈格雷夫所言,由支持者代表作者所主张的所有权利益,"依赖于一个受到更多限制的命题"。[89] 特别是,他们认为他们所主张的垄断并不是在思想、情感或者原则上,而是在一种具有更多限制性特征的东西上。

文学财产的支持者为了把他们关于文学财产的观点与反对者所持的观点相区别,其所采用的第一个技巧,是主张无体财产

---

[85]　F. Hargrave, *An Argument in Defence of Literary Property* (1774), 22.
[86]　同上揭,第15—16页。
[87]　同上揭,第22页。
[88]　*Information for John Robertson* (1771), 8. Coalston 勋爵注意到,这些支持者是"在对[某一作者的]作品的思想和风格"主张永久性财产权;*Hinton v. Donaldson* (1773), 27。
[89]　F. Hargrave, *An Argument in Defence of Literary Property* (1774), 22.

的范围仅限于作品的印刷权和重印权。[90] 尤其是,他们提出,"用文学财产这个术语,只是表示了在一个书面作品上的这样一种权益,即授权作者以及根据他而对之主张权利者,享有为销售该作品而将之印刷多份的专有权"。[91] 通过以这种方式来限制保护的范围,他们就可以主张,作品中所包含的思想和知识由于该作品的发表而变成公共的了,同样地,它们可为所有人免费使用。而且,因为出版商们所要求的财产权只是使作者能够限制他人按其自己的原始形式重印该作品,所以,图书的读者就可以按其自己所希望的任何方式使用包含在该文本中的思想和知识。[92] 他们所被禁止实施的,只是印刷和重印该作品。人们因此而能够这样主张,因为该财产被限制在该文本的表面,所以,暗示一位作者在思想上拥有一种财产,或者对文本背后的知识主张权利,都是不准确的。[93]

无论印刷对于避免针对一种在作品发表后的权利而提出的各种反对意见多么有帮助,但它严重地削弱了支持者自己的立场。我们在此前所强调的利用印刷作为一种确认保护对象的方法,也会出现同样的情形。其原因在于,作者的智力劳动依赖于可视性表现,就可能使法律所承担的确认被保护对象的任务变得相对简单明确,但是,把所提供的保护限定在摹本复制件上,将大

---

[90] 这是基于这个"无可争议的原则",即作者享有"独家印制、销售其自己的作品"的权利:同上揭,第 22 页。"我所使用的复制(Copy)是指其经年以来所使用之名词或者术语的专门含义,用以表示一种对智力性、以文字传播之东西享有的独家印制和出版的无体权利":Lord Mansfield, *Millar v. Taylor* (1769) 98 ER 251。

[91] F. Hargrave, *An Argument in Defence of Literary Property* (1774), 4.

[92] D. Rae, *Information for John Hinton* (1773), 18—19. "允许借用思想,或者对以往作品加以引用,乃至翻译,这样的自由就被有力地辩护为是有利于文学财产的;因为它消除了任何对公众造成困难之假象,而他人只是被限制为不得以某一作者相同作品的原始形式或者外形而重印之":同揭。

[93] "关于所表达的思想,任何作者一旦将之发表,则必须让普世之人充分使用它们。向公众传播和出售知识,同时规定除作者或者其书商外任何人均不得使用之,这是一个连贪婪鬼自己都尚未提出的想法":F. Hargrave, *An Argument in Defence of Literary Property* (1774), 16—17。

大地破坏支持者自己的利益。若把文学财产限定在一种印刷和重印的权利上，由此所带来的问题是，虽然这将涵盖许多的盗版形式——比如重印和销售那些在思想情感、方法或者表达上完全相同的作品[94]——但它对于涉及原文本之外的复制形式就不能提供任何保护了。[95] 特别是，它将未能涵盖这样的情形，其中，盗版出版物采用了节选、汇编或者翻译的形式。[96]

一旦承认了这一点，即权利的范围应当被扩展至文本表面之外，而这正是支持者们意识到必须这样做的，那么，在确认被保护对象时所使用的一种以印刷为基础的方法的局限性也就很明显了。哈格雷夫抓住了这些问题的实质，他说，如果这一点得到承认，即保护对象应当被扩展至字面复制之外（亦即，超出文本表面）的话，那么印刷将不再"为描述此文学作品与彼文学作品之间的区别提供方法和便利了"。[97] 例如，它对于确定一个据称从拉丁文翻译成英文的作品是否侵犯了原作品的著作权，就只能提供最低限度的指导。[98]

---

[94] W. Enfield, *Observations on Literary Property* (1774), 11. 无论如何，在文学财产和装饰性外观设计之外，印刷所提供的帮助很少。关于把保护限制在那些依赖印刷的艺术上而提出的批评，参见 W. Kenrick, *An Address* (1774), 26。

[95] 关于此类使用的许多方面是否构成盗版，至今仍有争议。

[96] 根据《安妮法》所授予权利的确切范围，是某些关于节选的讨论所涉及的主题。例如，当凯夫（Cave）节选了特拉普（Trapp）关于《自然、愚蠢、罪恶和危险》（Nature, Folly, Sin and Danger）的布道，萨缪尔·约翰逊（Samuel Johnson）就发表了支持性言论。约翰逊提出，现有的做法显示，授予作者的权利是受到限制的，并不扩展至节选，而这是合理的。这里存在着一种更强于作者权利的公共利益，这种利益表现在：驳斥错误观念、控制冗长啰嗦和把重要思想以浓缩形式加以概括。约翰逊承认，"每一本书，当它落入读者手中时，它就应当受到检验、驳斥、责难、翻译和节选……可能很容易证明，所有这些自由都是被允许的，并且，如无明显不利于公众，则不能被禁止"："Considerations [by the late Dr Johnson] on the Case of Dr Trapp's sermons, Abridged by Mr Cave" (1787年7月) 57 *Gentleman's Magazine* 555。

[97] F. Hargrave, *An Argument in Defence of Literary Property* (1774), 7—8。

[98] 这在以下情形中就无甚帮助，即"当一个作品的主要特征在于那些独立于表达的思想，而他人通过复制思想，并且用不同的语词加以掩饰的方式对之盗版"：W. Enfield, *Observations on Literary Property* (1774), 41—42。

面对这些困难,文学财产的支持者们被迫从这种受到限制的印刷和重印权利,转向对被保护对象的本质特征和范围的检验;超越于印刷出来的书页,转而考虑该作品本身的实质。在此过程中,他们面临着一项双重任务。第一,他们必须为文学财产给出一个定义,而它在某种程度上是对以下两者之间进行区别,一者是为财产权所涵盖的,一者是仍然保留给全体公众使用的。同时,在具体指明属于何种私人权益时,他们就有必要提供一个定义或者一种方法,来确定被保护的财产,而它又必须具有足够的灵活性,从一种财产种类转向另一种,并且当该财产转入新的领域时仍然能够描述它。亦即,它必须给出一个文学财产的清晰定义,以使法律能够区分私人所有的部分和处于公共领域的部分,并同时保留其灵活性,以便能够保护所有权人免于受到那些简单的规避法律行为的侵犯。

文学财产的支持者借以指引这两种需求的方法,是主张作者(及其受让人)并未要求保护可见于其作品中的思想、情感和原理。但该财产也不仅限于被印刷出来的文字。毋宁说,作者所要求保护的是这些文字被组合起来的方法;亦即,思想得以呈现或者表达的文字形式或者特性(cast)[99]——简言之,思想见诸文字的方法。[100]

---

[99] D. Rae, *Information for John Hinton* (1771), 9. W. Enfield, *Observations on Literary Property* (1774), 11—12. 正如布莱克斯通所言,作品的特性"完全包含于情感和语言中":W. Blackstone, *Commentaries* (1809), 第 2 卷,第 26 章,第 405 页。语言,在那时就被定义为"风格;表达方式";然而作为一位作者,拥有"自行选择其用语的权利":S. Johnson, *A Dictionary of the English Language* (1755)(伦敦:Times Books, 1983)。"财产的对象是在作者作品中的用语次序;它既不是这些用语本身,它们就类似于事物的元素,除非被组合起来,否则不得为人所专有,它也不是由这些用语所表达的思想,它们只是存在于人的头脑中,不可能被人盗用":*Jefferys v. Boosey* (1854) 10 ER 702。参见 *Information for John Mackenzie* (1771), 8。

[100] "一个人在其头脑中形成的一连串思想和情感,尽管混合着那些可能在此前已经存在于他人头脑中的思想,并且此前存在于他人头脑中的语词表达出来,以及用此前已经被使用过的语词表达出来,但是,它确实是而且适当地属于他自己的":W. Enfield, *Observations on Literary Property* (1774), 19。

由这种主张所导致的问题是,图书开始呈现出一种更为复杂的形式。在某种意义上,图书是由思想、知识和情感所组成的。在另一层意义上,它在所印刷出来的书页上包含了物质性标记或者描述。除此之外,作品还体现了第三种因素,它属于文学财产的专有领域。这就是作者用以表达其思想情感的体裁或者风格——"由于持续发挥心智能力而产生的一系列思想和表达"。[101] 更具体地说,以这种方式来描述图书,文学财产的支持者就能够主张把一本图书划分为一个公共领域(关于原理、知识和思想)和一个私人领域(关于体裁、风格或者表达),前者由于发表而可为任何人自由使用,后者则即使发表了,仍属于作者或者其受让人的财产。通过主张把文学财产限定在作者的表达上,而不是在一个作品中可能包含的任何思想或者知识上,并且通过表明图书"在某种意义上是公共的,而在另一种意义上又是私人的",[102],这样就表示,作品一经发表,读者就能够任其所愿地使用在该文本中所体现的思想和知识了;他们所被禁止的只是利用该作者独特的风格或者表达。[103]

而且,因为把文学财产限定为某一作者在精心制作其作品时所采用的表达上,而不是该图书可能包含的知识或者思想上,所以,文学财产的支持者就能够否定这样的看法,即承认了永久性文学财产就将给文学和天才们的进步提高造成不利影响。[104] 由

---

[101] 同上揭,第 10—11 页。
[102] Lord Camden, *Donaldson v. Becket* (1774) 17 *Parliamentary History* col. 998.
[103] 文学财产的支持者们通过把财产限定在作者的表达上,就因此得以回避了独立创作的问题,即不同的人同时主张创作出了相同的思想。
[104] "允许借用思想,或者对以往作品加以引用乃至翻译,这样的自由就被有力地辩护为是有利于文学财产的;因为它消除了任何对公众造成困难之假象,而他人只是被限制为不得以某一作者相同作品的原始形式或者外形而重印之": D. Rae, *Information for John Hinton* (1773), 18—19。"因为获得我的复制件的人可能挪用了我的思想资源,并且通过与我的情感对立,可能产生新的原理": *A Vindication* (1762), 13。这种主张也通过建筑的隐喻而被表达出来,即一个人可以在他人的基础上进行建筑,只要他建造了一个不同的上层建筑:同揭,第 14 页。

此，他们就可以主张，文学财产"非但不具有限制他人发挥其才能的倾向"，而且"还有助于他们更大地发挥其能力；因为它为他人创作作品提供了鼓励，他人可以将自己的聪明才智用到这些作品上，并因而增进他们的理解"。[105] 简言之，通过以这种更受限制的方式来描述被保护的对象，支持者们就能够把他们关于文学财产的观点与那些被反对者们指控的更为扩张和垄断的观点相区别。[106]

文学财产被限定在某一作者所采用的表达体裁或者风格上，这一事实还同时为文学财产支持者们所面临的两个难题提供了解决办法。第一，因为该财产只保护作者的独特表达，而不保护在作品中所发现的思想或者知识，所以，文学财产的支持者就能够为他们自己进行辩护，以反对这样的指控，即认为文学财产就等同于一种有违于公共效用的反自由、不公正的垄断。[107] 同时，表达是无限开放和富有弹性的，足以超越不同的格式。同样地，它提供了一个公约数，诚如所言，该公约数将法律得以在作品从一种格式转换为另一种格式时仍能追查之。[108]

文学财产的支持者们通过主张把文学财产限定在作品创作所采用的表达上，从而能够对那些针对为无体物提供财产保护的法律而提出的反对意见，提供表面上合理的回答。虽然这些回答的状况以及更为一般性的我们看待有关文学财产争论的方法都仍然存有争议，但是，它们给我们提供了一个有益的机会，以探讨

---

[105] 同上揭，第24页。
[106] 这些发展可以被看做是思想—表达二分法的一个早期例子。比较 R. Jones, "The Myth of the Idea/Expression Dichotomy in Copyright Law" (1990) *Pace Law Review* 551，作者主张，思想/表达二分法是直到20世纪才发展起来的。
[107] F. Hargrave, *An Argument in Defence of Literary Property* (1774), 28.
[108] 在此意义上，我们就能够对德里达所提出的问题作出某种解释，该问题是根据17、18世纪所建立的实在权利的概念，有关著作权的观点为什么以及如何只是考虑了形式和内容，为什么它排除了将内容、主题和意思作为考虑因素：J. Derrida, "Psyche: Inventions of the Other" 载 Lindsay Waters 与 Wlad Godzich 编，*Reading de Man Reading*（明尼阿波利斯：明尼苏达大学出版社，1989），27.

某些与无体财产在法律上的本质特征相关的问题。现在我们就转向这项任务。

六、作为个人的创作者

在文学财产争论中被突出强调的其中一个重要特征，是个人在创造无体财产时所发挥的作用。事实上，有关18世纪知识产权法的最常见的主张之一就是，在此期间，个人开始被看做创作的来源或者起源。更具体而言，人们通常就提出，作者在法律上开始被看做文学文本的创作者，而非一个单纯的对传统的复制者。实际上，有人就主张，法律体现了一种认识论的（epistemological）或者审美的个人主义。[109] 在此之前，作者的思维被看做是对外部世界的一个反射体（reflector），而由此所获得的作品本身则可以被比做一面呈现出一幅经过选择和整理的生活映像的镜子。后来发生变化的是，由天赋、品味、判断和想象的有机品质所激发的作者的思维开始被当作这样的东西，即它不仅介乎感觉世界和文学作品之间，而且是导致艺术和现实之间存在显著差异的原因。[110] 我们所见证的是，诚如所言，接受一种个人主义的创作模式，就是一个把创作源泉从上帝或者自然那里转向个人的运动；虽然正像洛克所谓的劳动者那样，个人是利用上帝所提供的工具从事工作的。

甚至只要对这一时期的作品投以粗略一瞥，其中散布着关于天赋、想象以及诸如此类的参考材料，就已经显示了以下这一点是无可怀疑的，即在整个18世纪，相比于迄今为止的情形而言，个人作为创作者（individual-as-creator）在法律上发挥着愈加重要

---

[109] 就此参见 S. Lukes, *Individualism* (牛津：Basil Blackwell, 1985), 45—51。
[110] M. Abrams, *The Mirror and the Lamp* (纽约：牛津大学出版社, 1953), 156。

的作用。[111] 正如我们所看到的,文学财产争论当中的一个核心议题就是,作者(并非如1710年《安妮法》中的作者和所有者)是否享有复制其作品的永久性控制权。虽然作者的思想被用来,或者正如罗斯(Rose)所言,被创造出来是为了促进伦敦书商们在文学财产争论中的目标[112],但它也标志着法律对待无体财产的方式发生了一个重大转变。同时,随着管制图书交易的正式场所从出版商公会和行会转移到了公共法庭,管制的支点也就转到了对个人的关注上。例如,这可以从下面的事实中看到,即在18世纪,个人成为焦点,许多调整无体财产的法律概念和规则就是围绕着它而被组织起来的。对个人的不断增加的依赖性,不仅反映在文学财产争论中所使用的那些论据上,而且还反映在有关调整知识财产的立法所使用的语言上。为作者提供了复制权的1710年《安妮法》,就是最早的此类例子之一,但是有人发现,一个更有意思的例子是关于1787年和1794年的《白棉布印花工法》(Calico Printers' Act,它为织布外观设计提供有限的保护)的。[113] 在对前述这些法律的讨论中,关注的焦点落在这些印花或者外观设计所印出来的产品——织布、服装等等上。文学财产争论的焦点落在了作为创作者的作者身上,与之不同的是,在我们

---

[111] "新事物的产生……必须归因于人类主体的活动。发明总是属于作为发明活动主体的人的。这是一个具有相当稳定的定义性特征,一个我们必须严格考虑的在语义上的准不变量(quasi-invariant)。无论发明概念的历史和分歧如何……对我来说,没有任何人有这样的权威,可以谈论发明而不涉及所谓的人类在技术上的主动性":J. Derrida, "Psyche: Inventions of the Other" (1989),43—44。"通常的发明地位,就像一项特定发明的地位那样,预设公众承认它是一种原创。……后者必须可归属于某一人类主体,无论是个体还是集体,他们对于那些在此之后可为任何人利用的发现或者新事物负责":同揭,第41页。

[112] M. Rose, "The Author as Proprietor" (1994), 31. 另参见 R. Chartier, "Figures of the Author" (1994), 7。更为一般性参见 A. Robinson, "The Evolution of Copyright, 1476—1776" (1991) *Cambrian Law Review*, 67。

[113] 《通过在有限时间内授予设计人、印花工和所有权人以财产权而鼓励亚麻布、棉布、白棉布和平纹细布的设计、印花技术法》(1787)。该法对于在白棉布、平纹细布、棉布和亚麻布上的新颖和独创的印花样式,授予其发明人和设计人以2个月的专有权。

所找到的《白棉布印花工法》之前的讨论中,并没有提及任何的个人设计者。但是,当这些权利主张成功地进入制定法用语之中时,它们就被分派到了个人雕工或者设计师的那方面。

尽管这没有什么可怀疑的,即在 18 世纪,个人作为创作者在法律中发挥了显著的作用,但我们必须对于我们从中所得出的结论保持谨慎。例如,我们有必要在采取进一步措施之前三思而行,而且表明在此期间内也看到法律采纳了这样的想法,即作者"作为一个个人,他单独……对于某个独一无二的作品的生产负责"。[114] 同样地,我们必须仔细对待这样的建议,即法律"分享了这样的观点,作者无须帮助即生产了复制件,并且在创造仅属于他们的智力产品时消耗了智力劳动和知识资本(他们的思想)"。[115] 这是因为,与信贷或者货币的情况不同,在那里,物质对象与其非实体的文本是完全分离的,而文学财产从不可能达到这样的分离程度。同样地,虽然在许多领域中,个人起到了比他或者她在以往所起的更大的作用,但作者并未如有时人们所表示的那样,与文本相分离,至少在法律上如此。[116] 在整个 18、19 世纪所写的关于知识财产的大部分著述中,令人印象深刻的是评论者多么理解创作的人际性特征(interpersonal nature)、作者之间所

---

[114] M. Woodmansee, "The Genius and the Copyright: Economic and Legal Conditions of the Emergence of the 'Author'" (1984) 17 *Eighteenth-Century Studies*, 426(着重号是后加的)。值得指出的是,伍德曼西把这种关于作者的观念用作批评的目的。

[115] L. Zionkowski, "Aesthetics, Copyright and the Goods of the Mind" (1992) 15 *British Journal for Eighteenth Century Studies* 167.

[116] 参见,例如 S. Stewart, *Crimes of Writing: Problems in the Containment of Representation* (纽约:牛津大学出版社,1991),15。

存在的恩惠与关联[117]、作者存在于交流网络中的事实以及他们对他们所生活的传统既有索取也对之作出贡献：简而言之，创作的相互交织性（intertextuality）。[118]

虽然对于个人在前现代知识产权法中所起的日益增强的作用没有什么可怀疑的，但我们不应牺牲其他也许更加富有成效的方法而仅仅将目光关注在这一点上。考虑到浪漫主义的遗产，它倾向于过高估计个人作为创作者而在法律上所起的作用，这就变得尤为重要了。如果我们抵制了这些完整性解释，那么许多不同的可能性就变得很明显了。在我们解读文学财产争论时所显示的方法之一，就是有必要承认个人是存在于一系列连接传统、思想、作者、读者等等的复杂网络之中的。这种承认就使我们能够评价创作的协作性和相互依赖性。[119] 而且，如果我们要去理解无体财产，那就必须强调创作的架构，而非其中的某一特定要素（比如作者或者发明人）；这是我们在下一章所将着力探讨的一个主题。这与其说否定了法律主体在知识产权法上所起的重要

---

[117] 例如，在主张反对承认永久性文学财产时，有人提出，"如果从根本上探究关于在智力作品中的财产的理念，就会难以明白，何处才是终结"。承认借用或者"重复"这种行为的流行性，有人提出，"该论文的作者也许应当受到指控，因为他的许多论据是从别人的作品那里拿来的；而他却不能公平对待他的用户"：*Information for John Robertson* (1771)，18。对此有一个显著例子，可见于乔舒亚·雷诺（Joshua Reynold）爵士在皇家艺术院（Royal Academy of Arts）的演讲，其中强调了复制与模仿在艺术教育中的关键性重要意义。尤请参见，Discourse VI，于上议院对 *Donaldson v. Becket* 案作出判决的同一年发表：J. Reynolds, *Discourses on Art* (1959)。

[118] 关于可以从一本讨论文学理论的现代作品中拿走哪些东西，肖特在1871年这样写道，"文学、科学和艺术中的每一本书都借用并且必须借用大量的、在此前众所周知和已经用过的东西。没有一个人在写作一本书时为自个儿创造一种语言，至少如果他还是一个明白人的话"：J. Shortt, *The Law Relating to the Works of Literature and Art* (伦敦：Horace Cox, 1871)，80。

[119] 诚如戈登所主张的，"为绝对所有权的强制性权力所付出的代价是一种相当沉重的代价，是对集体性和合作性因素的一种令人发狂的压制和否定，也是对社会活动内在之相互依赖的必要性的一种压制和否定"：R. Gordon, "Paradoxical Property"，载 J. Brewer 与 S. Staves 编，*Early Modern Conceptions of Property* (伦敦：Routledge, 1995)，108。

作用，不如说是重新定位个人作为创作者而在这个更广阔过程中的位置。

文学财产争论的另一个显著特征是，它例证了两种思考和处理无体财产的不同方法。更为重要的是，它们当中的每一种方法分别回应和代表了在前现代法和现代法中所使用的论证方式。如果我们对以下两种论证方式进行对比，则对无体物的不同思考方法就变得清晰可见了，一种是在 Millar v. Taylor 案[120]中所使用的方式，它反映的是前现代的方法，另一种是由英国上议院在 Donaldson v. Becket 案[121]中所使用的较为现代的方法。尽管这两起案件所讨论的问题是相同的（即是否存在着一种普通法上的永久性复制权），但每一案件中所使用的论证方式却大相径庭。为了回答这个问题而不是将之略过，法院在 Millar v. Taylor 案中把关注焦点放到了文学财产保护的本质特征和根据上。该案判决的先验性和反映性特征与后来的 Donaldson v. Becket 案判决形成了鲜明的对比。虽然上议院阐释的是那些在 Millar v. Taylor 案中所产生的相同的问题，而不是考察文学财产的本质特征或者它如何区别于技术财产，但是，在 Donaldson v. Becket 案中，上院议员们基于他们对于交换和流通的自由主义式关注，从而把注意力集中于若对伦敦出版商公会授予一种永久性垄断将对图书交易所造成的结果上。[122] 也就是说，这里存在着一种在论证方式上的微妙变化，即从可以称之为先验性检验方式（a priori style examination）转换到了一种结果性（consequential）或者前瞻性思考（forward-thinking）的推理方式。他们不问有关文学财产的本体性地位问题，而是将注意力转向由于授予此种财产所将带来的影响上。事实上，我们所见证的，正是知识产权法中一个认识论转换的开端，借此，结果实在性（consequential positivity）取代了理性、

---

[120]　(1769) 98 ER 201.
[121]　(1774) 17 *Parliamentary History* col. 953.
[122]　参见 T. Ross, "Copyright and the Invention of Tradition" (1992)。

经验和智慧,成为现代法的特征。尽管一直要到 19 世纪下半叶,这些结果性论据才如今天这般起着如此普遍的作用,但是,该争论还是在先验性论证方式与结果性论证方式之间提供了一种有用的观点。

卡姆登勋爵(Lord Camden)对 *Donaldson v. Becket* 案的判决所反映的,就是从一个对文学财产本质特征的本体论检验,转向一个对于若授予或者不授予财产权利所将造成结果的检验。先验性论证方式不仅在 *Millar v. Taylor* 案中得到适用,而且也存在于大量的传单、小册子和司法判决中,就像"各色各样的垃圾堆"[123],而卡姆登勋爵在抛弃了这种论证方式之后,就将注意力集中于授予一种永久性垄断所可能造成的结果上。虽然在以往已经作出了关于著作权是否系永久性权利的决定,其根据是所谓的文学财产是否可以恰当地被看做某一财产种类,但对于卡姆登勋爵而言,授予永久性复制权就意味着,"学术活动将被锁定在同时代的 Tonsons 和 Lintons* 的手中,直到公众差不多成为他们的奴隶,就像受雇于他们的编辑那样"[124],这样的事实就足以构成充分的理由,让他驳回出版商们的权利请求。

除了作为例子来说明有关无体物财产权的不同思考方法,文学财产争论也在如下方面引人注目,即 1710 年《安妮法》中获得承认的文学财产间接地得到了确定和强化。虽然对于它是否系一种应当被人支持和鼓励的制度一度存有怀疑,但在整个争论过程中,文学财产的法律地位却未受置疑(或者实际上相当于此)。在文学财产争论之前的立法——《安妮法》、1735 年《雕工法》——以及随之而产生的司法判决都在文学财产的规范化过程中发挥了作用,不过,单纯看文学财产受到了如此广泛、如此具体

---

[123] (1774) 17 *Parliamentary History* col. 993.
　　* 两者均指在伦敦的印刷商。——译注
[124] 同上揭,col. 1000。据说,在服务于文学事业的伪装之下,书商们策划出永久性特权的概念,意在把文学天才们的成果永久地控制在他们手上。

讨论这一事实,就具有这样的效果,即它的规范性地位得到了有效地呈现,并且无可置疑。[125] 虽然有许多种无体财产的规范性地位仍未确定,特别如专利,但是,这个朝着文学财产的规范性闭合(normative closure)的运动却在法律实践上带来了重大影响。特别是,对于文学财产价值的共识,就更容易主张以类比手段而将保护范围扩张至新样式。

更为重要的是,该争论还见证了人们越来越多地广泛接受了如下观点,即智力劳动能够产生一种独特的私有财产种类[126];亦即,它看到了一种概念上的闭合。虽然在此之前,多种无体财产,比如名誉、燕婉之欢、商誉和商号、在复制件上的财产以及在发明上的财产都已经得到了法律的承认,但是,直到文学财产争论之后,与物质领域没有任何直接关联的无体物作为一种在"物"上存在的财产权的现代观念才开始被人接受,而极少有疑问或者怀疑。尽管存在这样的事实,即对于是否可能对无体物给予财产地位一度产生过怀疑,因为它透过窗户就可以被人偷走,而且无法让人看到、触摸或者嗅闻,但是,在文学财产争论结束之际,有关无体物能够被视作一种财产的观念就得到了广泛接受。耶茨法

---

[125] 对于这一时期知识产权法的重新流行,马克·罗斯也许比任何其他人作出了更大贡献,她提出,文学财产之争见证了"享有所有权的作者与文学作品是同时出现的,它们是一对孪生子":M. Rose, "The Author as Proprietor" (1994), 39。罗斯在其他地方还提出,直到1774年,"现代英美著作权法的所有根本要素都已经到位了。当然,最重要的是作为创作者和财产最终来源的作者概念":M. Rose, *Authors and Owners* (1993), 132。

[126] 参见 S. Sherman, "Printing the Mind: The Economics of Authorship in *Areopagitica*" (1993) 60 *English Literature History* 325。"上议院不只是定义了该法律。律师们花费了20年时间,试图确定究竟何谓著作权。……虽然对于无体财产的观念存在诸般不信任,但该财产现在被认为是确实存在的":J. Feather, "The Publishers and the Pirates: British Copyright Law in Theory and Practice, 1710—1775" (1987) 22 *Publishing History*, 25。罗斯主张,*Pope v. Curll* 案以及围绕它而发生的争论就标志着这样的时刻,即"文学财产作为一种在文本中存在的、完全无体的财产,其概念就被认为在此时诞生了":M. Rose, "The Author in Court: *Pope v. Curll* (1741)" (1992) 10 *Cardozo Arts and Entertainment Law Review* 493。另参见 M. Rose, *Authors and Owners* (1993), 132。

官在 *Millar v. Taylor* 案的判决表明,在 1769 年,有关无体财产的观念尚未在法律上获得广泛接受[127],但当议会于 1878 年着手讨论对白棉布适用外观设计保护的问题时,就已经不再有人提出关于对无体物给予财产权之可能性的问题了。事实上,在 18 世纪 70 年代所进行的、最终导致《白棉布印花工法》的讨论中,有关各方不仅视复制权保护的价值为当然,而且还承认法律能够对无体物给予财产地位。

虽说在 18 世纪下半叶,无体物被广泛接受为财产保护的一种合法对象,但若因此假定法律已经在某种程度上准备了一套得以相对轻松地处理无体财产的技巧;普通法文学财产权的反对者们在对无体物给予财产地位时所确定的那些难题已经以某种方式被克服了,那就错了。也就是说,虽然法律愿意将无体物接纳为财产的一个种类,但是,如果由此再向前迈进一步,或者同样地,表明文学财产争论在某种程度上解决了法律在接纳无体物为一个财产种类时所可能面临的难题,则都是轻率的。

对此的原因在于,虽然文学财产的支持者能够举出大量的论据,以对抗由普通法文学财产的反对者所提出的反对意见,但这并不意味着法律在其处理无体财产时所可能经受的困难,就因此而得到解决了。[128] 虽然该争议形式可能另有意思,但是,若假定法律对无体物给予财产地位之能力所提出的难题已经得到了解决,则是不准确的。在我们可以得出这样的结论之前,我们有必要考察一下文学财产争论对于知识产权法所带来的影响,通过反思,它也许并不如人们通常所认为的那样是决定性的影响。

认为文学财产争论使得法律克服了由文学财产反对者们就

---

[127] 例如,佩罗特(Perrott)男爵就发现,该思想"非常没有根据,还很荒唐":*Donaldson v. Becket* (1774) 17 *Parliamentary History* col. 981。文学财产也被认为"在其全部目的和意图上是不确定的":Attorney-General Thurlow, counsel for Donldson, 同揭, col. 969。

[128] 罗斯暗示着,这些因反对文学财产而产生的难题,通过求助于浪漫主义理论就得到了解决:M. Rose, "The Author as Proprietor" (1994), 52—53。

法律在承认无体物为一种财产时的能力而提出的难题,这种倾向部分地源于如下事实,即 18 世纪所发生的一系列事件不仅被当作是一件名至实归的事情,而且还被视为一个争论:有开始、中间和结束。把文学财产争论看做一个争论,由此所带来的难题之一在于,我们不仅期望它为所造成的问题提供答案,而且它本应当解决法律在给予无体物以财产地位时所可能经受的任何难题。把文学财产问题看做一个争论,使其负载着某些期望,这样就会产生许多的其他结果。在解释知识产权法时,它就引导我们,比如说优先考虑有关知识性讨论,并给予其一个本不该得的原因地位。它也引导我们以一种特定的方式来阅读著作文献。例如,它引导一位评论者把 *Donaldson v. Becket* 案说成是带来了一种两难。亦即,"上议院努力地'解决'18 世纪争论最热门的一个法律问题,但很显然它并未为其裁定提供任何解释"。[129] 由 *Donaldson v. Becket* 案所带来的两难在于,它未能根据争论的规则,或者更准确地说,根据那些回溯性适用于它的规则,而对文学财产问题作出裁决。

与这种思考方式相反的是,我们希望提出这样的主张,即文学财产争论远不是解决了法律在其处理无体物时所经历的那些难题,它只是一个例子,说明法律正在致力于解决一组在其处理知识财产时所产生的和继续产生的难题。以这种观点为手段,我们在下一章中就将更具体地来考察法律在处理和接纳无体物为财产的一个种类时所使用的方法。因为这些难题的持久性(perennial)特点,我们在讨论无体财产的法律特征时,将在某种程度上偏离我们到现在为止一直延续的历史叙述。

---

[129] R. Coombe, "Challenging Paternity: Histories of Copyright" (1994) 6 *Yale Journal of Law and Humanities* 407.

第 2 章　无体财产的智力性

如果我们打开当下任何一本知识产权法教科书,首先让我们注意的关于无体财产的事项之一,是它通常被说成客体或者物(objects or things),或者与之相关联的东西。而且,知识产权法的对象也常常被知识产权法学者们认为是非创造性的、一元的和闭合的。通常,以此方式来考虑无体物的趋向,并非为当前的知识产权法所独有,如果以历史眼光看待这一问题,它在过去也曾出现过。如果我们暂时搁下现代的把无体物当作一个非创造性、闭合之物的先入之见,而是让前现代法自己来发表意见的话,那么,一幅有关无体财产的不同的、在某种程度上具有复杂性的画面就开始显现出来了。我们在本章的目标,就是探讨当无体物自身显现于前现代知识产权法时所具有的本质特征。我们在一开始将表明,前现代知识产权法中的一个重要问题是关于创造性的。事实上我们可以这样主张,即至少在某些外观上,创造性是该法的首要关注焦点。[1] 接着,我们提出,为了理解法律借以给予无体物以财产地位的方法,我们就有必要认识到,无体财产的法律概念体现了许多相互冲突的需求,它们把该法律朝不同的方向拉动。更为重要的是,虽然创造性可能已经被替换为前现代法向现代法的运动,但许多共存于无体财产这一法律概念中的紧张关系,还是继续在当前法律的形成中起着一种重要作用。

一、创造性和知识产权法

尽管一直到 19 世纪上半叶,对创造性这个用语的使用才达到了一定程度的一致性,但是,把专利法、文学财产,以及事实上那些对智力劳动授予财产的全部法律领域联结起来的公约数,就是它们都具有一个共同的创造性概念。虽然在 18 世纪,许多关于智力(或者创造性)劳动的讨论是集中于文学财产上的,但人们对创造性的关注却远远超越于此,而是包括了在那时存在的全部知识财产种类。[2] 正如托马斯·韦伯斯特(Thomas Webster)在其 1853 年关于外观设计和专利的论文集中所写的,"智力或者智慧劳动的产品如果以某一实际形式体现出来,无论其为图书、音乐、绘画、外观设计还是在技术和制造业上的发明",就都具有"从该对象的本质特征——亦即,该等财产权的对象并不存在于像土地、空气或者野生动物上——所派生出来的特殊权利。……

---

[1] 人们通常这样说,现代英国的知识产权法由于其实用主义和实证法传统,所以它没有并且从来就没有关心过创造性(以及其他等同的外来概念,诸如人格),它更为关注的是额头出汗,而不是头脑。最近的事件,比如美国最高法院对 *Feist Publications v. Rural Telephone* (1991) 111 SCt 1282 案的判决,以及保护数据库的努力,已经重新提出了关于创造性在知识产权法中的作用问题;特别是在与著作权相关的地方。

[2] 例如,威廉·肯里克主张,"如果亚麻布印花工、染纸工等因其劳动而在普通法和衡平法上被授予一种专有的复制权,那么就没有任何正当理由,不对各种技师的任何产品的制作而同样授予该种专有特权,因为其形式上的新颖性、用途和外观对他们自身而言都是独特的":W. Kenrick, *An Address* (1774), 27。

这样的财产,如从该术语的最严格意义上来说,才是一个创造"。[3] 同样为人们所承认的是,智力劳动上的财产并不限于那时所存在的权利,而是扩张性的,至少从可能性上来说,包括所有种类的无体物。

除了通过一个共同的关于创造性劳动的概念而被联结起来以外,前现代知识产权法的另一个重要特征是,各种不同的法律领域也开始体现和共享一个关于创造究竟是什么的特定概念(image)。复言之,指出这一点是重要的,即法律所采用的创造性模型并不仅限于文学财产,也不以18世纪后期为限。如果我们看看比如处于萌芽期的专利法——一个在那时并不以对创造性事物的关注而闻名的领域——我们就会发现,在18世纪末期所作出的一系列判决和评论中,法律逐渐形成了这样一幅图画,它说明的就是发明或者创造一台机器或者一种化学方法究竟指什么。[4] 本分析的起点是相信存在着一个先验性领域,一个可以从中抽取出发明的水库。虽说对这个领域的命名各有不同,诸如"传统"、"自然"、"科学定律"、"理念"或者"原则"[5],但在所有情况下,它都是指"为技术和科学提供了最初的根据和规则,或者

---

[3] T. Webster, *On Property in Designs and Inventions in the Arts and Manufactures*(伦敦:Chapman 与 Hall, 1853),7(着重号是后加的)。诚如 Inlow 所言,不对进口授予专利,这样变动的结果之一就是"发明不再成为引进,因而在美国就变成了创造。有了创造这个概念,我们就摸到了发明问题的核心":E. Burke Inlow, *The Patent Grant*(巴尔的摩,马里兰州:约翰霍普金斯出版社,1950),137。

[4] 无论如何都应当指出,专利仍然可由新行业的引入而获得。对此,参见 *Darcy v. Allin*(1602)74 ER 1131;*Edgeberry v. Stephens*(未注明日期)90 ER 1162。关于专利只能授予发明的创造者,这种信念还最终被成功地用来反对那种仅仅由于公开、介绍或者进口某一发明而授予专利的做法。

[5] "原则"一语的使用有多重含义。鲁克(Rooke)法官评述说,"原则这个术语的意义模棱两可——它可以被用来指称某一科学的基本真理——比如蒸汽的自然属性,它的膨胀性和冷凝性":*Boulton and Watt v. Bull*(1795)126 ER 651。人们后来这样评述"这个法律幽灵"——原则,"这个为法律家们所操纵的魔法把三重不同的意思纠缠在一起,并且在某些专业形式的帮助下,产生了一个神秘的语词,使得一个思想能够被幻化为许多不同的形式":"Unreasonableness of Judge-made Law in Setting aside Patents"(1835)22 *The Westminster Review* 459。

换言之,它们的要素和基础"。[6] 这个领域由"存在于当下之创造这样的事实"组成,而这些创造是由"伟大的作者所完成的"[7],包括了诸如以下这些概念:重力、热、化学、电、物质的特性、流体弹性(elasticity of stream)、压力和密度的关系、海上经度以及地球的转动。正如思想被认为是被排除在文学财产保护范围之外的,这些从其本质上看具有普适性的原则,也落在可专利的范围之外。[8]

文学财产法在思想和表达之间作出区分,同样地,可专利的发明也是与不可专利的发现相对立而共存的。诚如韦伯斯特所言,"发现者是一回事,发明人又是另一回事。发现者所找到的是某个已经存在于自然界的东西,比如说煤田,或者物质的某一特性,或者一条自然规律:这样的发现就从来不是也从不应当成为专利的对象。……发现的对象在事实上是广布于世的;它们存在于自然之中"。"但无论在发现一条规律时需要付出多大的努力……没有人能够说是他发明了它们。"[9] 虽然不可能发明一个自然定律或者一条物理学普遍规律,但它们是能够被发现的。正如所有的物都在自然界中存在着,这些规律也只为那"具有充足能力和毅力来发现和解释事实的哲学家的头脑"准备着。[10]

那么,为了从发现的领域转向发明的领域,又需要什么东西呢?简单的回答就是,必须表明该抽象的规律已经被付诸实践了,而自然亦已被个别化或者被激活了。布勒法官突出强调了发

---

[6] Buller J, *Boulton and Walt v. Bull* (1795) 126 ER 662. 另参见 J. Collier, *An Essay on the Law of Patents* (伦敦:A. Wilson, 1803), 78; J. Davies, *A Collection of the Most Important Cases Respecting Patent of Inventions* (伦敦:W. Reed, 1816), 415; J. Norman, *A Treatise on the Law and Practice Relating to Letters Patent for Invention* (伦敦:Butterworths, 1853), 9; R. Frost, *Patent Law and Practice* (伦敦:Stevens 与 Haynes, 1891), 35。

[7] T. Webster, *On Property in Designs* (1853), 7。

[8] "一项原则只是一个单纯的思想,因此不能成为专利的合适对象":R. Godson, "Law of Patents" (1833年2月19日) 15 Hansard col. 977。

[9] T. Webster, *On Property in Designs* (1853), 5—6。

[10] 同上揭。

明过程的动态性和创造性本质,从而在涉及瓦特的一项蒸汽冷凝器专利的 *Boulton and Watt v. Bull* (1795)案中指出,专利"是授予给某个从这些因素中所产生出来的东西,而不是给这些因素本身的"。[11] 虽然哲学原理或者抽象的规律不可能根据它们自身而获得专利,但它们在物质或者实践形式中的呈现则是可专利的。[12] 在这些情形中,以下观点在法律上是明确的,即正是最终产品的人为的或者创造出来的特征,其与自然界的间隔,才确保一物成为一项发明而非一个纯粹的发现。[13]

如果我们把注意力从专利上移开,更加一般性地看待前现代知识产权法,那么我们就会看到,对于就智力劳动而给予财产权的各种不同的法律部门中,它们的一个共同因素就是不仅都关注创造性劳动,而且对于何谓创造有着相似的概念;如果你愿意,它们接纳了一个共同的创造模式。特别在这一点上很明确,即虽然上帝可能为创造性过程提供了起跑器,但法律所保护的还是由那些对工作对象进行个别化的作者、雕工、设计师或者发明人所作出的贡献。[14] 换言之,知识产权法所保护的,正是体现在最终产

---

[11] Buller J, *Boulton and Walt v. Bull* (1795) 126 ER 662. "除了得到实际应用,一项原则本身不可能产生任何可销售物或者制造品":同揭。首席大法官艾尔(Eyre)勋爵提到,"毫无疑问,对于一项单纯的原则不存在任何专利,但是当一项原则体现为有体财产或者与之相联系,从而处于一种在任何技术、行业、手艺或者手工职业中发挥作用或者产生效果的状况时,我想就可能存在一项专利了";同揭,第667页。

[12] T. Webster,载 H. Dircks 编,*Statistics of Inventions Illustrating a Patent Law*(伦敦:E. and F. Spon, 1869), 45。正如德里达提醒我们的,发明的概念"并不具有关于创造出无中生有之存在的神学意义":J. Derrida, "Psyche: Inventions of the Other" (1989), 43。

[13] T. Webster, *On Property in Designs* (1853), 5—6。

[14] 专利只授予创造,而不是对先行存在之思想或者原则的发现,这一事实就意味着不得出这样的结论,即该法律提供了垄断性保护。只要这些财产权只是授予创造——根据定义,它必然涉及新事物的引入——那么,该法律就不能被谴责为限制了既存之思想。同样人们就能够主张,专利"是与垄断相反的;因为如果一项专利有效,则其必然是一个新的发明,因而,任何人都不会因为这一授权而在其以往所享有的任何自由上受到限制":W. Carpmael, "Introductory Observations of the Law of Patents for Inventions" (1853) 3 *Repertory of Patent Inventions* 68—9。另参见 T. Webster,载 H. Dircks 编,*Statistics of Inventions* (1869), 47。

品中的创造性或者人为的因素。[15] 尽管采用该模型的方式随着时间而变化,时常以一种局部的或者间接的方式来表现其自身,从而(正如我们所将看到的那样)难以将之适用于商标,但是,在前知识产权法的各个领域中,均将之承认为创造的范式。正如我们将看到的,有关创造的逻辑也在帮助区分知识产权法的不同范畴上发挥着重要作用。

二、作为行为的无体财产

在前现代法中,就像现在那样,通常的做法是按照其与特定的有体物之间的关系而来说明知识产权法——文学财产之于图书,以及专利之于机器——同时,在前现代与现代知识产权法之间,针对保护对象的思考方法上也存在着一个重要的区别。虽然在现代知识产权法中,受保护对象被认为在其与特定物质对象的关系方面几乎是专有的(类似于更一般地看待知识产权法的方法),而在前现代知识产权法中,在看待每一法律领域(例如文学财产)的方法上,与在感知其对象或者无体财产的方法上则存在着一条分界线。在其前现代形式上,无体物(区别于那些对智力劳动给予财产权的法律领域)并不被认为是一个物,而更多地被看做某一已经完成的事情:或者用当时的话来说,就是一种行为

---

[15] "财产的起源在于生产。就想象性和推理性作品而言,如果不是出于记忆,则作者就可以说是在进行创作,运用了其思维的各个领域,那么,新的图书就是作者劳动技巧和资本的产物。财产的对象正是作者作品中的词句排列次序": Erle J, *Jefferys v. Boosey* (1854) 10 ER 702。"一个人要想担当发明人的角色,就必须自身已经拥有体现在其技术改进中的思想。这必须是其自身智力和天赋的结果,而不是他人的": Nelson J, *Pitts v. Bull* (1851) 2 Black W 237。发明必须出自个人创造者的智力活动,这种观念就意味着,一个法人不能被看做一个专利权人。

48 或者表现。[16] 诚如斯莱特(Slater)在1884年所写的,"每一知识产品的所有人都拥有其劳动的果实,从本质上来说,他所拥有的不仅仅是作者的纸张油墨,也不是雕刻家的大理石块,更不是画家的油画布;而是他们的表现行为(performance)——视作一种体现在物质形式上的非实体性创造"。[17] 亨利·坎宁安(Henry Cunynghame)对此则说得更为明确,他说,"正如用'绘画'、'图画'或者'雕塑'之类的语词,我们就可能意指该艺术的实践行为,或者指通过该行为所产生的客体,因此,对于生产(manufacturing)这个词也可能既有一种抽象的意思,也有一种具象的意思"。[18] 虽然现代法趋向于把无体财产看做一个具体而静止的对象,但在18世纪和19世纪的大部分时间里,无体物则是以更为抽象和动态的术语来定义的。

在我们现代人的眼里,有关把无体物看做一种行为的观念也许将是难以理解的,因为在过去总是习惯于把无体物看做是一个物。但是很明确,在前现代知识产权法中,对无体物的认识与现在对它的认识迥然不同。重要的是,这种概念不仅造就了看待无体物的方法,而且影响着关于知识产权法的合法对象是由哪些部分所组成的判断。例如,假设这一点受到了广泛认同,即(前现

---

[16] 关于把图书更多地看做一种行为或者交流,而不是一个物的概念,体现在文学财产争论中的许多小册子中,它们把一本图书描述为一种"表现":例如,参见 *Memorial for the Booksellers of Edinburgh and Glasgow. The Decision of the Court of Session Upon the Question of Literary Property in the Cause John Hinton Against Alexander Donaldson per Lord Auchinleck* (1774);重印本 *The Literary Property Debate* (S. Parks 编)(纽约:Garland, 1974), 3。一般性参见 M. Rose, "The Author in Court: *Pope v. Curll*" (1992) 10 *Cardozo Arts and Entertainment Law Review* 492。Joshua Reynolds 爵士在此时把绘画作品描述为一种表现。J. Reynolds, *Discourses on Art* (1959), Discourse V, 81 与 87 以及 Discourse VI, 110—111。

[17] J. Slater, *The Law Relating to Copyright and Trade Marks Treated more Particularly with Reference to Infringement* (伦敦:Stevens and Sons, 1884), 2。

[18] H. Cunynghame, *English Patent Practice* (伦敦:William Clowes and Sons, 1894), 40。"作品"、"创造"和"发明"概念总是附随有一种对实践和客体、行为和理论的指涉。

代)专利法保护的是借以生产产品的技术而非该产品本身[19],那么一些评论者就难以接受关于可以存在着诸如一个产品的专利之类的东西这样的观念。事实上,罗伯特·弗罗斯特(Robert Frost)就发现该概念是非常不可感知的,从而在其1891年的专利法论文集中就将之排除出去了,他并且评论道:"一个产品,除了它是利用技术而被生产出来的以外,很显然不能成为专利的对象"[20];这种情况与现代法把产品专利当作确定的专利,而方法专利则处于较为模棱两可地位的情况形成了鲜明的对比。[21]

虽然在前现代知识产权法中,无体物被看做一种行为,但该法律也面临着一个难题:当说到作为知识财产而受到保护的对象时,它是用动态语词把无体物说成是某件已经完成的事情;但当其在处理无体物时,该法律却未能用反映其行动的或者动态特征的方式来描述无体物。对此,原因之一在于,该法律缺乏用以重复表示无体物之行为性(performative)特征的用语。这是因为,诚如巴斯蒂德(Bastide)所言,"说到行为,人们能够表现的就只是

---

[19] "一项专利……适当地是一项技术、一门手艺、一套工序、一种方法的权利,而各种机器和器具却并未被专利权人描述为发明,而只是表明了'它所实施的方式'。一个等同的机械设备可能在未改变该发明之原则的前提下替代它,但它可能是一种不同的形式和结构": T. Turner, *On Copyright in Design in Art and Manufacture* (伦敦:Elsworth, 1849), v—vi。另参见 H. Cunynghame, *English Patent Practice* (1894), 45。"可以发现,由我们最好的作者和词典编纂者对'manufacture'(制造;制造品)这个词所给出的意思,就是'由技术所制造的某样东西'或者'由技术制造出任何东西的方法'": W. Carpmael, *The Law of Patents for Inventions Familiarly Explained for the use of Inventors and Patentees* (第6版)(伦敦:Stephens, 1860), 13。"专利权人的专有财产就是这个技术,除了他,没有任何人有权在该权利存续期内使用之": R. Frost, *Patent Law and Practice* (1891), 24—25。关于"art"(技术)在这一语境中的词源学考察,参见 E. Johnson, "The Mercantilist Concept of 'Art' and 'Ingenious Labour'" (1931) 6 *Economic History* 234。
[20] R. Frost, *Patent and Practice* (1891), 49。正如弗罗斯特所主张的,专利保护积极的创造方法(技术),这一事实提出了许多困难。这是"模棱两可的,因为它可能意指(i)除了被用来生产某一产品的技术外,还指对于纯粹的产品授予一项专利;(ii)用来生产该产品的技术":同揭。
[21] 但是,早期的专利特权所涉及的是产品的买卖。在 Crane v. Price (1842) 134 ER 239 案之前,关于可以对一种方法授予专利,这一点并不清楚。

其结果、其痕迹"。[22] 假如行为或者表现只能通过其形式和作品而得到显示[23],那么,这就意味着无论法律多么希望把自己表现为是在保护创作的行为方面,它都不可能这样做。这一点因为如下事实而得到了强化,即法律通常是根据其所调整的有体物而提及知识财产的:《安妮法》调整的是图书;授予专利的对象是扑克以及诸如此类的东西。[24] 该法律因此就发现自己处于一种两难地位,虽然无体物主要是被看做处于动态中的,但法律绝不可能正确地说明无体财产的行为性特征;它总是因为事后评论(second-guess),描述和处理其他事物而受到指责。作为被迫用静态语词来表现这些动态概念的一个结果,无体物的行为性方面就在法律上呈现出一种有些自相矛盾的状态。

我们应该像许多人那样,把这个作为证据,证明法律在表述无体物的方法上存在着一个从行为到物的转变[25],亦即无体物的商品化(commodification)过程吗?我们对这个问题的回答是"不",其理由有二。第一个理由是:虽然当其处理无体物时,前现代法发现自己必须用一种静态而非动态的方式来表述行为,但是在其处理无体物的其他方面时,该法律的主要关注焦点仍然是在于创造的过程。虽然其他领域在 18 世纪可能存在着这样一个运动,比如说把文本当作一个物而非一个行为,但一直到 19 世纪

---

[22] F. Bastide, "The Iconography of Scientific Texts: Principles of Analysis" (G. Myers 译),载 M. Lynch 与 S. Woolgar 编, *Representations in Scientific Practice* (伦敦:MIT 出版社,1990),206。"当然,显示一个'物体'(比如蠕虫或者海绵体的骨架)比显示一种行为(an action,法语 un faire)看起来更为容易":同揭。另参见 J. Derrida, "Psyche: Inventions of the Other" (1989),27。

[23] 如下事实又加剧了这种紧张,即该表述是以视觉方式而获得解释的。正如特纳所言,占有无体财产的"并不是肌肉","而是眼睛":T. Turner, *Remarks on the Amendment of the Law of Patents for Inventions* (伦敦:Elsworth, 1851),3。

[24] 但是,涉及鼓励学术的 1710 年《安妮法》和提到新制造方式的 1624 年《垄断法》,都明显体现了作为知识产权受到保护的产权所具有的动态性。

[25] "在现代早期……人们通常把文本认为是一种行为,某个已完成的事物。现在,在发展中的市场社会语境中,该文本就被表述为一种物":M. Rose, "The Author in Court" (1992),492。

下半叶,在知识产权法的其他领域才发生了类似的变化。[26] 在此之前,无体物在法律上是被看做一种行为的;虽然它是被时间所凝固并且根据它所遗留下来的痕迹而得到确定的。尽管法律只能用静态的用语来表述行为,但由此假定作为结果必须把无体物看做物,也不准确。这样做不仅没有如实表述无体物在法律上的地位,它还导致我们忽略了由于法律意图对无体物给予财产地位而带来的紧张和不稳定。而且,它还引导我们忽略了长期以来法律在解决动态与静态之间的问题时所使用的各种不同的技巧,以及这对于无体财产的影响。

为什么我们否定有关无体财产的商品化,其第二个理由在于,如果我们抵制这样的诱惑,即通过理论上确保在行为和物之间或者在行动的和固定的之间形成简单的对立,从而让我们感到舒适,那么,我们就能够承认,在前现代知识产权法中所使用的法律范畴就在行为和物之间的振荡中起着一种妥协作用。这个中间区域发展所导致的结果就是,法律开始处理那些既非行为亦不属于物的因素[27];这种状况巩固了无体物在前现代知识产权法中所占据的模棱两可的位置。[28]

三、重复和确定

无体物的模棱两可地位因为法律愿意接受如下看法而加重了,即为了具有任何实际效果,知识产权法的对象必须是易于重复和重现的。事实上,这几乎就是不言而喻的,即在知识产权法

---

[26] 虽然难以确定这种思维方式是何时终结的,但很明显,它至少一直持续到19世纪末,智力劳动或者创造性劳动才几乎被排除在法律的直接考虑因素之外。进一步参见本书第9章。

[27] 参见 J. Derrida, "Psyche: Inventions of the Other" (1989), 45。

[28] 波特杰抓住了前现代法中无体财产的令人难以对付的特点,因为他提到,"人们可能会说,尽管法律上的'物'应当被看做主观控制或者专有的产物,或者被看做主客体辩证关系的一个中间阶段,但是法律还是把这个中项实体化了,并且对待它就同它是一个'物质上'的物":A. Pottage, "Autonomy of Property",向哈特研讨会提交的论文,伦敦,1991年,第14页。

上,其保护对象必须是可重复的(reproducible)和可再现的(repeatable)。为了反映这一点,长久以来人们就承认,在无体物上的财产权必须扩展至其最初的载体(手稿、绘画或者原型)之外,还应包括复制品和等同物的生产。通常,这被认为意味着,无体物必须以抽象和普遍性用语来表述。这样做是必须的,从而在与物质对象进行比较时,才能够确定是否存在着一种对无体物的复制。

同时,法律在调整无体物时所面临的首要任务之一,就是必须能够确定该财产,并在其被转换成新的形式时能够追踪到所保护的对象。虽然确定无体物的任务可以采用许多不同的方法,但它最好被理解为一个证据问题。诚如金兹伯格(Ginzburg)提醒我们的,此类证据问题是"高度定性的"过程,"其目标是研究个人的情形、状况与材料,这正是由于它们都是个性化的"。[29] 坦普尔·弗兰克斯在本世纪*初担任英国专利局局长,他强调了个性(individuality)在确定无体财产时所发挥的重要作用,他在谈到有关侵犯著作权的行为时说,"一物欲得保护,必须具有个性,否则何以证明它被复制了呢?"[30]

通过这种方式将重复与确定两者并列,我们就能更好地评价这些体现在无体物这个法律概念上的相互冲突的需求。更具体地说,我们看到法律面临着这样的难题,一方面,至少在潜在可能性上,无体物必须是可复制和易于重复的;而同时,知识产权法所面对的首要任务之一却是必须确定无体财产的范围和特征——这是一项定性的任务,突出了无体物的个性特征。[31]

---

[29] C. Ginzburg, "Clues: Roots of an Evidential Paradigm" 载 Clues, Myths and the Historical Method (J. and A. Tedeschi 译)(巴尔的摩,马里兰州:约翰霍普金斯大学出版社,1989),106。

* 指 20 世纪。——译注

[30] L. Temple Franks, 1910 年 3 月 4 日, BT/209/835。

[31] 本杰明在其评论中注意到了一个类似的紧张关系,"一件艺术作品的独一无二性,是与它被嵌入其间的传统结构不可分离的":W. Benjamin, "The Work of Art in the Age of Mechanical Reproductions" (H. Zohn 译),载 H. Arendt 编, Illuminations (纽约: Harcourt, Brace and World, 1968), 223。

虽然抑或可能由于这些任务的复杂性,法律以一个简单而具有说服力的主张作为回应。在与文学财产的关系上,该法律通过把财产的保护范围限定在那些以印刷文字留存的对象上,就解决了这些看起来明显冲突的需求。把关注焦点集中于印刷上,正如金兹伯格所说,"就意味着即使是在处理个性化的案件,人们也避开了人文科学(human sciences)中的一个主要陷阱:品质(quality)"。[32] 简言之,通过把焦点集中于印刷文字上,确定对象的任务就能够被表述为是定量的、客观的和普适的。而且,因为它使得法律能够决定两个对象是否相似,而无需作定性判断,所以,在重复和确定之间存在的隔阂至少暂时得到了克服。

正如我们所看到的,一种以印刷为根据的方法不适当地限制了潜在的知识财产,由于意识到这一点,法律就把注意力从印刷转移到了创作者的表达上。重要的是,表达被认为附带有许多特征,这些特征提供了使该法律得以完成其自身所设定的冲突性任务的方法。一方面,表达是相当抽象和同构的(isomorphic),足以具有可重复性和可再现性。同时,作者的表达性贡献与发明人、雕工和设计师的贡献一样,总是使财产能够得到确定。[33] 其原因在于,人们相信,无论何时,只要(创造性)对象被生产出来,创作者总会在其作品上留下一个使之得以确认的、无法抹去的标记。而且,人们同样推定,这个由创作者所留下的标记是独一无二和个性化的。诚如哈格雷夫所言,"一个文学作品的的确确是独创的,就像人的脸一样,总是有着某些特点、某些线条和某些面貌特征来刻画它,并且固定和证实其身份;而要提出相反的主张,无论在哪

---

[32] C. Ginzburg, "Clues: Roots of an Evidential Paradigm" (1989), 107.
[33] 发明人"把他的思想特征印在他的发明上了,正如我们知道作者是将其思想特征印在图书上的":W. Spence, *The Public Policy of a Patent Law* (伦敦,1869),16。

一方面看,都将被认为等于违反了理性和普适的经验"。[34] 如下事实反映了这样一种主张的寿命之长,即近乎一个世纪之后,科平杰(Copinger)还在他那本现在很有名的著作权法图书的第一版中说,"著作权的权利要求并不针对思想,而是针对词句的排列,该排列具有一种显著的确定性和永久的持续性。每个人的词句排列都跟他自己的面容那样是唯一的"。[35]

考虑到这样一种信念,认为作品总是展现了其创作者的独一无二的标记或者痕迹,那么,诚如所言,不管它如何进行转换,都能够确定该无体财产了。[36] 创作者蚀刻在无体物上的独一无二的标记始终被保留着,这个事实就表示,想要确定比如说某一图书的节选是否侵犯了该图书的文学财产,就始终是可能的。[37] 就像博物学家能够从单独一块骨头中判定某个动物的特性,或者一位笔迹学家被人认为能够从人们的书写中认出个人内心的特征,有人因此认为,假如"李维(Livy)*的佚失著作被找到了,但

---

[34] F. Hargrave, *An Argument in Defence of Literary Property* (1774), 6—7. "不可能给出任何这样的例子,两个人分别就同一对象写一本书,而从头至尾在文字或者思想情感上都完全一致。每个人的书(如果是一个独创性作品的话),就像每个人的脸一样,必定都是能够彼此区分的": D. Rae, *Information for John Hinton* (1773) 18—19。诚如布莱克斯通在担任 Tonson v. Collins 案律师时所言,"风格与情感是一件文学作品的本质要素。仅仅凭这些就构成了作品的身份": *Tonson v. Collins* (1760) 96 ER 189。另参见 W. Blackstone, *Commentaries* (1809),第2卷,第26章,第405页及以下。

[35] W. Copinger, *The Law of Copyright in Works of Literature and Art, including that of Drama, Music, Engraving, Sculpture, Photography and Ornamental and Useful Design* (伦敦:William Clowes and Sons, 1870), 6。Erle J, *Jefferys v. Boosey* (1854) 10 ER 703。

[36] "我们不可能言说那些个人的东西"(*individuum est ineffabile*),这句学术格言如果有效地转换到法律上,就是"我们不必言说,因为这是个人的东西"。

[37] 这就意味着,"一个人的文学或者艺术作品是完全可区别于任何其他人的作品的……因此,在被授予人绝对确定就是真正唯一的独创者或者第一个生产者、创造者时,该著作权就是毋庸置疑的了。在著作权已经确定给某一艺术家或者作家之后,没有第二个人能够再站出来,声称他也写了这首诗或者画了这幅画。侵犯著作权就意味着依样画葫芦或者低劣地复制他人的作品": R. Macfie, "The Patent Question" (1863) *TNAPSS* 821。

* 59BC—17AD,古罗马历史学家,撰写罗马史142卷,记述罗马建城至公元前9年的历史,但大部分佚失。——译注

对于它们的作者身份没有任何线索,这样就不愁没有人会很快地认出在这些书中所包含的这位大历史学家的特征性标记"。[38]

尽管这些论据具有说服力,但是,有关表达能够被用作确定无体财产的方法的观念还是逐渐开始瓦解了。在某些情况下,是由于人们意识到完全不可能作出这样的确定而引起的,比如说,通过看某一本发生争议的图书而来确定其作者或者其文学财产的保护范围。尤其是,对于创造的独一无二性也有人提出了怀疑,而这一点对于有关表达在事实上起着知识财产的一种拼图辨认(identikit)作用的主张来说,是至关重要的。[39] 更具体而言,人们对于这样的观念提出了怀疑,即在创作一个新的作品或者发明时,创作者必然在该最终产品上留下自己的痕迹,以便在此后用来确定该无体财产"。[40] 简单地说,比如面前摆着一个英文作品和另一个法文作品(后者被认为是该英文作品的一个译本或者

---

[38] "Is Copyright Perpetual? An Examination of the Origin and Nature of Literary Property" (1875—1876), 10 *American Law Review* 22. 说到一件音乐作品,人们称它"是在想象领域内没有物质形式的一件创作;但是,它的存在形式是如此完整,它的个性是如此明显,对于音乐头脑来说又是这样清楚和具有可感知性,从而他人无需书面或者印刷的音符,凭着耳朵就能够将之复制出来":同揭。

[39] 根据18世纪的一个解释,"所有那些同样精神正常的人,都应当具有相同的感觉。因此,要确定它们最初是谁的思想,或者要说它们属于某一个人比属于其他人更合适,是极端困难的"。由此之故,作家所愿意承认的就是,"一个聪明而投机的人更多地改进了他的智能,并且比他的邻居更好地对之加以利用"。所以他就得出结论,认为"这不能归入财产的名下,并且,正如不因某人的血液循环快于他人而成为其财产,或者因为在走路、骑马或者围篱笆方面更为熟练,就使这些行为成为其财产": *Information for John Robertson* (1771) 9。

[40] 这是因为,虽然"有极少的一些人可能通过其风格而为人知……但是一般的人毕竟不为人知":耶茨(作为被告的律师) *Tonson v. Collins* (1760) 96 ER 185。借助其通常的精明方式,肯里克承认了依赖于以表达作为一种确认作品之方式的局限性。转而他主张支持立法干预的必要性,以"更加准确地确定……专有的范围,从而作家和书商都可能知道他们被授权可以对其前辈的作品进行节选、复制或者引用的范围",……否则,他们就可能无法安全地在其行业中施展手脚,并且,所有在历史、哲学和科学作品上的进步就势必快速地走向终结": W. Kenrick, *An Address* (1774), 47。说到对所有权方面划定界线的难题,思林勋爵向1898年著作权专门委员会提出,"当你谈到那些伟大的作品时……你可以将之登记,并且通过为人所知的标志而将之区别出来;但是,当你谈到无以计数的不起眼的作品时",则是另一种不同的情形占据上风了: Lord Thring, *Report from the Select Committee of the House of Lords on the Copyright Bill (HL) and the Copyright Amendment Bill (HL)* (1898) 184。

节本),那么在判定这两个作品是否相同时,表达即使能够提供帮助,也将是微乎其微的。[41] 当无体财产被转换成另外的新形式时,并没有留下任何神奇的公式、指纹或者 DNA,以使法律能够对这两个作品进行对照,并且宣称——"是的,这个就是另一个的复制件"。矛盾的是,因为表达把注意力集中于作为一个独一无二的经验性实体的个性形象上,所以,它不仅未能按设想来应付重复和确定这两种孪生需求,而且它还在事实上增强了它们之间既有的紧张。这些问题又因以下事实而加剧了,即把无体物的范围扩大得越广(将等同物、翻译以及诸如此类的东西包括在内),则无体物就变得愈加抽象并因此而愈加虚幻。

虽然如下观点变得逐渐明确,即表达并不能满足由它所产生的这些需求,并且它并未解决,而只是抑制或者延缓了有关确定无体物的问题,但是,这并不否定表达以及它所体现出来的创作模式在知识产权法的形成过程中所发挥的并且还将继续发挥的重要作用。我们也并不否定,表达提供了一种合法性叙述,并且为诸如独创性和非显而易见性规则之类的事务提供了它的解释。虽然表达的命运以及它对于知识产权法持续产生的影响,仍然是重要的争议性话题,但我们的兴趣相比于放在以表达作为确定无体财产的方法——它最终失败了——上,愿意更多地放在它可能教给我们的那些关于无体财产的东西上。

通过反思,这已经变得很明确了,即无论法律如何期望以抽象、普适的用语来呈现无体物,但由于确定无体物这项任务的中心就在于个性化的方面,所以,法律永远不可能完全满足重复(或者抽象)与确定这两种需求。我们要保持警觉的是这样的事实,即这一对把法律朝着不同方向拉动的孪生需求,不仅仍然没有得到解决,而且还继续在当代知识产权法的形成中发挥着一种重要的作用。事实上,当前的许多争论(比如就计算机程序以及与计

---

[41] *Burnett v. Chetwood* (1720) 35 ER 1008.

算机相关的发明给予著作权和专利保护所产生的争论),就可以被看做是法律意图解决这些在新环境中所产生的冲突性需求。

四、创造的本质

无体财产的模棱两可和某种程度上的高深莫测,又由于法律愿意接受这样的看法而变得愈加复杂了,即知识产权法的对象也可以被其借以表达的直接形式之外的东西所侵犯。正如我们在此前所看到的,随着前现代知识产权法的形成,这一点变得很明确了,即无体财产若想要有任何实际价值,则其所有人只能就完全相同的复制而受到保护是不够的。毋宁说,还必须把所给予保护的范围涵盖至不完全相同的复制,即那些在某种程度上具有相似性的复制。只要承认以下这些做法,即除了直接复制某一发明外,其他行为也可能侵犯一项专利(比如利用该发明的精髓部分);把文学财产的范围扩展至印刷权和重印权之外,还包括诸如节选、汇编和翻译;以及一个外观设计也可以因欺诈性模仿而受到侵犯;那么,知识产权法的本质特征就将得到根本性改变。这是因为,如果接受关于复制并不意味着两个作品必须完全相同这样的观念,则法律必然从具体走向抽象[42],从文本或者外观设计和机器的外部表现的相对确定性,转向有关创造的本质这个令人难以捉摸的、稍纵即逝的领域。[43] 因为对于无体物来说,它必须既是可确认的,又具有足够的延展性,以便从一个作品转换成另一个作品,

---

[42] "在词句次序方面的特性是一种智力上的抽象,但是,许多其他种类的特性也是如此;例如,河流的特性,并不在于水的任何原子上,而仅仅在于该河的流动性上": W. Copinger, *The Law of Copyright* (1870), 6。

[43] "制造品、书籍或者图画的……无体性或者非物质性因素,不得不根据一种不同的有体的或者物质性因素加以确定,以解决它与以下两者之间的差别问题,也就是说,与在它之前的东西,或者在它之后的东西之间的差别": T. Webster, "On the Protection of Property in Intellectual Labour as Embodied in Inventions, Books, Designs and Pictures, by the Amendment of the Laws of Patent-right and Copyright" (1859) *TNAPSS* 239。

所以,它必须呈现出一种超越性品质(transcendental quality)。由于这种独特的姿态,它也许是这一领域在18世纪所发生的最重要的现象,所以,知识产权法就开始了一段它无可逃避的进程。

从文本的表面转换为创造的本质,这给知识产权法造成了许多重大后果。由于作出这样的决定,承认财产的范围扩展至其直接形式之外这样的决定,由此所产生的因素之一是,无体物甚至只是以局部的方式来显示自己。考虑到在无体财产上产生争议时,法律甚至只是呈现出该无体物的一部分形象,那么法律所调整的那部分,就始终只是次要的;在此之前它所拥有的就是物质对象的表现或者结果。因为无体物的本质总是被掩藏起来不为人所见,这就意味着,与可见的而且易于被确定的印刷情形不同,知识产权法所面临的首要任务之一,就是再现或者定位创造的本质。因此,比如说在能够判定财产利益是否被人侵占之前,法律首先必须定位并且确定无体财产的本质。

在解释以上简略述及的无体物法律概念时,其先决条件是法律所调整的先行存在的对象,而该法律的任务就是定位和确认先行存在的无体财产。[44] 对此的附加条件是,推定创造活动系按年代顺序排列,并且由作者创造出作品,或者由发明人作出发明。它同时还假定存在着某个开始事件或者产生出无体物的某个被设定的起始点。[45] 虽然我们并没有否定以这种方法思考知识财

---

[44] 这就如同法律假定某一独立于物质对象的实体的存在,也就是康德所谓的自在之物(things-in-themselves)或者本体(noumena),要想对之作出完整的表述都是不可能的。也许,现代对此所作的简要陈述,最有名的要数勒尼德·汉德(Learned Hand)在 Nichols v. Universal Pictures Corporation 案中的评论:"对于任何作品……由于越来越多的意外情形都被排除在外了,所以,有许多变得越来越具有一般性的模式也同样是很合适的"。在核心之处,就是作品的本质(或者整体性),在更远的外部,则是标题(角色),而无论有多远,其思想还是落在法律保护范围之外的:(1930) 45 F. 2d 119, 121。

[45] 发明也预先假定了"原创性,一种关于起源、生产、繁殖和宗谱的关系,换言之,一组通常与类属或者一般性,并因而与本质相联系的价值。从而,就是关于子嗣、关于特征以及关于名字的问题":J. Derrida, "Psyche: Inventions of the Other" (1989), 28。

产的说服力，但是，将之作为一种在法律中所采用的创造模式而重复使用，却只能扭曲我们对无体财产的理解。

一种得以继续探讨下去的更有用的方法，是承认法律在创设其自身对象时所发挥的积极作用。也就是说，我们必须考虑到这样的事实，即法律过程自身就是创造性的[46]；事实上，法律在塑造无体财产(的本质)时起着创造性的或者至少是重要的作用——亦即，与许多人所表明的相反，并没有任何作品或者发明的核心或者本质是自然存在的，然后只不过由法律发现了它。正是这种创造性能力，使法律能够在两个表面看来并不相同的对象之间发现相似性和找到联系，能够透过不同的载体而勾画出无体物(尽管有难度)。在强调知识产权法的创造性方面时，我们对无体财产的理解就发生了一个变动，即把注意力从法律所采用的创造模式，转向了将法律自身在完成该模式的过程中所运用的创造性包括在内；从制作(poesis，或者"生产") 到自我制作(autopoesis，或者"自我生产")。一旦认识到知识产权法的创造性本质特征，我们就能够更好地评价无体财产的动态性特征了。[47]

虽然我们注意到了法律在创设无体财产时所发挥的积极作

---

[46] 如果我们遵循这样的想法，即"模仿总是涉及一个人数在一人以上的关系网络；对一个符号世界的模仿性生产就涉及其他的世界及其创造者，并且把他人带入他自己的世界中。……模仿就意味着对传统以及前人作品的一种接纳"，这对于把法律的过程描述成一种模仿，很有诱惑性；G. Gebauer 与 C. Wulf, *Mimesis: Culture, Art, Society* (D. Reneau 译) (伯克利，加利福尼亚州：加利福尼亚大学出版社，1993),3。

[47] 德里达对专利法的评论，同样可适用于所有种类的知识产权，它简练地抓住了这种紧张关系的本质。另一方面，也存在着抽象、普遍性。"普适性也是理想上的客观性，因此会无限次地重现。"不过，与此相关的问题在于，"这种重现存在于发明的独一无二的发生过程中"，这一过程"就好像污损了发明人的特征"，或者我们视之为个人的东西。德里达提出，这样的结果就是，"除非是以一种无关紧要的、非固有的、附带的方式，否则个人或者某一独特的实体的名字就不可能与之相连。我们甚至应当说是很侥幸的。这引起了各种各样的在发明上的财产权问题。其中一个问题，就其立法形式而言，就始自西方历史上相对较为晚近的时期"；J. Derrida, "Psyche: Inventions of the Other" (1989), 53。

用,但我们不应因此而表明,无体财产纯粹是一种法律想象的虚构之物。毋宁说,我们所希望强调的是,法律发现自身处于这样一种情形,其中它既发现也创设了无体财产:两者的相对分量取决于发生争议的情形和对象。[48] 虽然对于法律来说,把知识财产的对象简化为一种物质形式或者对知识财产进行穷尽式定义也许是不可能的,但是,它并不像有些人所表明——或者希望的——那样,是一种任意的活动。[49] 毋宁说,在一个必然不可能的过程中,法律必须去追求某个永远不可能完全想象出来的东西,它始终处在表达的范围之外。[50]

而且,虽然法律所采用的创造性(或者模仿性)能力在无体财产的形成中起着一种重要作用,但这并不表明它以某种方式解决了建立在无体财产这个法律范畴上的紧张。相反,正像法律继续发现自己仍在努力解决有关重复与确定的问题,当法律发现自己面对新的对象时,关于无体财产本质的问题仍然会重现出来。

通过突出那些作为无体财产特征的紧张关系,我们并不是要表明它在无可避免地导致知识产权法的终结或者瓦解。事实上,它可以这样主张,即与其说是对法律造成损害,不如说这些紧张关系正是潜在的力量源泉——例如,在知识产权法对象的中心所存在的迂回(circularity)与模棱两可(ambiguity),就为该法律带

---

[48] 参见 S. Stewart, *Crimes of Writing* (1991),第 5 页及以下。
[49] "随着内容变得较少地依赖于它所借以呈现给公众的载体,与载体具有概念上联系的法律制度,比如著作权法,就无可避免地必须经受某种激烈的反思": Copyright Convergence Group, *Highways to Change: Copyright in the New Communications Environment* (堪培拉:Microdata, 1994), 5—6。
[50] 正如彼得斯所主张的,"不可能再回到一种前表述体制(pre-representational system)中——对于一个实物世界来说,并无任何希望成为语言的基础,对于固定的商品而言,并无希望成为交易的基础。人类注定处于一个持续运动的过程中,它能够阻止表述体制趋于倾覆,并被注定在持续的对表述的转换(货币到商品再到货币,语词到实物再到语词)中": J. Peters, "The Bank, the Press and the 'Return of Nature': On Currency, Credit, and Literary Property in the 1690s" 载 J. Brewer 与 S. Staves 编, *Early Modern Conceptions of Property* (伦敦: Routledge, 1995), 377。

来了容纳不期而至的对象种类所必须的灵活性(flexibility)。除此之外,承认这些彼此冲突的需求在把知识产权法的对象朝不同方向拉动,就可以帮助解释为什么这一法律领域会被人们如此频繁地称作"法律的形而上学"(metaphysics of the law)[51];"其中的区别……非常微妙和精细……有时几乎是短暂即逝的"[52];这个主张首先是针对专利提出来的,但很快被适用于其他种类的知识财产。

虽然为了理解无体财产及其在知识产权法中所发挥的作用,注意到这些体现在法律范畴中的紧张关系是必要的,但我们也需要注意法律用以容纳和解释这些紧张关系的方法。[53] 在某种程度上,知识产权法的大部分历史可以被看做是该法律意图容纳与限制无体物——以抓住这个幻影——而它发现,表述对象只不过把自己用一种新的载体加以改装而已:最近的例子是关于数字作品。法律对这些需求作出回应的特定方法,是下一编讨论的焦点之一,而我们亦将转而考察19世纪早期的知识产权法。

---

[51] M. Renouard, *Traité des brevets d'invention*, 引自 T. Webster, *The Law and Practice for Letters Patent for Inventions*(伦敦:Crofts and Blenkman, 1841)。
[52] *Folsom v. Marsh* (1841) 9 F Cas 342, 344.
[53] 虽然斯图尔特表明,这种紧张关系由于对原创者、独创性以及天才的崇拜而得到解决了,但我们还是希望突出强调由更加官僚式的方法所发挥的作用:S. Stewart, *Crime of Writing* (1991), 32。

第二编　现代知识产权法的兴起

在对智力劳动授予财产权的英国法的发展史上，19世纪上半叶是一段重要时期。除了见证专利法的行政改革和立法改革的开端，为引入一部综合性的《技术和制造品法》(Law of Arts and Manufacture)所付出的许多并不成功的企图，以及有关文学财产保护期限问题的重现，这一时期还目睹了将现有权利扩展至类似对象的提议，双边的文学财产条约的发展，最早的专门集中讨论这一法律领域的论文集和摘要。虽然这些变化对于现代知识产权法的形成都起到了重要作用，但我们的注意力将集中于从1839年至1843年间所发生的一系列改革，其所涉及的领域在我们今天被称为外观设计法(design law)。

如果外观设计立法恰好是在前现代和现代知识产权法的衔接处被通过的，那么毫不奇怪，它证明不仅对于现代外观设计法的形成，而且从更为一般的角度看，对于现代知识产权法的形成都具有重要意义。在这一时期我们所看到的发展，不仅有现代外观设计法的显著特征，而且有现代知识产权法的显著特征，或者更具体地说，出现了现代知识产权法的两个重要特征。第一个特征是，随着外观设计登记簿(Design Register)的设立，第一个现代的知识产权登记制度开始出现了。这个新的登记模式的突出之处在于,证据被呈现为一种公共的而非私人控制的事务。同时,我们也看到了第一次以政府手段来调整知识财产的协同努力。

第二个特征是,随着19世纪40年代所发生的改革,法律变得越来越对法律美学(aesthetics of law)感兴趣了;关注于法律自身所采取的形式。在这方面,我们看到了向着现代组织模式的形成而兴起的运动,它是抽象的和前瞻性的,从而与前现代法的按对象而具体化(subject-specific)和反应性(reactive)特征相反。抽象的过程是外观设计法发展史上的一个至关重要的阶段,而且更一般地讲,对于智力劳动的分类亦然。这是因为,从一个反应性、具体的法律向着一个抽象和前瞻性的法律转换,其间所发生的,就是在法律的本体性地位上的一种变化,"从实践层面所掌握的语言模式,经由作为一种法律活动的法典化工作,而转变为一部法典、一套语法"。[1] 在法律范畴上的抽象不仅塑造了将这些范畴组织起来的方法,而且影响着那些有待解决的问题:如何把新的范畴组织起来以及各个范畴之间如何划定界线。有意思的是,我们还看到,根据我们现在所称的法律原则而把这些范畴组织起来的意图并未获得成功。相反地,法律寻诸更加政府性的措施:通过新设立的登记制度,以作为组织和监管这些范畴的一种手段。

---

[1] P. Bourdieu, "Codification",载其书 *In Other Words*: *Essays Towards a Reflexive Sociology* (M. Adamson 译) (剑桥:Polity 出版社,1990),80。这一点反映在1844年《国际著作权法》中,据此,"有四部法律"被简化到"美术"的范畴之下。

第 3 章　外观设计法

最早明确调整有关外观设计法律保护的制定法，是 1787 年的《白棉布印花工法》(Calico Printers' Act)。[1] 这部制定法于文学财产争论结束之后不久即获通过，它对于"任何……为亚麻布、棉布、白棉布和平纹细布的印花而发明、设计和印出……任何新颖和独创性式样的人"给予两个月的保护。该法得到了代表伦敦印花工的威廉·基尔伯恩(William Kilburn)的支持[2]，它以现有

---

[1]《通过在有限时间内授予设计人、印花工和所有人以财产权而鼓励亚麻布、棉布、白棉布和平纹细布的设计和印花技术法》(1787)。有关背景介绍，参见 S. Chapman, *The Cotton Industry in the Industrial Revolution* (伦敦：Macmillan, 1972)；S. Chapman 与 S. Chassagne, *European Textile Printer in the Eighteenth Century: a Study of Peel and Oberkamps* (伦敦：Heinemann Educational, 1981)。

[2] A. Longfield, "William Kilburn and the Earliest Copyright Acts for Cotton Printing Designs" (1853) 45 *Burlington Magazine* 230; D. Greysmith, "Patterns, Piracy and Protection in the Textile Printing Industry, 1787—1850" (1983) 14 *Textile History* 165.

的对作者和雕工给予保护的制定法为样本而制定。[3] 虽然该法是以一种临时措施而获通过的,但它在 1789 年得到延长,[4] 而后于 1794 年将保护期限扩展至 3 个月并且其条文被赋予永久效力。[5]

尽管这个立法很好地达到了它的目的,但是很显然,在 19 世纪早期存在着一种改进英国外观设计状况的迫切需要。英国能够生产出比许多竞争对手更便宜和数量更多的制造品,但是当这些产品与其他贸易国家,特别是与法国相比时,就被人认为因其美观品质较次而在销售上吃亏。为了改善这种状况,人们提议实施许多的变革。[6] 其中包括创建外观设计学校,以提高英国设计师的水平,开办一家博物馆(后被称作维多利亚和艾伯特博物馆[Victoria and Albert Museum]),在那里向公众展出"优秀的外观设计",目的在于提高审美品味的标准。[7] 人们还把注意力放在改进为外观设计提供产权保护的法律制度上。为此目的,1787 年《白棉布印花工法》被废止,并由两个新法律取而代之。[8]

其中的第一个法律是 1839 年 6 月 4 日通过的《外观设计著作权法》(Copyright of Designs Act),它扩大了由 1787 年《白棉布

---

[3] CJ (1787) 546. 伦敦的白棉布印花工反对北方新开的棉布工厂复制他们的式样。后一团体则反对这样的保护请求,以便达到这样的效果,即由议会所给予的保护期间仅限于两个月,并且该法律只是作为一种临时措施而获通过的。
[4] 《关于将当朝陛下二十七年所制定法律的法》(1789)。
[5] 《关于修订和使当朝陛下二十七年所制定法律永久化的法》(An Act for Amending and Making Perpetual an Act Made in the Twenty Seventh Year of His Present Majesty)34 Geo. III c. 23 (1794)。
[6] 一般性参见,1836 Select Committee on Arts and Manufacture。
[7] 关于外观设计学校,参见 Q. Bell, *The Schools of Designs* (伦敦:Routledge and Kegan Paul, 1963); A. Rifkin, "Success Disavowed: The Schools of Design in Mid-Nineteenth Century Britain" (1988) 1 *Design History* 89。
[8] 关于外观设计法的历史,参见 E. Potter 在 1862 年所提出的报告,*Report from the Select Committee on Trade Marks Bill, and Merchandise Marks Bill: Together with the Proceedings of the Committee, Minutes of Evidence* 98 (Q. 2181 ff) (以下简作 1862 *Select Committee on Trade Marks*)。

印花工法》所保护的对象种类，即从其最初限定于某些植物织品（比如棉布、亚麻布、白棉布和平纹细布）扩展至包括动物织品（毛织品、丝绸或者毛发织物以及它们的混纺织品）。[9] 它还把该法律的管辖区域扩张至包括爱尔兰。由1839年法所给予的保护是依该外观设计的公开而自动产生的，但它如1787年《白棉布印花工法》那样，只给予3个月的保护期限。[10] 第二个法律于1839年6月14日通过，以《外观设计登记法》(Designs Registration Act)而出名。[11] 这部法律把保护范围由织物扩展至所有的制造品；而且将保护对象由款式和印花转向为任何制造品的外形和结构提供保护。该法律也为这些外观设计给予更长期限的保护，根据外观设计所采用物质的属性而在3年至12个月之间不等，并且专门规定，只有在外观设计登记之后才给予保护。需要着重指出的是，在1839年所通过的法律中，只有一部法律——即所谓的《外观设计登记法》——要求以登记作为保护的一个前提条件。相反地，由1839年的另一部法律所提供的保护，则依外观设计的公开而自动产生。

尽管这些法律被欢呼为对以往法律的改进，但它们也很快被废止并由另外两个新的制定法所取代：1842年的《装饰性外观设计法》(Ornamental Designs Act)[12]和1843年的《实用性（或者非装饰性）外观设计法》(Utility (or Ornamental) Designs Act)。[13] 由这些法律所整合出来的主要变化就是，扩大由1839年《外观设计登记法》所保护的对象，把白棉布纳入其中（作为回报，它得到了9个月而非根据1839年《外观设计著作权法》所获得的3个月

---

[9] 《关于白棉布印花工之外观设计著作权扩展至一般性外观设计法》（以下简作1839年《外观设计著作权法》）。

[10] T. Webster, *The Subject Matter of Letters Patent for Inventions and the Registration of Designs*（第3版）（伦敦：Elsworth, 1851), 78。

[11] 《关于在限定时间内确保制造品外观设计所有人对该外观设计享有著作权法》2 Vict. c. 17 (1839)。

[12] 《合并与修订有关装饰性制造品外观设计著作权法律法》(1842)。

[13] 《修订有关外观设计著作权法律法》(1843)。

保护)。[14] 由这些法律所引入的另一个变化,标志着方法上的一个重大转变,就是把外观设计分为两个不同的种类:装饰性外观设计和实用性外观设计。

因为有这么多的知识产权立法,这些制定法可以被看做是针对法律所运行环境的变化而作出的特定回应。[15] 更具体而言,它们可以被看做该法律现代化的企图,是想使它与以往50年所发生的文化和技术变化相一致:在技术上的变化提高了生产和复制的方法;新产业和新织物类型(比如丝绸和毛织品的印花)的开发[16];以及消费者需求的转换。立法也在寻求解释这样的事实,即自19世纪30年代以来,某些像亚麻布印花之类的实践活动实际上已经过时了。[17]

从许多方面看,在此期间所发生的变化并不引人注意,因为它们只是建立在那些已经存在的法律技巧和概念之上的。[18] 这些包括对个人的依赖,以此作为借以把法律组织起来的方法的焦点[19],以及理解之所以给予保护的根据,是在于生产出该外观设计所支出的劳动和费用。[20] 利用一种在有关文学财产和专利的关系中所使用的创造模式,一个外观设计就被看做是

---

[14] 1842年《装饰性外观设计法》第3条。

[15] 参见 T. Kusamitsu, "The Industrial Revolution and Design"(博士论文,设菲尔德大学,1982年)。

[16] P. Thomason (1839年2月21日) 45 *Hansard* col. 746;*Memorial from Manufactures of Norwich to Board of Trade* (1838年3月2日) BT/1/338 25G。

[17] E. Tennent (1840年2月5日) 51 *Hansard* col. 1266。

[18] 为了要求改革,人们就称:"它的目标不是在法律中引入任何新的原则,而只是使一项已经为现有法律所承认和表示将作出规定,但随着时间流逝而变得完全无效的原则重新产生效力":同上揭。

[19] 1787年法承认个人是外观设计的源泉,它"对任何作出发明、外观设计和印花或者引致此类行为的人"给予财产权。另参见1839年《外观设计登记法》第1条,其中提及作者或者登记官员。

[20] C. O'Brien, *The British Manufacturers' Companion and Callico Printers' Assistant; Being a Treatise on Callico Printing, in all its Branches, Theoretical and Practical; with an Essay on Genius, Invention and Designing* (伦敦:作者印行并由 Hamilton 公司销售,1795)。

个人的独一无二的创造;虽然其产生受到了其他外观设计的影响。[21] 而且,有人还提出,就像一个人的签名一样,一个设计师的艺术风格是非常显著和独特的,从而总是能够从其产生出来的作品中认出该设计师。那时所制定的外观设计法也利用了这样的事实,即对于根据文学财产模式而给予的法律保护的价值,人们存在着一般性共识。同样为人接受的是,在智力劳动上给予财产权是可能的。[22] 虽然文学财产争论的核心问题之一,在于是否可能对无体物给予财产权,但到了 19 世纪 40 年代,这一点已经被人视若当然了。相反,争论的焦点转到了保护期限、登记所应当发挥的作用以及如何将创作者与复制者相区分的方法上。[23] 也有人主张,给予财产权的对象并不是在外观设计背后的思想或者风格,而是表现该风格的特定方法:实际上就是采纳了思想—表达二分法(idea-expression dichotomy)的一个版本。

[21] "两个人独立行事却想着同一回事……就像万花筒重复一个形状……这是不可能的。……把同一主题交给两个人,它们都是专业的设计师;都要求其把一个简单的自然对象转换为某个人工的对象;而结果却表现出没有任何在实际上的相似性;如果让 10000 个人来尝试,则他们每个人的作品都将显示出艺术家风格的特性,就像一个签名的书写风格就确定了其书写者一样":T. Turner, *On Copyright in Design* (1849), 6。以同样的思路,近来又有人称,"一个外观设计就是一个人的表达,因而是个人的和独一地二的":H. C. Jehoram, "The EC Green Paper on the Legal Protection of Industrial Design. Halfway down the Right Track— A View from the Benelux" (1992) 3 *EIPR* 76。
[22] 在主张对印花式样的著作权时,皮尔(Peel)就能够在 1840 年这样说道,"我并不想在这里号召大家进行讨论,无论是法律上的权利,还是我们主张中的道德正义。知识财产是受到我国法律承认的":J. Thomson, *A Letter to the Right Honorable Sir Robert Peel, on Copyright in Original Design and Patterns for Printing* (伦敦:Smith, Elder and Co., 1840), 14。"我不可能参加有关文学财产的有体性、物质性或者实体性本质的争论,这个争论是令人迷惑、过分考究和形而上学的;对我来说,这样一种财产存在就足够了":T. Turner, *On Copyright in Design* (1849), 28。
[23] "为了让这项半个世纪来已经受到承认的保护原则变得'实际而有效率',而不只是'具有欺骗性和迷惑性',有必要将其保护期限从 3 个月扩展至 12 个月":E. Tennent (1840 年 2 月 5 日) 51 *Hansard* col. 1265。另参见(1841 年 2 月 9 日) 61 *Hansard* col. 483。

虽然从许多方面看,这些在 1839 年通过的制定法并不引人注目,因为它们只是建立在那些已经存在的法律技巧和概念之上的,但是,它们确实给我们提供了一种有益的角度,得以洞察知识产权法在那时所发生的两大变化。关于 1839 年所作变革的第一个显著特征,是设立了外观设计登记簿,由此就引入了知识产权的第一个现代登记制度[24];这个变化对于知识产权法产生了一种意义深远的影响。1839 年立法的第二个明显特征,是不断增强的对法律形式的关注。与登记制度的引入相结合,这种不断增强的对法律美学的关注在现代知识产权法的演进过程中起到了重要作用。为进一步探讨这些发展,有必要对 1839 年至 1843 年间所发生的变革作更详细的考察。

一、现代登记制度刍论

正如我们在此前所看到的,1839 年 6 月通过了两部独特的法律:一部法律为某些种类的外观设计提供了 12 个月到 3 年不等的保护,其条件是它们已经被适时地登记了;另一部法律则为棉布、白棉布、亚麻布和其他毛织品的印花外观设计规定了 3 个月的保护,而该保护依外观设计的创作而自动产生。两种保护形式并存,一种是自动产生的,另一种则以登记为条件,这显然违反了外观设计制度的首席设计师并在后来成为贸易委员会主席的波利特·汤姆森(Poulett Thomson)最初所设想的方法。事实上,由汤姆森在 1838 年底所提出的法案草案中,登记是各类保护的

---

[24] 有关登记制度的思想已经在 1836 *Select Committee on Arts and Manufactures* 中得到讨论和支持了。不过,就白棉布行业中适用该制度的提议则是早在 1820 年就提出来了的。对此,参见(1820) 5 CJ 59, 80, 145, 251, 295, 370, 401;以及(1820) 53 HLJ 256, 281, 301, 762。

前提条件。[25] 为什么从最初打算设定一个以登记作为各类保护的前提条件的制度，转变为一个混合性制度，其原因是由于这样的反对意见，即白棉布印花工必须建立由该法案草案所规定的登记制度。[26] 白棉布印花工对于一种依登记而给予保护的制度提出了非常激烈的反对意见，以至于他们宁愿牺牲根据1839年《外观设计登记法》所提供的更长期限的保护（最先是12个月，但后来减至9个月），而选择一个较短的3个月的保护期限。正如我们将要看到的那样，白棉布印花工所反对的，实际上是引入授予知识产权的第一个现代管理制度。因此，他们的反对就让我们警惕在现代与前现代知识产权法中存在着的某些重要差别。这些反对意见亦因为它们就有关现代登记制度的一些重要方面提供了一种见识而值得注意，这些制度就是在那时开始形成的。

白棉布印花工对登记制度所提出的反对意见是双重的。第一方面也是最重要的反对意见是关于这样的事实，即登记簿被意图作为证据，证明这些式样具有独创性。[27] 人们期望登记将能因此而克服在决定某一式样是否具有新颖性和独创性时的困难。由登记簿所将解决的特定难题是从以下事实中产生的，即如果有两个相似的式样在市场上以非常短的时间相继出现，那么，要让独立的当事人来确定何者系独创、何者系复制，这在实际上是不

---

[25] 波特（Potter, 曼彻斯特的一位白棉布印花工）报告称，波利特·汤姆森"希望我们来进行登记，但我们拒绝了：我们认为这对我们的行业没用"；1840 *Report from the Select Committee on Copyright of Designs* 27（Q. 480）。不过，拉布谢尔（H. Labouchere，贸易委员会主席）在后来怀疑——即使白棉布印花工接受登记——议会也不会同意给予12个月的保护：（1842年2月9日）56 Hansard col. 497。白棉布印花工还由于1837—1838年以及1839年Mackinnon的法案而被拒绝登记（参见本书第5章，边码第104页）。

[26] 在1838年，白棉布印花工向波利特·汤姆森请愿，将1794年法延长至6个月，并且扩展适用于所有混合织物：Orvington 与 Warwick 致 P. Thomson 信（1838年2月23日）BT/1/338。

[27] S. Schwabe, 1840 *Select Committee on Designs* 21（Q. 182）.

可能的。[28] 解决这一难题的方法就是借助于登记程序。根据所提议的制度,如果一个式样于另一个式样在市场上出现之前已经登记,则可以推定后一式样复制了该已登记之式样。正是由于这一方法,登记制度就充当一个"法律保证人"(legal guarantee)[29],它就外观设计式样的独创性而起到了解决疑难的功能[30],并且以此来预防诉讼。就此意义而言,它在决定有关优先权的问题上起着一种重要的作用。正如它使外观设计所有人的身份得到确认,它也使无体财产的确定变得更为容易,从而帮助解决了此前所讨论的、与给予无体物以财产地位的法律相关联的其中一个难题。

虽然白棉布印花工承认,对于诸如壁炉和炉子式样之类的东西,登记制度还是必须的[31],但他们提出,在他们的情形中则无此必要。这是因为他们已经能够完全证明他们自己的著作权,从而有关证明外观设计优先权的问题对他们并不适用。[32] 更具体

---

[28] "不同的个人常常几乎同时想到相同的主意,在这种情况下,想要确定何人享有优先权是极端困难的,但是,借助登记制度,这就变得相当容易了":E. Tennent(1840年2月5日)51 *Hansard* col. 1268—1269。对此,参见 J. Kershaw, 1840 *Select Committee on Designs* 208 (Q. 3665)。在1830年 *Sheriff v. Coates*(1830)(39 ER 61)案判决中,衡平法官说到,"我感到自己完全没有能力宣称这个是否系一件原创性式样":1840 *Select Committee on Designs* 46 (Q. 7809)。因为式样被看做是其创作者独一无二的表达,所以就不存在任何独立创作的可能性。

[29] J. Koe, 1840 *Select Committee on Designs* 450 (Q. 7862)。

[30] 这种不确定性的结果就是,"那些最怀有好意的人就可能非常无辜地违反了该法律,并且在其极不情愿的情况下牵涉到那些可能对他来说非常严重的困难中":1840 *Select Committee on Designs* 288 (Q. 4985)。进一步参见,同揭,第266与288页。

[31] "在他们自己的商品上打上任何公开印记是不可能的。因此,在该法案……设立一个登记簿是值得的":P. Thomson(1839年2月21日)45 *Hansard* col. 748。

[32] 1840 *Select Committee on Designs* 44。关于式样应当进行登记的做法是否可取,James Thomson 在回应这个问题时说,"我们在申请[1820年白棉布法案]时确实考虑到这样一种登记制度是可取的,目的是为了便于有关公开的证据;但是,我们发现不存在任何困难,而且最近的两三年内已经根据该法采取了行动,其结果是令我们满意的,除了3个月的期限过短":J. Thomson, 1831 *Minutes of Evidence Before Select Committee on Manufactures, Commerce and Shipping*(1831)240 (Q. 3865)。

地说,因为白棉布印花工在其所生产的每一件织品的底部都有规律地印有编号、生产者名字以及公开的日期,所以他们就能够主张,他们拥有一种先行于此就存在的登记制度,借此足以确定他们式样的独创性。[33] 考虑到他们已经适当拥有了使其能够确定他们式样的机制,那么,白棉布印花工就主张,没有任何理由来要求他们承担进一步的费用,而这样做的一个不可避免的结果,就是一个集中的、财政自立的登记制度。[34]

  白棉布印花工针对登记所提出的第二个反对意见,是关于登记簿将被充当一个信息来源的计划:即它为其他设计者提供灵感,也使得生产者能够确信其所生产的外观设计没有侵犯已有的外观设计。[35] 虽然白棉布印花工承认,确有必要存在这样的机制,以使法院能够确定哪个是新颖和独创的外观设计(但他们又主张自己的方法足以达到这样的目的),然而他们随即就否定了把登记簿当作一个信息来源的想法。他们对此的主要反对意见是源于这样的提议,即如果必须以登记作为保护的一个先决条件,那么,他们交存于外观设计局(Designs Office)的式样的复制件就将向公众开放接受检查,而检查者只需支付一笔少量的费用即可。而且,白棉布印花工抱怨这种检查既对他们自己的利益,也对国家利益造成严重损害。这是因为,它将过早地披露那些尚未上市销售的式样,并因此而为别人,尤其是为外国生产者提供了复制和盗版的机会。[36] 曼彻斯特的一位白棉布印花工索尔

---

[33] C. Warwick, 1840 *Select Committee on Designs* 128 (Q. 2370). 把白棉布排除在必须登记的范围之外,其原因在于"我们有自己的一套登记体系,这是其他行业所没有的":同揭,129 (Q. 2388)。

[34] 参见 H. Labouchere (1840 年 2 月 5 日) 51 Hansard col. 1268; E. Tennent (1842 年 3 月 16 日) 61 Hansard col. 670。

[35] 有时这些争论焦点所对准的是这样的难题,它们由于第三人不知情地复制了式样而产生。正如一位证人所抱怨的,"因为不对式样进行任何登记,没有人能够知道他们是在复制他人的式样":1840 *Select Committee on Designs* 53 (Q. 735)。

[36] *Memorial from Manufacturers of Norwich to Board of Trade* (1838 年 3 月 2 日) BT/1/338 25G。同样的主张见于有关专利的上下文中。参见 E. Robinson, "The Early Diffusion of Steam Power" (1972) 34 *Journal of Economic History* 91—92。

兹·施瓦布(Salis Schwabe)对这些困难的特征进行了概括,他说,与所提议的登记簿相关的主要难题是,它将给予"盗版者一个机会,只要支付5先令,就能检索他想要的任何外观设计,并且尝试他能够如何地与我们的式样相接近,而又不会被当作一个盗版者。这就是对该计划的一个主要反对意见;我最断然反对的就是这样一种公开"。[37] 波利特·汤姆森对于白棉布行业的需求特别敏感[38],他同意由白棉布印花工提出的反对意见,并且把他最初提出的法案草案更换为两个不同的法案。利用其担任贸易委员会主席职位之便,他成功地操纵这些法案在议会获得通过。[39] 它们就成了1839年《外观设计著作权法》和1839年《外观设计登记法》。

虽然白棉布印花工对于1839年所通过的立法而施加的作用,是出于其保护自身权利之利益所系[40],但就我们的目的而言,我们更感兴趣的是他们的抱怨,这些抱怨可以被解读为前现代与现代知识产权法之间的一种斗争,从而为我们提供了一个机会,得以洞察现代登记制度的诸多方面。特别是,它们为我们提供了一个机会,得以探索登记程序的三个重要特征。

第一个特征是关于证据的产生和组织方法,这是由白棉布印花工的抱怨所提醒我们的。更具体而言,它们提醒我们,虽然在19世纪40年代之前,有关智力财产登记的做法就已经广为人知

---

[37] 1840 *Select Committee on Designs* 10 (Q. 159).

[38] 有人(向波特)提出建议,波利特·汤姆森"与曼彻斯特市存在政治关系,作为该市的议员,这就可能使他不愿意并认为不值得将自己牵涉"到其选民之间存在很大争议的问题中。波特断言,在此前煽动起问题的人却又拒绝这样做,这就是因为波利特·汤姆森"受到束缚了":1840 *Select Committee on Designs* 28 (Q. 490—491)。

[39] 虽然就这些法案(主要是关于白棉布的)的本质特征和范围存在某种议论,但法案中那些被证明对现代外观设计法的发展至关重要的其他方面(比如把保护范围扩展至三维造型)却极少发生争论:1840 *Select Committee on Designs* 96 (Q. 1694)。

[40] 关于金属工所起的作用,参见 E. Potter, 1840 *Select Committee on Designs* 29 (Q. 497); 94 CJ 172。

了,但是,此时所形成的登记制度有别于以往所存在的制度,表现在两个重要方面。根据旧时制度,证据是由私人的和自足的(self-contained)程序所产生,而1839年引入的登记制度则伴随着一种不断增强的期望,即更一般而言,证据和登记制财产(bureaucratic property)应当是一件公共控制而非私人控制的事务。因此,我们就看到了一种从私人行会式管制证据问题——比如存在于印刷商公会[41]和刀匠公会的管制[42],以及专利制度中的卡夫卡式(Kafkaesque)办公室——转向由政府提供资金和进行组织的制度。[43] 在某种意义上,白棉布印花工所提出的反对意见,可以被看做是一种保留其私人性、前现代的证据产生制度,而反对引入一种更为现代的公共制度的意图。由兰开夏郡(Lancashire)和拉纳克郡(Lanarkshire)的白棉布印花工所提出的抱怨,还可以被看做是对正在发生的集中化过程——把登记机关设立在伦敦而不是格拉斯哥或者曼彻斯特——的抵制。[44]

在19世纪上半叶开始出现的、由白棉布印花工的抱怨所强调的现代登记制度,其第二个特征是关于登记在信息管理中所起的作用:控制、存储、传输和使用信息的方法。在此之前,那些成为知识产权法领域的那类知识,在很大程度上是受到私人或者半私人性控制的。而且,在存储和恢复此类知识方面,记忆发挥着关键性作用。现代登记制度的一个显著特征是,它拒绝遵循这些方法。与以往把知识主要受制于私人控制和简化为记忆的做法相反,在那时所形成的登记制度的目标,则在于确保信息既是可

---

[41] 耶茨(担任被告方律师),*Tonson v. Collins* (1760) 96 ER 185。
[42] 关于刀匠标记的历史,参见 R. Jackson, 1862 *Select Committee on Trade Marks* 1—13 (Q. 1—43)。
[43] 1839年法设立了一个公共提供资金的、集中化管理的机构。在支付了费用之后,外观设计登记机关就将把财政收益移交合并基金:1839年《外观设计登记法》第8条。
[44] 在获得专利的程序中,至少在1852年之前,专利申请必须在爱丁堡、都柏林和伦敦提出,而与之相反,外观设计登记机关则仅设于伦敦,其所授予的唯一权利通行于联合王国全境。

移动的又是可见的。[45] 就像百科全书和图书馆那样[46]，登记就成了一种集体记忆或者公共记忆。它做到这一点的方式是作出如下具体规定，即欲使一个外观设计获得保护，则申请人必须向登记机关交存其外观设计的三个复制件或者三幅图片。[47] 虽然这些做法在专利说明书中已经有过[48]，但这是第一次从复杂的或者深思熟虑的程度上在知识产权法中采用表述性登记（representative registration）——把创造物用图示或者文字方式而不是通过复制件或者模型表现出来的过程。

现代登记制度利用了在那时所产生的语言和视觉规则的标准化，而随着该制度的形成所发生的变化，也促进了许多其他方面的重要变化。例如，不断增强的对书面记载的依赖就产生了一种从依靠记忆的恢复转向以印刷文件为依据的方法转换。而且，通过把一种式样或者一个外观设计简化为书面文件，简化成一个平展的（flattened）实体，就使得与外观设计相关的知识变得更易于进行分类、测量和传播。因为它便利于更好的管理和控制，所

---

[45] "登记记载是活动式的。它们被做成平面状，以便于控制和使用。其大小可以随意调整，而不会使内部比例发生改变；它们可以极低的成本复制和发行。因为它们提供了这样一种视觉上的一致性，因此，任何东西不管其来自何处，均可以转换成图形、数字及其组合和表格"，B. Latour，"Drawing Things Together"，载 M. Lynch 与 S. Woolgar 编，*Representation in Scientific Practice*（伦敦：MIT 出版社，1990），45—47。另参见 J. Law，"On the Methods of Long-distance Control: Vessels, Navigation and the Portuguese Route to India"，载 J. Law 编，*Power, Action and Belief*（伦敦：Routledge，1986）。

[46] 参见 R. Yeo，"Reading Encycolpaedia: Science and the Organization of Knowledge in British Dictionaries of Arts and Sciences, 1730—1850"（1991）82 *ISIS* 24; Yeo，"Ephraim Chambers' *Cyclopaedia*（1728）and the Tradition of Commonplaces"（1996 年 3 月）*Journal of the History of Ideas* 157。

[47] 1839 年《外观设计登记法》第 6 条。

[48] 虽然一份说明书获得登记的条件已经在 Liader v. Johnson（1780）62 ER 1000 案中进行了阐述，但看起来似乎一直到 19 世纪下半叶，专利的说明书才具有披露发明内容的作用。事实上，如果它确实有公开功能的话，那么在 1851 之前，通过杂志媒介就做到了这一点。这些杂志有《专利发明全目录》（*Repertory of Patent Inventions*）、《伦敦技术与科学杂志》（*London Journal of Arts and Sciences*）与《技工杂志》（*Mechanics' Magazine*）——其中复制刊登最新的说明书。

以它帮助法律达到了新的目标,即确保那些越来越被视作公共知识的信息处于一种更加可接触和可管理的形态。[49]

在关于引入外观设计登记簿的讨论中受到强调的第三个特征,也是更普遍的特征,是对登记的一种特别的思考方法。更具体地说,它提醒我们——现在已是普遍地——把登记看做是一个极少涉及观念性利益(conceptual interest)的领域,而只涉及复杂和日常官僚式的文件转移(paper shuffling)游戏。不过,正如布鲁诺·拉图尔(Bruno Latour)提醒我们的,文件转移是经常逃过人们注意的一种强有力的技巧[50];我们将在后面回过头来更详细地讨论这个主题。在当时所显现出来的另一个关于登记程序的概念,是人们广泛秉持这样的信念,即登记的首要任务就是创造一个条件,使人能够借此而较容易地表明他或者她就是某一特定外观设计的原创者(或者所有人),而非复制者。托马斯·特纳(Thomas Turner)对这种方法进行了概括,他说,由登记机关所提供的服务在于"只是接收、记录和保存所有人的权利要求"。[51]虽然这些任务过去是而且现在仍然是知识产权法的核心,但以此表示这是登记制度所发挥的唯一作用,就导致我们忽略了登记在确定知识产权范围上所起的重要作用。与忽视登记程序在形成财产权益上所起的积极作用有着紧密联系的是这样的信念,即引入表述性登记制度就只是简化了已有的证据程序,而同样地,它与先前存在的制度相比,则极少存在实体性差别。不过,正如我们将会看到的,对创造物进行表述的做法与那种只是交存实物或者该实物之模型的做法相区别,前者不仅引导出对被证明对象的一种新的理解,而且因此预示着知识产权法逻辑上的一个重要变化。

---

[49] 对此,参见 B. Latour, "Drawing Things Together" (1990), 19; F. Bastide, "The Iconography of Scientific Texts" (1990), 第211页及以下。
[50] B. Latour, "Drawing Things Together" (1990), 55.
[51] T. Turner, *On Copyright in Design* (1849), 35.

二、法律美学

　　1839年所通过法律的第二个显著特征是,它不仅受到为外观设计提供更好保护的愿望所推动,而且还受到一种不断增加的对法律所采取形式的关注的推动;换句话说,就是关于法律美学的一个问题。这与18世纪以及19世纪上半叶的情况相反,那时对法律所采取的形式极少显示出兴趣。根据前现代知识产权法,那时只存在着最少量的立法输入,至少是在法律结构的组织方面而言如此。在当时所通过的立法,甚至比现在的更容易,它主要由对某些行业中所发生的特定问题的特别回应(ad hoc responses)所组成:法案提议者主要关心的是在各种不同的财产保护之间建立起连续性(主要借用在文学财产和相关保护种类周边所形成的商誉)。同样地,至少是一直到19世纪上半叶之前,法律所采取的形式,还是依调整对象为基础而偶然形成的,每一项立法都反映了推动该项立法的利益集团:无论它是某个特定的行会(正如在1710年的《安妮法》中),某个特定的行业部门(正如在1787年的《白棉布印花工法》中),或者以利益为基础的某个社会集团(正如在1735年《雕工法》中的"卓越牛排协会"[Sublime Society of Beef Steaks])。[52]虽然在1839年之前极少存在对于法律所采取形式的关注,但很明确的是,在制定外观设计法之际,人们对智力劳动授予财产权的法律,已经对其自身及其所采取的形式变得越来越有兴趣了。简言之,它开始变得自我指涉(self-referential)了。

　　这种在法律美学中新发现的旨趣,是通过两种方法显现出来的。法国充当了一个角色示范[53],它对法律形式的不断增加的

---

[52] 对此,参见 D. Hunter, "Copyright Protection for Engravings and Maps in Eighteenth Century England" (1987) 8 *Library* 128。

[53] G. Foggo, 1836 *Select Committee on Arts and Manufactures*, 53.

关注就体现在这样的信念中,即对于法律而言,有必要尽可能变得简单、统一和准确。除了调和那些明显不一致之处,"以一种逻辑方法对整体"进行编排外[54],还存在着一种减少法律制度复杂性的愿望:对调整智力劳动的法律加以合理化和整理。基于这样的理念,即复杂的制度本身就是证据,证明它们所依据的原则并不完善[55],那时所通过的外观设计立法,其目的就不仅仅是为了对外观设计提供更有效的保护(通过扩张其范围),它还意图简化和合并为达到这些目的所作出的法律安排。改革者希望借此不仅控制那些难以驾驭的法律材料,而且也为了用一种更加体系化和规则化的法律制度,来替代"那些形成普通法的粗俗、不适宜和虚伪的杂陈混合"和制定法的"混杂的经验主义"。[56]

对法律美学不断增加关注的第二种方法,表现在对调整对象进行定义的方法上。虽然根据 1787 年《白棉布印花工法》,其调整对象已经根据特定产品而进行定义了,但 1839 年的《外观设计登记法》还是采纳了一种更加抽象和开放的表述。特别是,其保护从亚麻布、棉布、白棉布或者平纹细布的印花式样(正如在 1787 年法中那样),扩展至"任何制造品的外形和结构的设计"。[57] 我们在 1839 年法的条文中看到,不仅在保护对象上由纺织品和织物扩张至金属制品,以及由式样而扩展至外形和结构,而且,从详细的按对象而具体化的定义转变为一种更抽象的

---

[54] R. Godson, *A Practical Treatise on the Law of Patents for Inventions and of Copyright with and Introductory Book of Monopolies*(伦敦:Joseph Butterworth, 1823), ix。

[55] 与现有法律相关的难题之一是,"白棉布印花具有那么多的不同分支,它们又分为那么多层次,并且彼此不相同,因此,用一个外观设计的复制权制度而来适用于它们的全部是不可能的。如果当时不能达到统一性,则让就该对象的所有立法任其自然将是更为合宜的":E. Potter, *A Letter to Mark Phillips Esq MP in reply to his speech in the House of Commons, Feb. 9th 1841, on the Designs Copyright Bill*(曼彻斯特:T Forrest, 1841), 3。

[56] M. Leverson, *Copyright and Patents; or, Property in Thought, Being an Investigation of the Principles of Legal Science Applicable to Property in Thought*(伦敦:Wildy and Sons, 1854), 54。

[57] 1839 年《外观设计登记法》第 1 条,第 3 款。

用语。[58]

在 1839 年立法通过时所发生的抽象和合并中,我们看到了法律逻辑上的一个重大变化以及由前现代向着现代知识产权法的一个转换。[59] 特别是,我们看到从作为前现代知识产权法之特征的、按对象而具体化的立法——比如 1787 年的《白棉布印花工法》以及为绸缎式样[60]或者花边设计[61]而提出的法案——向着外观设计法观念的一个逐步的转变:这是一个至少在潜在意义上可适用于各类外观设计的综合性法律领域,它趋向于发展成一种韦伯式用语(Weberian terms)所称的形式法(formal law),即仅仅考虑特定情形之一般特征。[62] 从中我们看到了向着将各类知识产权法组织起来之现代方法的转变。虽然在其前现代状态中,法律乐于让其所采取的形式成为对所保护对象的一种消极反应,但这种按照特定对象进行的组织方法正越来越多地遭到嘲笑和

---

[58] 1839 年法不仅把保护扩展至丝绸编织、地毯制作和纸帘子,而且扩展到所有"式样的价值构成计算其整体价值的一个核心要素"的商品:E. Tennent (1842 年 3 月 16 日) 61 *Hansard* col. 670。关于该范围广泛、内容抽象的权利,其更早的例子可见于 Godson《1833 年专利法案》的第 16、17 条,目的就是为了把保护扩张至"任何适用于所有制造品或者用于制造任何物品的新式样的发明人或者设计者"。这是为了与把发明定义为"新的制造品"相结合,但未涉及实用性。参见 S. Billing 与 A. Prince, *The Law and Practice of Patent and Registration of Designs with the Pleadings and all the Necessary Forms* (伦敦:Benning, 1845), 205。

[59] 虽然采纳一个更加抽象的定义,从表面看来是以一种相似的方式来调整各个行业,但还是要通过其他方式,比如保护期限的长短以及登记的费用和类别,来适应了特定行业的需求。

[60] 参见约瑟夫·梅里(Joseph Merry)关于保护原创性的绸缎新式样的申请:(1829) 84 CJ; J. 梅里还向贸易委员会致信两封,请求保护生产绸缎天鹅绒机器的发明(1829 年 7 月 16 日提出):(1829) 35 *Minutes of the Board of Trade*, Letter No. 33, 266; 1829 *Select Committee on Patents* 89—90。

[61] 1831 年由花边行业提出的保护式样之请求:J. Millward, 1836 *Select Committee on Arts and Manufactures* 18。

[62] "由法典化所带来的客观化,就引入了逻辑一致的可能性和形式化的可能性。这就有可能建立一套明确的规范标准,无论是语法的还是法律的":P. Bourdieu, "Codification" (1990), 79。

奚落。[63] 现代知识产权法针对前现代组织模式所表现出来的蔑视,体现在达拉斯(Darras)的评论中,"如果我们为文学财产制定一部法律,就没有任何理由不应当为每一种财产都制定一部特别的法律,所以,我向你们提议制定一部针对以下各种财产的法律:在帽子上的财产、在桃子上的财产、在桃酒上的财产、在属于 M. 安吉斯的绿帽子上的财产"。[64]

在法律形式上所发生的变化不仅带来了第一个现代知识产权法领域的出现,它们也开始处理一系列问题和关系,这些问题和关系对于该法律发展的道路具有虽未预料但相当重要的后果。针对这些后果以及法律所回应的方法,我们接着在下一章中展开讨论。

---

[63] "但是,如果把在羊毛和丝织品上的新式样纳入垄断权的范围,那么我们能够就此打住吗? 很显然不能;因为并没有这样一种论据,它可以受到敦促而有利于麻布、棉布、羊毛和丝织品的工人,却不能受到敦促以同样有利于金器、银器、铁器、铜器、木制品、象牙制品、皮革制品、毛发制品、蜡制品、纸品、生面和黏土制品——简言之,任何其他可利用物质的产品——的工人。……那么,借助于类比,这个推理就引导我们得出这样的结论,即任何种类和程度的新式样均应当得到保护;这正是现在的法案所提议要求做到的,因为它'规定,任何适用于所有制造品或者用于制造任何物品的新式样的发明人或者设计者,享有利用该相同之式样的独占权'……期限为 12 个月":"The Bill for Amending the Patent Laws" (1833) 19 *Mechanics' Magazine* 302。

[64] A. Darras, *Du Droit des auteurs et des artistes*,引自 W. Briggs, *The Law of International Copyright (with Special Sections on the Colonies and the USA)* (伦敦: Stevens and Haynes, 1906), 25 n. 1。

第4章 划定法律的界线

虽然1839年所通过的立法明显地扩张了保护外观设计法律的范围,但它们很快就被另两个新的制定法所废除和替代了:1842年《装饰性外观设计法》[1]和1843年《实用性外观设计法》[2]。由这些新法所敦促产生的主要变化,是把通过登记而保护的对象扩张至包括白棉布在内的机织织物的印花式样上(作为交换,它得到了9个月而非其根据1839年《外观设计著作权法》所获得的3个月的保护);因此,它所带来的保护是给予织物上的外观设计的,而不只是给那些在机织织物印花上的外观设计。由这些法律所带来的其他变化标志着方法上的一个重大转变,它把外观设计分成两个不同的种类:装饰性和非装饰性的外观设计。

波利特·汤姆森在1837年首次提出改革外观设计法时,他的意图是统一法律,同时也扩张该法律保护对象的范围。正如我

---

[1] 5 & 6 Vict. c. 100 (1842).
[2] 6 & 7 Vict. c. 65 (1843).

们在此前所看到的,汤姆森的计划被白棉布印花工的反对意见所阻碍。不过,在1839年立法通过之后不久,白棉布印花工对于登记的态度发生了转变。[3] 这种心理上的变化可以归因于这样的事实,即白棉布印花工和他们作品的模仿者之间所存在的时间和空间关系已经发生了改变。特别是,他们在那时所能得到的三个月保护期,已经随着复制速度的加快而变得没有什么效果了。虽然在采用凿刻雕版和手工印花的时代,这一保护期限足以保护印花式样,但是,人们认为现在的情况已经非常不同了,"因为每一步骤都由机器快速完成,而电磁学的应用已经把以往需要数月完成的劳动缩减为若干小时之内"。[4] 白棉布印花工还提出,其他因素也对该保护期限构成了破坏,诸如在运输中的蒸汽航运(就外观设计的优先性而言,它使得国外市场几乎与国内市场处于同步之中)[5]以及在交易习惯上的变化[6]等。这些发展所导致的结果,就是模仿者能够比他们在以往时更早地在流行季节进入市场,从而破坏了白棉布印花工在以前所享有的领先时间(lead time)。[7]

白棉布印花工所经历的心理变化也可以归因于这样的事实,即他们所采用的私人性确定身份的制度,并不如其最初所声称的

---

[3] 白棉布印花工现在"愿意以同等条件接受著作权,亦即,对其式样适用修订后的登记制度":(1841)56 *Hansard* col. 485。对此的一般性讨论,参见"Report of the Registrar of Designs",载詹姆斯·费希尔(James Fischer)1844年1月12日信,(1844年7月11日) *Letters to the Board of Trade* BT/1/421, No.47。

[4] E. Tennent (1841年2月9日) 56 *Hansard* col. 484—485。

[5] 关于西印度群岛(West Indies)和美国在此背景中的重要性,参见 E. Tennent (1840年2月5日) 51 *Hansard* col. 1262; E. Potter, 1840 *Select Committee on Designs* 38 (Q. 486); S. Schwabe, 同揭, 12 (Q. 202)。

[6] 例如,为一个新的流行季节而准备货源时,设计者们就必须将他们的式样提交给货栈主,以便他们的"骑手可以将此展示给[他们]的顾客,并因而使[他们]能够估算[他们]订单的范围":E. Tennent (1840年2月5日) 51 *Hansard* col. 1263。另参见 T. Turner, *On Copyright in Design* (1849), 21。

[7] 参见 E. Potter, 1840 *Select Committee on Designs* 38 (Q. 482)。

那般有效。[8] 更为重要的是,事实表明,白棉布印花工针对登记制度所提出的许多反对意见并无根据。特别是,白棉布印花工对于登记簿的信息功能将充当盗版帮凶的担心,因为如下事实而得到了缓解,即在登记官的命令下,登记簿于1840年从一个公开制度(根据该制度,公众可以接触那些已经登记的外观设计)转变为一个封闭制度。[9] 白棉布印花工针对登记而提出的另一个反对意见是它高昂的成本和加重的负担,但这种反对意见由于政府允诺将降低登记成本而得到了缓解。[10]

支持对1839年立法进行改革的情形,逐渐扩展到白棉布印花工之外,还包括了墙纸制造人(paper stainer)和花边设计师(lace designer),这也让代表贝尔法斯特的下议院议员埃默森·坦南特(Emerson Tennent)开始接受。[11] 在白棉布印花工作出让步,以及1840年外观设计特别委员会(Select Committee on Designs)提出有利于扩张的积极推荐之后[12],埃默森·坦南特于1841年向议会提出了一个新的法案,它以外观设计的登记为条件而向任何机器织物上作出或者完成印花式样的设计师提供12个月的保护。[13] 虽然这些提议受到了广泛支持,但是,坦南特在其意图完成由波利特·汤姆森所开创的抽象和合并的进程中,还是经受了许多的磨难:他未能在白棉布印花工之间达成共识,而

---

[8] "当金属制品和陶器上的任何设计获得登记时,该指示标记就被印到每件商品上,从而顾客立即意识到这是被人主张保护的;但是,这样做在纺织品上显然是不可能的,因为它们的每一件通常还将被再分成许多部分":J. Clay, "The Copyright of Designs, as Applicable to Articles of Textile Manufacture"(1859) *TNAPSS* 246—247。

[9] F. Long, 1840 *Select Committee on Designs* 454 (Q. 7740).

[10] 参见 T. Turner, *On Copyright in Design* (1849), 23, 34—35。

[11] 此时波利特·汤姆森已经荣膺贵族头衔,人称西德纳姆男爵(Baron Sydenham),并出任加拿大总督。

[12] 关于该特别委员会,参见 E. Tennent (1841) 56 *Hansard* col. 483, 498。

[13] 《对于在机器织物和糊墙纸上之印花设计扩大其著作期限法案》(A Bill for Extending the Term of Copyright in Designs for Printing on Woven Fabrics and Paper Hangings)(1841年2月9日)。

法案亦在议会受制于拖延策略和敌意的批评。[14] 由于他在1841年的政府改组中失去了职位,坦南特的修改外观设计法的活动最终失败了。[15] 虽然有这样的反复,但改革法律的任务还是由威廉·加尔斯通(William Galdstone)接了过来,他在罗伯特·皮尔(Robert Peel)爵士的新政府中担任贸易委员会副主席一职。[16] 因为有新政府的支持,这项改革计划获得了成功。其成果就是1839年立法的废除和两个新法律的通过:1842年《装饰性外观设计法》[17]和1843年《实用性外观设计法》。[18]

为什么在1839年通过的是两个法律,而不是按最初计划的一个法律,其原因——亦即白棉布印花工对登记的反对意见——到19世纪40年代俱已消失殆尽。有鉴于此,在1842和1843年获得通过的仍然是两个法律,而不是一个法律,这就有点令人奇怪了。如果考虑到改革者的目的不仅是为了对白棉布印花工提供更长期限的保护,而且是为了把该领域中已有的5个法律合并成一个法律,"从而使该主题的法律纳入一个更小的范围之中",这就更加令人奇怪了。[19] 同样令人奇怪的是,一部被用来统一和合并该领域法律的制定法,却同时被分为两个不同的范畴:装饰性和非装饰性外观设计。

为什么获得通过的是两个制定法,其简单的解释可以追溯到法律形式的变化,追溯到新出现的、在1839年立法中所反映出来

---

[14] 随后对坦南特提出了受贿指控,他在支持自己再次当选的竞选活动中收受了2000英镑。曼彻斯特的商人们为酬谢坦南特的努力,送给他3000盎司的金杯。参见 T. Turner, *On Copyright in Design* (1849), 23。

[15] W. Gladstone (1842年8月2日) 65 Hansard col. 970。

[16] 97 CJ 576;(1842年8月3日) 65 Hansard col. 978。关于贸易委员会在那时的背景,参见 L. Brown, "The Board of Trade and the Tariff Problem, 1840—2" (1953) *English Historical Review* 394。

[17] 5 & 6 Vict. c. 100 (1842)。

[18] 6 & 7 Vict. c. 65 (1843)。

[19] R. Sheil (1841年3月8日) 57 Hansard col. 46,或者 "to comprise all the legislation on this subject into one bill": E. Tennent (1841年3月8日) 57 Hansard col. 46。

的法律美学问题。更具体地说，关于 1842 年《装饰性外观设计法》的形成，其简单的解释在于，它的目标是为了纠正那些在已有法律中被人发现的缺陷。诚如外观设计登记官在那时所言，1842 年法是一种让法律"在装饰性外观设计上……尽可能完善"的措施。[20] 1842 年法所意图给予补救的特定的"不完善"之处或者"难题"，就是在大众的观点中，1839 年《外观设计登记法》的调整对象已经与"专利证书对象"发生了混淆。[21] 其结果就是，"在保护某一形状或者结构，或者某种印记或者装饰，或者装饰性铸件或者模型的幌子下，几乎对每一产品的说明都不加限制地进行了登记"。[22] 外观设计登记官在 1841 年致贸易委员会的一封信中，概述了这些困难的本质特征：

---

[20] Report of Registrar of Designs to the Board of Trade Respecting the Origin, Nature and Tendency of the Designs Copyright Act (1841 年 11 月 3 日), Letters to the Board of Trade BT/1/379, 21。一般性参见 T. Webster, On the Subject Matter, Title and Specification of Letters Patent for Inventions and Copyright of Designs for Articles of Manufacture (伦敦：Elsworth, 1848), 83 页及以下。

[21] T. Webster, The Subject Matter of Letters Patent (1851), 81; W. Hindmarch, A Treatise of the Law Relating to Patent Privileges (伦敦：Stevens, 1846), 25; W. Carpmael, "Registration of Designs" (1842) 17 Repertory of Patent Inventions 39—40。

[22] T. Webster, The Subject Matter of Letters Patent (1851), 81。另参见 Webster, On Property in Designs (1853)。由专利代理人威廉·牛顿（William Newton）主编的《伦敦技术与科学杂志》这样评论道，《外观设计登记法》"看起来似乎极少被人理解，以至于我们感到自己受到强制性号召，以注意其行使权力的方式，以及公众在许多情况下错误解释其本意和条文规定之荒谬方法"："Copyright on Designs" (1840) 16 The London Journal of Arts and Sciences 95—96，他继续说道，"我们对于有那么多这样的申请感到奇怪，这些申请要求将那些无论如何都不由该法规定或者意图加以规定的东西进行登记，而该法是用来保护'外观设计著作权'的。让我们更加感到惊奇的是，我们发现那些对有关接受或者拒绝登记对象之自由裁量权具有利害关系的人，本来应当用以及有关蒸汽机、手摇风琴、计重器以及许多其他各种机械的和哲学设备的图样来取得他们的记录，这些都有悖于该法的任何立法意图和规定，明显引起工匠们的烦恼，对那些受到引诱而登记其发明的人构成误导，他们付了钱想得到一个受信赖的独占权，但他们将发现这种独占权只存在于月球上"：同揭，第 96—97 页。

按照我的理解，在［1839年《外观设计登记法》］的直接效果中，有一个效果并非如最初所设想的那样。除了为那些诸如炉子、地毯等等一般制造品的装饰性外观设计之外，许多外观设计所登记的，并不是包含在装饰性部分的原创性，而是一个新的形状或者对各部分如何安排的发明，借此所欲寻求达到之目标，乃是实用性而非美感；作者若认为发明的原则可能由对外部形状提供保护之著作权加以保护，就会将此形状登记在该法所提及的第三类外观设计中。因此，大量的包含在机器或者其他发明中的外观设计就出现在登记簿上了，它们虽完全不同于那些装饰性式样，却占据了全部登记数量的几乎三分之一，且其比例还在与日俱增。[23]

简言之，一种错误的对象被登记在了一部错误的法律中。[24]

1842年《装饰性外观设计法》欲予以补救的特定难题，部分地就产生于被保护对象的扩散化所造成的一个结果，但是，其首要原因还可以追溯到1839年所发生的在法律形式上的变化。细而言之，这是从具体到一般的运动，目标是为所有制造品的形状和式样给予保护，它就产生了这样一种情形，其中，人工制品可能根据不止一种制度而受到保护。特别是，1839年《外观设计登记法》中用来定义保护对象的抽象方法，已经引起了装饰性外观设计和专利之间发生重叠的可能。反过来，这又帮助产生了1842

---

［23］ *Report of Registrar of Designs* (1841), 10—12.
［24］ 虽然在许多情况下（比如有关纺织品的外观设计或者化学发明的专利），专利和外观设计之间并不存在任何重叠，而重叠问题发生最为激烈的是在专利和外观设计都涉及"制造品"的这种情形中。欣德马什（Hindmarch）总结了这些难题，他说："发明这个词（在其适当的含义上）就指被发明、发现或者想出来的某种东西，一件设备或者设计；因此，它包含了比如外观设计、式样、模型、图片等等在内的许多东西，而这些东西很显然并不属于专利法意义上的发明"：W. Hindmarch, *A Treatise on the Law Relating to Patent Privileges*（伦敦：Stevens, 1846），78。

年法所意图补救的"不完善"之处。[25] 这些难题也由于如下事实而受到了夸大,即登记官只享有有限的权力,驳回那些他明确认定属于不合适对象之申请。[26]

虽然对发明进行"错误"登记的机会,是由于1839年《外观设计登记法》所体现的抽象方法而导致的一个结果,但人们之所以愿意这样做,却更多地在于专利制度不尽如人意的现状。特别是,由那些既不确定但又严苛的法律规则所带来的挫折与疑惑,以及在取得专利时所经受的那些模糊而成本昂贵的程序,就充当了一种推动力,驱使发明人意图通过其他方式来获得保护。假如外观设计相对于成本昂贵、不确定和不安全的专利保护,提供了一种成本较低的替代方法,那么,由1839年《外观设计登记法》所提供的保护成为人们最明显的选择,就并不令人奇怪了。[27]

专利被人看做问题缠身,其原因有诸多方面。其之所以不能令人满意的一个重要原因,可以追溯到这样的事实,即专利的管理程序令人费解、成本高昂而又具有不确定性。[28] 除此之外,究

---

[25] 在1839年《外观设计登记法》中所采用的抽象定义,导致了外观设计和雕塑作品著作权之间发生重叠的潜在可能性,但唯一在实际中具有重要意义的事情是产生于这样的事实,即1839年法对其调整对象所作的广泛性定义,为发明人提供了将其创造物登记为"外观设计"的机会。

[26] 有某种建议认为,即使没有明确的权力,也应根据1839年《外观设计登记法》驳回登记:*Report of Registrar of Designs* (1841), 22—23。

[27] 外观设计的登记仅凭一个简单的申请即可获得,这是有利于这种方法的一个最大特征……反观专利,在其有效性得到完全确立之前,被迫经受一个法律诉讼的检验":S. Billing 与 A. Prince, *The Law and Practice of Patent* (1845), 204—205。"取得专利的费用,以及由于法律采纳严格解释而导致的极度困难,就使得那些对制造品作出有用之改进的发明人未能在这样一段时期内独占性享有利益,对他的付出,即他的聪明才智的成果而给予回报;因此,只有当该事物具有非常重大之意义(并具有某一特定之特征),发明人才值得费时费财去申请获得专利授权":同揭,第191页。

[28] 关于对专利授权的复杂程序的一个描述,参见 F. Abbott, 1829 *Select Committee on Patents* 48—49。

竟哪些可以被授予专利也不十分明确。[29] 因为许多专利在其权利要求中故意变得模糊和概括[30]，所以，要确定已有专利的特征是非常困难的。因为专利通常由于一些细微的错误而被驳回或者撤销(比如文法错误)[31]，而且专利权人常常被暴露于"不胜烦扰和含糊可疑的诉讼中"[32]，所以，除非其专利已经在法庭上经受了检验(这样做就会给已经高昂的成本再增加负担)，否则，专利权人无从确信它就是有效的。[33] 围绕着专利制度的混淆由于如下事实而变得愈加严重，即人们很少采取措施(如果有的话)，来减少那些由1829年专利特别委员会所确定的专利法本质特征和范围的广泛不确定性。[34]

专利保护的不确定性，不仅导致人们对改革(以及后来的取消专利制度)的呼吁，它还产生了人们对于专利制度(如果我们

---

[29] "该重大困难在于法官对以下问题所发表意见的不确定性，即哪些属于专利的对象，事实上，制造品这个词究竟是什么意思。……他们在对象问题上一片迷茫。"B. Rotch, *Select Committee on Patents* 126—127。

[30] 专利权人为了减少其发明被人复制的机会，从而尽可能多地掩藏其发明的内容，这种做法就加剧了混淆。有鉴于此，我们看到如下文字就无足为奇了，"为一项专利准备一个名称，这是我所知道的最形而上学的问题之一"：J. Farey, 1829 *Select Committee on Patents* 19。

[31] 在 *R v. Metcalf* (1817) 2 Stark 149 案中，对一种"锥形毛刷"授予的专利被认定无效，因为其说明书只是要求毛刷的猪鬃长短不一。埃伦伯勒(Ellenbourgh)勋爵注意到，做成圆锥形就意味着逐渐汇合直至一点，从而"由文法因素而导致的困难无法克服"：1829 *Select Committee on Patents* 附录B，203。另参见 *Bainbridge v. Wigley* (1810) 171 ER 636，埃伦伯勒勋爵在该案中不接受对一种带有"新音符"的笛子授予专利，因为它只有一个音符。进一步参见 "Unreasonableness of Judge-made Law" (1835)，447。

[32] 参见，例如 Spectator, "The Unanswered Charges of Piracy Against Mr. S. Hutchinson—The State of English Patent Law" (1839—1840) 32 *Mechanics' Magazine* 390，392。

[33] "一个专利，除非花上一千或者几千英镑，其有效性在法院经受了检验，否则就永远不被认为是一种可转让的财产"；Review of Charles Babbage, *Reflexions on the Decline of Science in England, and on some of its Causes* (1830) 43 *Quarterly Review*，334。这就意味着，"所授予的专利产权是如此不确定和不安全，以致阻碍了很多人为其发明获得专利的念头"；(1820年6月16日) CJ 316。

[34] 因为有关专利的判决非常稀少、相互矛盾和不确定，所以有人在1835年称，不存在任何专利法；Mr Tooke (1835年8月13日) 30 *Hansard* col. 466。

在那时实际这样称呼的话)与形成中的外观设计制度之间关系的本质特征的混淆。不过,所有这些方面最重要的是,与专利程序联系在一起的麻烦、拖延和风险,就变成了一种激励,促使实用性发明的创造人宁愿转而将之登记为外观设计。也就是说,它积极鼓励创造人"把一个发明列入它实际并不属于的那一类中,因为他把一个专利权的对象进行了外观设计登记"。[35]

将发明纳入1839年《外观设计登记法》的意图,既由于该法采用的外延广泛的用语而得以成为可能,也因为专利保护状况的不理想而使人期望如此,更由专利代理人的职业野心所促成。由于相对于涉及专利的成本高昂和时间拖延的文件起草工作,引入外观设计登记制度就提供了一种成本较低和相对直接的替代性方案,所以,尽管一些专利代理人视之为一种威胁[36],但是,另一些人却将此看做一个扩张业务的机会,并伺机采取行动。[37]

虽然在1839年《外观设计登记法》上所发生的朝着抽象和统一方向的移动,以及专利制度上问题重重的性质,对于解释为什么发明会根据外观设计法律而得到登记还有点用处,但它们并没有解释,为什么这必然被认为是"不合适的":为什么有这么多人主张,发明并不"真正属于"外观设计登记的范围。我们稍后回来还要详述这一问题,但这里先就此提供一个简短的回答。[38]

---

[35] T. Turner, *On Copyright in Design* (1849), 35.
[36] "大多数专利代理人要么反对整个制度,要么是反对其大部分的应用":同上揭,第24页。
[37] 在《外观设计登记法》通过之后不久,专利代理人即开始发布广告,称"我们乐于为全部读者和商业关系人承担起登记外观设计之责,收费低廉":J. Robertson (1839—1840) 32 *Mechanics' Magazine* 221。罗伯逊在文章中就这方面进一步暗示,他的事务所受理了根据1843年法而发生的最早一起案件:Robertson, "Law Report of Registration" (1845) 5 *Repertory of Patent Inventions* 262—264。
[38] 尽管后来的评论者将根据1839年《外观设计登记法》所作之登记视同错误,并且与该法之意图相矛盾,但那些引入1839年法的人们却没有任何明显意图,要将其对象限定于装饰性外观设计。事实上,波利特·汤姆森提出,该制度就意味着对这样一些发明人提供保护,他们只想让其发明在一个很短的时间内受到保护,或者他们未能承担起按通常方式获得专利所需之费用:(1839年2月21日) 45 *Hansard* col. 747。

关于在 1839 年《外观设计登记法》中所登记的系不合适对象之主张,其中隐含着这样的理念,即究竟是什么样的对象才恰当地属于外观设计法(以及知识产权的其他领域)的范围。特别是,认为某些登记存在不适当性的看法,是以这样一种明确的思想为前提的,即哪一些属于外观设计法的范围,而另一些又是属于专利法的范围。更具体地说,它们所依据的是这样的观念,即外观设计登记应当被限定于那些出于美感目的的外观和形状,而那些为达到实用目的所建构起来的形状则是专利的适当对象。[39]

在美观和实用的对象之间所作出的区分,其另一个解释可以追溯到把交存在登记机关的对象组织起来的方法。[40] 反过来,外观设计登记机关的管理安排,是通过对不同种类对象进行(必要)描述的方法而形成的。看起来,登记官所持的见解是,发明借以描述和分类的方法必须要有不同的表述技巧。[41]

我们也看到,针对在新出现的种类之间发生重叠的问题,可以采纳的方法是运用一组推定,这些推定对于塑造今天的知识产权法仍然发挥着一种重要作用。虽然有许多方法,它们本来就可以用来解决不同种类之间的重叠问题——最有名的例子是法国和英国采取的不同方法,据以解决艺术作品著作权外观设计的重叠问题——但是,重叠问题还是被认为是一个应当予以避免的问题。虽然有某种迹象表明,这可能是因为外观设计登记簿的纯粹

---

[39] 这依赖于有关外观设计之恰当功能的概念,而不是外观设计所适用的对象。例如,一个炉子的装饰性外形不被认为应当排除在外观设计之外,尽管炉子显然被看做一个实用性对象。

[40] T. Webster, *The Subject Matter of Letters Patent* (1851), 83.

[41] 有报告指出(*Report of Registrar of Designs* (1841), 23),那些类似于在专利说明书中所使用的技术图纸模式是更为适当的,因为其形状被意图达到某种功能。而且,虽然有人主张,为了解释该外形所意图达到的功能,就必须有某种解释性文本,不过,相反的是,装饰性外观设计的文本性解释则被认为是多余的。

性(purity)被认为其本身就是一个可取的目标[42]，但是，人们还是认为，从对"不适当"对象的登记中产生了许多相反的结果，从而使之成为一个应予避免的问题。其中一个主要问题是，因为登记就等于公开，所以，根据1839年《外观设计登记法》而对不适当对象的登记，就排除了根据专利证书的方式获得保护的可能性。由此产生的结果是，既浪费了登记费用，又没有获得想要的保护，这样就增加了发生不受欢迎但又成本高昂之诉讼的可能性。不过，其中最令人担心的结果是，从更一般意义上而言，对不适当对象的登记将给外观设计局和登记制度带来坏名声。正如外观设计登记官所抱怨的，对不适当对象的登记"最终必将在那些就相似改进而成功登记了的发明人之间发生诉讼，而如果它们的无用性(futility)暴露在普通法法院之中，则由此产生的后果就只能趋于为外观设计局带来毁誉，并让公众对在装饰性外观设计情形中真正的著作权产生怀疑"。[43]

一、厘定知识产权法的界线

在前现代知识产权法中，管理法律范畴的任务实际上是自动发生的，由具有按行业特定化之特征的立法，来确定必要的四至和界线。不过，随着1839年在法律形式上的变化，法律不再能够消极地依赖于行业领域，以作为区分不同保护形式的一种方法了。相反地，法律发现它有必要开发出这样的技巧，以使其能够组织和管理它所保护的对象。更具体地说，1839年所发生的抽

---

[42] 这对于外观设计的登记官尤其如此，其视自己的作用为"观察与管理登记"：*Report of Registrar of Designs* (1841), 23—26。

[43] 同上揭，第23页。有人就一种瓷瓶申请登记，其新颖性就在于它是瓷做的，登记官驳回了该申请，他说，"我想诸位大人将会看到，如果不制定出某种规则，反对接受这些很明显不具有本法意义的外观设计，那么就会产生很多的混淆和诉讼"：登记官关于雷蒂斯(Retties)先生之控诉而致贸易委员会的信(1844年1月) *Letters to the Board of Trade* BT/1/421, T16 No.1。

象和合并过程,就表示法律必须划定界线,以划分各个法律范畴的界限,并确保某些对象包含其中而另一些则被排除在外。[44]

虽然存在着许多方法,借此得以完成组织法律范畴的任务(例如,根据对象的物质特性或者无体物的商业价值),但法律最初选择用以组织其对象的方法,是"尽可能独特地定义其保护的对象"。[45] 从更一般意义上说,利用在法律实践所带来的发展,法律为其自身所设定的任务就是确定它所认为的公约数,或者明确所争议的每一范畴的特征。[46] 为了做到这一点,有必要更具体地确定受到争议的每一法律领域究竟保护的是什么。诚如所述,带着这样的信息,就可能确定某一特定的申请究竟是作为一项外观设计还是作为一项专利来保护更为合适。就目下之情形而言,这就意味着必须确定:一方面,由外观设计法所保护的财产权益的特定本质,另一方面,则是专利法所保护财产权益的特质。

那时有一种尚处形成中的法理学表明,专利所保护的是诸如机械的动作、原理、设计或者应用,以及特定产品的利用、目的或者结果之类的东西,而运用这种法理学,人们就达成了共识,即专利保护的定义性特征就是发明的实用性问题。[47] 专利法保护的是对制造品的利用,而人们提出,外观设计法主要涉及它们的式

---

[44] "法典化就意味着消除模糊和不明确的效果、错误划定的界线以及那些只是大致估计的区分,因为它将作出明确的分类,提出清晰的式样,划定严格的界限,即便这样的方法会排除那些介于两者之间的人":P. Bourdieu,"Codification"(1990), 82。

[45] T. Webster, *The Subject Matter of Letters Patent* (1851), 81.

[46] 在某种意义上这是有可能的,即法律形式的变化不仅为外观设计和专利之间的重叠带来了潜在可能性,而且也表明了用以解决这一难题的方法。这是因为,为了从一个按对象而具体化的法律转向一种更加抽象和开放的制度,就有必要确定一个把各种不同因素连接起来的公约数。这个一般化过程就要求某种据以达到一致性的组织特征或者原则。参见 A. Simpson, "The Rise and Fall of the Legal Treatise: Legal Principle and the Forms of Legal Literature",载 *Legal Theory and Legal History: Essays on the Common Law* (伦敦:Hambledon 出版社,1987), 307。

[47] 外观设计局,萨默塞特馆(Somerset House)。引自 J. Davids, *A Pamphlet on Patents* (伦敦:Weale, Simpkin 公司, 1850), 15。

样、形状和外形。[48] 简言之，专利的定义性特征与实用性是同一概念，而外观设计产权的组织性原则，就是一个关于这些产品所呈现的形式的问题。[49]

这种逻辑作为区分专利和外观设计的一种方法，在1842年的《装饰性外观设计法》中获得采纳。为此，它把包含在1839年《外观设计登记法》第2、3条中的外延更广泛的定义替换为一个更加严格的规定，其表述为，对外观设计所授予的一项财产权"可适用于任何制造品或者……物质的装饰"。[50] 人们希望这将能够在外观设计和专利的对象之间划出一条分界线[51]：专利保护制造品的原理或者实用性，而与装饰性的形式根本无关。

二、1842年《装饰性外观设计法》的失败

尽管1842年法的起草是为了确保将外观设计登记簿仅限于

---

[48] 作为"权利主体"的设计者，其语言存在于外部形式、物体的外形中：T. Turner, *On Copyright in Design* (1849), v. 外观设计保护仅限于那些产生式样、形状或者外形的线条组合，无论以何种方法而使该设计可适用于制造品：T. Webster, *The Subject Matter of Letters patent* (1851), vi.

[49] "在为一盏台式油灯的任何新设计而进行登记时，根据该登记所能够获得保障的将是在柄脚、油壶或者玻璃防风罩上的某些外形特征：向灯芯供油的任何新方式、拔高灯芯的任何新方法以及供给空气以助燃的任何新设施，均不得成为这样一种登记的对象。相反地，一项专利则几乎没有说是依赖于外形的"：W. Carpmael, "Registration of Designs" (1842) 17 *Repertory of Patent Inventions* 40。外观设计和专利在表现其财产权益特征的方法上存在的另一个重要区别在于，借助于专利，就在无体财产本身和体现无体财产的物质形式之间作出了一种区分，而借助于外观设计，则无体财产与其物质外形之间是不可分的。生造出一个现代的类似说法就是，媒介即信息。诚如一位评论者所言，外观设计最好被描述为"在形式上的财产，区别于它所展示的有体物质或者物体上的财产"：T. Turner, *On Copyright in Design* (1849), v.

[50] 1842年法企图更清晰地定义对象，有关该问题，参见 T. Webster, *The Subject Matter of Letters Patent* (1851), 80—81.

[51] "重要的是，制造者应该很清楚，由本法所给予的保护仅适用于具有一个装饰性特征之形式或者外形，该形状或外形被用于任何制造品，而本法所给予之保护无论如何与机械设备无关，也与机器、制造方法无关"：W. Carpmael, *Registration of Designs in order to Secure Copyright* (第3版) (伦敦：MacIntosh, 1846), 2.

装饰性外观设计,但是,随着 1842 年法引入后数月中持续进行实用性外观设计的登记,很明显,该法未能完成人们所赋予的任务。1842 年法的特别失败之处在于,虽然它对被保护对象作出了一个更详细的定义,但其用语仍然不明确。从事后来看,我们很容易说 1842 年《装饰性外观设计法》是一部针对装饰性外观设计的法律(正如当时有些人所认为的那样),但同样容易看到,它又怎样地被解释为包括了非装饰性外观设计。[52] 假如对这些问题加以思考,认为该法律正处于一个形成所谓现代知识产权法第一个发展成熟的范畴的过程中,那么,这种混淆就更容易被理解了。

围绕 1842 年法用语所存在的不确定性,虽然部分地解释了它的失败,但同样重要的事实是,该法对于阻止发明人意图将其发明创造登记为外观设计却无甚作为;对于改变"发明人方面利用该法作为获得著作权的一个方法,无论是以新的工具和机器,还是以在旧工具机器上的改进进行登记",也作用很小。简言之,1842 法的主要问题在于,它未能抑制"实用性发明人一方不断挤进其幸运儿兄弟——装饰性发明人——的队伍的意图。由于其费用过高,在大多数情况下专利是相当不可能的。……登记官拒绝对某些外观设计进行登记,并且对发明人提出警告;但是,麻烦还在继续。"[53] 由错误登记所带来的麻烦还因为以下事实而变得更加严重,即 1842 年法未能为登记官提供任何明确权力,拒绝对

---

[52] 从该法律的用语看,并不明确其意图限制外观设计的可登记性。考虑到这种不确定性,它未能在其净化法律之目的上取得成功,也就无足为奇了。

[53] T. Turner, *On Copyright in Design* (1849), 24. "(根据 1842 年法而对一件实用性产品所作的)登记,尽管在公众看来,很明显地是对一个不合理的权利给予了某种保护,而如果它未能成功,那也仅仅只丧失 3 个英镑":同揭。只要著作权扩展至产品的外形和结构,"总是会有许多发明来寻求将自己包括其中":*Report of Registrar of Designs* (1841), 26—27。

非装饰性外观设计予以登记。[54]

由于意识到1842年法未能完成其既定之任务,需要避免将机器、设计和其他实用性产品当作装饰性外观设计继续进行登记,而专利改革又非一个可行的选择方案,所以,人们就呼吁进一步改革外观设计法。这些改革呼吁由于人们对下面这个问题不断提高共识而得到了加强,即哪些对象"适当地"属于专利法,而哪些对象则不属于。根据专利法应当被用来调整更为重大的发明这一理念[55],就产生了一种日益增强的信念,即所谓的琐细发明(trivial invention)——比如万花筒[56]、"剪蜡烛芯用的剪刀、马镫、灯、软木螺丝以及其他家用物品",它们被认为"对于公众没有任何重大价值"[57]——并不值得用专利保护(但它们在那时是符合条件的)。1843年《实用性外观设计法》的通过就是为了解释这些问题。[58] 该法规定,对"任何具有某种实用性目的之制造品的任何新颖、独创之外观设计给予保护,只要该设计属于该产品之形状或者结构"。根据该法,外观设计的所有人被授予从登记时起"三年内将该外观设计应用于任何产品,或者根据该外观设计而生

---

[54] 当登记官以许多产品"在严格和充分的意义上并不具有装饰性"为由而拒绝给予其登记时,有人就向贸易委员会提出控诉,以便达到这样的效果,即1842年法并没有授权登记官就某一外观设计是否适于获得登记作出判断,登记官是在实施未经授权的行为。S. Billing 与 A. Prince, *The Law and Practice of Patents* (1845), 206。

[55] 一个常常被提出来用以反对降低专利授权程序之成本的论据是,这将意味着那些没有价值、不值得保护的专利也将获得授权。

[56] 戴维·布鲁斯特爵士(Sir David Brewster)于1817年取得一项万花筒的专利。很显然,该专利因缺乏新颖性而失效了,因为在该专利证书被封缄之前,相关发明就已经显示于众:J. Robertson, 1836 *Select Committee on Arts and Manufactures* 131。

[57] J. Farey, 1829 *Select Committee on Patents* 141. 法里称,"许多发明,比如万花筒,以及叫做脚蹬车的儿童木马",都没有任何公共效用:同揭,第27页。

[58] 进一步的考虑因素在于,登记官希望增加登记机关的工作量和收入:*Report of Registrar of Designs* (1841), 30。虽然外观设计登记机关被人设想成经费自足的,但从登记官朗(Long)致贸易委员会的一封信中却显示"在1841年第一季度存在着6811.7英镑的赤字",由财政部支付(反过来,这又导致登记机关将更多地受到财政部的审计和控制):*Minutes of the Board of Trade* (1841年1月5日)。解决该亏损的方法之一,就是增加那些潜在可登记对象的范围。到1844年,就不仅扭转亏损,还有598英镑的利润了:*Minutes of the Board of Trade* (1843—1844), 2/13。

产或者销售任何产品之专有权"。

如果说 1842 年《装饰性外观设计法》所关注的情形是导致错误保护的机会（亦即，在 1839 年《外观设计法》第 2、3 标题中所使用的外延广泛的用语），则 1843 年《实用性外观设计法》就意在消除发明人可能具有的根据该法而获得保护之期望。它做到这一点的方式，是为发明人提供一种替代性保护形式，即按当时所说的一个"替代品"。[59] 这些法律是扩张性的，因此它们提供保护的对象"或者是对一种新材料的应用，或者是对内部性或外部性零件的组合，或者是使任何产品的实用性得以增加或生产出一个新产品的特定设计"。[60] 简言之，它引入了一种新的保护形式[61]：现在也许就称之为实用新型（utility model）或者小发明（petty invention）的保护。[62] 因为担心由 1843 年《实用性外观设计法》所提供的激励可

---

[59] 引入 1843 年法，不仅是为了把不必要的对象从外观设计登记簿中清理出去（并因此而避免相应的问题），而且是为了提供一种全新的保护。正如特纳所说，"这种做法只有通过提供一个替代品才会停止。该种著作权的短缺是显而易见的，而由此带来的收入匮乏也是同样如此。1843 年的新法则是第一次承认了在实用形式上的著作权"：T. Turner, *On Copyright in Design* (1849), 24。朗（登记官）声称，这就是为人所知的立法者的意图。参见"Answer to Memorial of Alexander Prince: 3 July 1843", *Letters to the Board of Trade* BT/413/L16。

[60] *Report of Registrar of Designs* (1841), 27—28。

[61] 1843 年法的目的"是为了给小商人以一种费用低而速度快的救济，假如他已登记的某个发明受到盗用的话"：Mr Clarkson, *Boswell v. Denton* (1845) 6 *Repertory of Patent Inventions* 265, 266。"就所有的小发明，亦即大部分发明而言，专利由于其数额巨大而且无法变通的成本，最终并不值得保护。人们坚持认为，[1843 年]法明确地为此提供了救济，并且它已经广泛地适用于此类发明了"：T. Turner, *On Copyright in Design* (1849), 45。

[62] 例如，1843 年法被描述为一部"降低专利成本的法律"（(1843 年 9 月 2 日) 39 *Mechanics' Magazine* 164），以及"一个微缩的专利说明书"（T. Turner, *On Copyright in Design* (1849), 63）。通过引入一种小发明专利的保护，1843 年《实用性外观设计法》就满足了创造人（以及投资人）经常提出来的引入一种更便宜、更快捷保护方式的某些需求。诚如特纳所言，对于 1843 年法有着两种主张，即 aequo 与 bono。bono 是主张停止那些要求利用某种装饰的独创性外观设计的企图；而 aequo 则是明显想要某种方便而便宜的保护，以及使机器能够获得登记的适当性。由形式所产生的实用性，正如专利那样是一个原则问题：T. Turner, 同揭，第 54—55 页。虽然实用新型通常被认为起源于德国，从而对英国来说是一个外来事物，但远早于德国引入实用新型 Gebrauchsmuster 之前，英国就通过了一种实用新型式立法。

能不够充分,外观设计的登记官还获得了明确的授权,从而使其能够对于他认为落入 1842 年《装饰性外观设计法》范围的那些外观设计拒绝给予登记。[63]

结合起来看,1842 年和 1843 年所制定的法律以某种方式完成了任务,即人们期望其划定那些存在于对智力劳动授予财产权的法律范畴之间的界线。虽然这些制定法提供了借以区分装饰性外观设计与专利的方法,但进一步的难题仍然存在:下面这种可能性仍然悬而未决,即许多人认为应当受到专利法保护的创造,实际上却可以按实用性外观设计而获得登记。虽然法律能够在装饰性外观设计和实用性外观设计之间作出区分[64],也能够就装饰性外观设计与专利之间作出区分,但如何就实用性外观设计和专利进行区分,这个问题却依然存在。[65] 这些难题由于在专利授权的范围和特征上持续存在的不确定性而加剧了。[66] 反过来,处理专利和外观设计之间关系的难题,就如同 1842 年《装饰性外观设计法》所经历的那些难题一样,既反映出人们在法律美学上的持久兴趣,同时反映了人们认识到,各范畴之间的重叠在某种程度上妨碍或者打乱了这种美感。

法律在其所付出的努力上取得了成功,它通过把焦点集中于那些将各个范畴(大概地)组织起来的原则,从而区分了装饰性外观设计和非装饰性外观设计,以及装饰性外观设计与专利,有鉴于

---

[63] 1843 年《实用性外观设计法》第 9 条。

[64] 该对象"并不是普遍意义上的外观设计,而是将该外观设计应用于特定的制造品,以达到装饰该制造品之目的":T. Webster, *The Subject Matter of Letters Patent* (1851), 82。相反地,1843 年法所针对的是"与某种实用目的相关的在任何制造品上的一种外观设计":同揭。

[65] "外观设计法的实施经验表明,对于这两部法律的对象,以及《非装饰性外观设计法》与发明专利的对象之间发生了重大混淆……许多外观设计按照错误的法律进行了登记,而大部分在非装饰性外观设计法名下登记的外观设计,却并不属于该法调整范畴,它们是被意图作为专利而非外观设计对象加以保护的":同揭。

[66] "把保护范围扩张至相同的复制件之外,正如正义要求"包括"似是而非的借口",这样做的后果之一是,它使不同权利之间发生重叠的问题更加严重了:*Hill v. Thompson* (1818) 129 ER 427。

此,它在对专利和非装饰性外观设计进行区分时运用类似的技巧,就没有什么可奇怪的了。不过,很明显可以看到,那些在其他情形中所使用的方法,在用于区分专利和非装饰性外观设计时却用途有限:虽然装饰性和非装饰性外观设计是借助于那些用以组织保护对象的原则(亦即:美感和实用)而得到区分的,但无法以此方式来区分专利和非装饰性外观设计。

法律所面临的特定难题是,在某种情况下,作为一个非装饰性外观设计而受到保护,与作为一项专利而受到保护相比,其财产利益的特征都是关于某一特定对象的同一特征;亦即,它的外部形状。这就向法律提出了这样的难题,虽然非装饰性外观设计仅限于产品的形状和结构,而专利仅限于对象的实用性,但是,在某些情形中,对象的实用性也就来源于该对象所呈现的特定形式。在下述情形中尤其如此,比如桨轮、船尾的螺旋桨、铁道围栅、椅子、枕木以及木头路面,这些对象的特定外形或者结构(属于外观设计法的范围)也就是它们的实用性(属于专利法的范围)的来源。[67]

考虑到这两大范畴的组织原则是相同的,这就意味着如果一件制造品的新颖性就存在于其外形或形状之中,则它既可归类为一个非装饰性外观设计,也可归属于一项可专利的发明。诚如特纳所承认的,有关该等创造究系作为一项专利抑或作为一个非装饰性外观设计而受到保护之决定,具有任意性,它取决于作出决定者属于"专利权人"(patent-men)[68]还是"工匠大众的一员"[69]。

---

[67] S. Billing 与 A. Prince, *The Law and Practice of Patents* (1845), 206。虽然"许多发明的本质存在于解决某个抽象原则的总体构思中……或者存在于某种技术行为中……但还是存在许多情形,其中,特定的形式或者结构是发明的本质,从而能够根据这些法律而得到完全的保护":同揭。

[68] 这些所谓的专利人"渴望缩小'发明原则'的范围,或者扩大形式或者外形方面的发明":T. Turner, *On Copyright in Design* (1849), 49。

[69] 同上揭,第50页。为了扩张1843年法所提供的保护范围而提出了许多申请,主要是因为专利的成本太高了。参见"Memorial from Moody of London: Aug. 1845", *Letters to the Board of Trade* BT/1/455, B18 No. 26; J. H. 凯尔克关于提议将外观设计登记保护扩张至所有发明的信(1844年3月)*Letters to the Board of Trade* BT/1/424, No. 33。

例如,当以这样一种方式来定义蒸汽机时,它就可能既落入1843年《实用性外观设计法》又属专利法的范围:"这两个极端在理论上都有可能:最复杂的专利也可能被称作一种新的形式"。[70] 特纳抓住了非装饰性外观设计和专利之间关系的本质,他说:"没有特定的形式,你就不可能有原理,正如没有肺你就不可能呼吸一样"。[71] "在另一个可能的极端,原理从来就不是空的;你可以把全部有用的设计放在专利的标题之下"。[72]

虽然在其他情形中,法律能够确定它所认为的被保护财产的本质特征,据此而能够区分不同的范畴,但在这些情形中,法律所面临的特定困难在于,它无法运用相同的原理来区分非装饰性外观设计与专利。[73] 更具体地说,法律未能提供一个逻辑的或者理论的依据,借以区别由外观设计法所保护的制造品(或者发明)与作为专利保护对象的制造品(或者发明)。[74]

尽管如特纳所表明的,针对制造品进行解释的方法而产生的争议,可能随着不同职业团体之间的斗争而结束了,但它却是通过更为世俗的方法而最终平息的。特别是,虽然装饰性外观设计和专利、装饰性和非装饰性外观设计是借助于我们现在可称之为法律原则的东西来加以区别的,但是,非装饰性外观设计和专利之间的区分却是通过行政手段解决的。这就提醒我们注意登记制度在

---

[70] "蒸汽机是作为汽缸和水管的某些空的容器、固体零件、杆、柄等的一个组合,其组合方式是要达到这样的应用目的,即,在一个容器内保留大量的水,该容器接近于另一容器中的燃烧物质,截取第三个容器中的蒸汽力,并将之压缩到第四个容器中。"在这一情形中,"该实用性目的完全取决于形式、外形和结构":T. Turner, *On Copyright in Design* (1849), 50。

[71] 同上揭。

[72] "再打一个比方,除了通过原理和机械运动,肺没有任何实用性目的":同上揭,第51页。

[73] 说到由于登记而产生的混淆,有人说,"登记常常与那些由专利证书所授予的权利相混淆,并在事实上被当作一种'便宜专利'":H. Murdoch, *Information respecting British and Foreign Patents* (第2版) (伦敦:G. Briggs, 1867), 3。

[74] 法律所面临的问题在于,"它在决定已登记外观设计可以或者可能保持多大比例时,极少存在一个权威性指示":T. Turner, *On Copyright in Design* (1849), 45。

形成和强化法律范畴时所起的重要作用。

　　为了让法律能够把握外观设计和专利之间的界线，人们采用了许多与登记程序相关的不同技巧。策略之一是以某种方法来确定专利和实用性外观设计的登记费，以降低实用性外观设计对于专利权人的吸引力。[75] 反过来，对申请加强控制——申请文件的起草方法和所采用的语言——也在区分这两大范畴时发挥了某种作用。例如，因为1843年《实用性外观设计法》规定，为使外观设计可被人理解，申请人必须对书面描述附以图样，并阐明该外观设计哪些部分具有新颖性[76]，所以，申请人就被迫对其申请的本质特征作出更多考虑。虽然这对于阻止那些希望将其发明登记为外观设计而"作弄该制度"的人来说，起不了什么作用，但是，它对于那些本来可能错误登记为不当种类的人来说，却可能会有较大影响。此外，由于申请人——为了使外观设计更加容易被人理解——必须更详细地说明他们所主张的内容，所以，登记官在管理该范畴时的任务就变得较为容易。

　　但是，在管理非装饰性外观设计与专利之间的界线时所发生的最重要变化，是这样一个突然发生而且没有任何解释的变化：不同种类之间发生重叠的潜在可能性，已经不再被看做一个难题了。这究竟是表明在知识产权法中一个新找到的成熟度的证据呢，还是对于一项显然很艰难的任务作出的一种实用主义回答，无从确定。不过，我们清楚的是，在认识有关重叠的方式上存在着一个戏剧性的突然转向。它不再被看做一个需要由法律来解决的难题，

---

[75] 实用性外观设计的收费标准被定为10英镑，相比之下，根据《装饰性外观设计法》的收费标准是白棉布1先令。这是为了避免让专利权人感到过于嫉妒：T. Turner, *On Copyright in Design* (1849), 34—35. 朗就1843年法说到，"如果被限定在3年，则这样一种制度无论如何都不会对专利法构成干涉，因为如果这是物有所值的话，那么14年的保护期总是优于3年保护期的"。进而言之，如果外观设计的登记收费定得很高，比如说10英镑，则其将成为"一道安全措施，使登记官免于被那些琐细或者无足轻重的外观设计所淹没"：*Report of Registrar of Designs* (1841), 28—29.

[76] 1843年《实用性外观设计法》第8条。

而是留由个人选择其想要的保护形式。在 1843 年向公众发布的一则告示中,登记官对此明确说明如下:

> 所有外观设计及其为此而适当准备、填写的文字描述和附图,都将获得登记,而与其因此所寻求获得之著作权的特征、范围无关;这些考虑因素完全留由外观设计所有人的判断和斟酌决定。[77]

尽管法律在此前是由自己来承担决定某一特定申请属于何种范畴这一任务的,但它突然把这种做法颠倒过来,将之留给申请人,由他们决定自己希望以何种范畴来保护创造。[78] 这在表面看来是为申请人提供了更多选择,但与此同时,它又是以这样一种隐晦的威胁为支撑的,从而限制这些可能的实际选择:申请人在决定将其权利要求纳入何种范畴时,必须谨慎。这是因为这样的事实,即登记就构成一种公开,而专利和外观设计均以新颖性作为保护的一项前提条件,所以,一旦选定了某一途径,就排除了申请人获得另一种保护的可能性。因此,如果申请人用"错"制度,则其不仅丧失了该种保护,而且还将丧失另一种替代性保护。这样,如果一项发明被不适当地登记为一个外观设计,并且它在后来被人成功地提出了异议,则该发明不仅将失去其外观设计的保护,而且还被排除了根据专利法获得保护的可能。虽然这或许对申请人较为苛刻,但人们认为它还是保持平衡的,这是基于这样的事实,即一经登记就把举证责任转移给了对方当事人,纵使该登记有瑕疵。尽管这种

---

[77] J. Bowen, "Notice Issued by the Registrar: Copyright of Designs for Articles of Utility" (1843) 2 *Repertory of Patent Inventions* 251. 外观设计登记官发布一则告示,强调指出,根据 1843 年法所授予之登记是为了"保护外形和结构":W. Carpmael, "Copyright of Designs" (1843) 2 *Repertory of Patent Inventions* 251。

[78] 利用登记作为区分依据,这样做也存在着某些问题,这主要是由于两种登记之间缺乏协调所致;对于外观设计来说,其权利自公开发表之时开始,而专利权人则是先取得其专利,并在此后 6 个月内公开。很少能够阻止专利权人在该 6 个月期限内纳入新的创造,并把它们放入其说明书中——这就是早期有关双重专利(double-patenting)的例子(参见 Brett v. Massi (1847) 30 *London Journal of Arts and Sciences* 357)。

由登记程序所提供的自我管理技术并不能完全解决有关登记"错误"对象的问题,但它们还是相当成功的,足以使有关如何管理外观设计与专利之间界线的问题,不再被人看做是一个值得讨论和思考的议题了。这里既突出了登记对于管理那些在19世纪所出现的法律范畴时所发挥的重要作用,同时,也强调了原则在组织法律的过程中所起到的有限作用。

第三编　知识产权法刍议

　　18世纪和19世纪上半叶存在着一种广泛的共识,认为体力劳动可以,也应当与智力劳动相分离。不过,因此推断知识产权法在法律范畴上已经获得了一种独立而特有的地位,则并不确切:虽然许多为人们所熟悉的主题和概念都在那时得到了适用,但一直到19世纪中期,现代知识产权法才作为一种独立的、受到广泛承认的法律范畴显现出来。尽管在此之前,人们就经常使用诸如复制权、专利、外观设计之类的术语,甚至"知识产权"一语也偶尔为人所用[1],但是,由此假定这些表达是以一种前后一致和富有意义的方式而加以使用的,或者它们所指的就是独特的法律领域,则是错误的。同样地,虽然在19世纪50年代或者在此前后,那些在其本质上被认为具有现代性的概念、组织模式和思维方法也间或得到使用,但它们常常被置于一边,并且或多或少

---

[1] 例如,托马斯1840年《致罗伯特·皮尔爵士阁下的一封信》(*A Letter to the Right Honourable Sir Robert Peel*)附录1的标题就是"英格兰受到法律保护的知识产权"(Intellectual Property Protected by Law in England)。它包括了文学财产、音乐作品、美术作品以及工艺美术。在托马斯·特纳(Thomas Turner)1849年的著作《论外观设计著作权》(*On Copyright in Design*)中有一张表格,说明了"知识产权之间在保护期限和费用上的比较"。

地与那些现在看来明显格格不入的、前现代的概念和方法等量齐观。

人们通常假定,知识产权法是一个永恒的、几乎与历史无关的法律领域,它是始终存在的,但是,如果我们考察人们在当时理解该法律的方法,我们就会看到它的一个显著特征,即一直到19世纪中叶之前的那段时期,并不存在任何的《著作权法》、《专利法》、《外观设计法》或者《商标法》,当然也没有《知识产权法》(至少如它在今天为人们所理解的那样)。[2] 在该领域内,法律的不固定与开放性特征盛行于18、19世纪,而它本身又是通过诸多方面表现出来的。用来说明其不固定性的其中一个方法是基于这样的事实,即人们对于应当如何把该领域的法律组织起来的问题,缺乏一种共识。更具体地说,尽管人们普遍同意,存在着对于智力劳动赋予财产权这样的一般性法律范畴,而且该法律范畴被统一在一个共同的创造性概念之下,但是,除此之外,并没有出现任何一个起主导作用的模式或者概念,来准确地表述该法律。通过一系列复杂的、彼此相关的方式,开放性和非固定性却表露无遗;从法律范畴和行政范畴、教科书和图书馆的组织方法,到它所使用的语言和概念,以及给予法律保护的对象。

该领域法律的非固定性和不确定性被记录在1849年特纳(Turner)所发出的抱怨中,"该主题还是近来才偶尔吸引了立法者和法学家们的注意……它受到了法学家或者统计学家的研究,但研究得极少;有关该主题的资讯广泛散布着,它可以在任何名

---

[2] 即便晚至1869年,仍然有观点认为存在着"对于该主题的一般性忽视":F. Campin, *Law of Patent for Inventions with Explanatory Notes on the Law as to the Protection of Designs and Trade Marks*(伦敦:Virtue and Co. 1869), 1.

头下找到,但就不是它自己的"。[3] 特纳在这里提出抗议的,不仅是相关著述和教科书尚付阙如,而且更具体地针对如下事实,即对智力劳动提供财产权或者财产式权利的法律,并没有以一种持续一贯的方式被组织起来。事实上,对于应当如何把该领域组织起来,在当时就提出了各种各样相互竞争的建议,这些建议全部得到了认真对待。例如,有人提议的其中一种组织模式是主张创设一个法律范畴,它既保护纯美术作品(fine arts),也保护"各种工艺品(industrial arts)"[4],亦即,它采纳的是一种艺术方法的统一。[5] 托马斯·特纳关于形式上法律的思想,把注意力集中于客体的外部表现和形态(而这样所包括的对象,现在就被结合到了专利、外观设计和著作权中,但明显排除了文学财产权),该思想是关于这一主题的一个有趣的变体。当时人们所建议的另一个选择,是摆脱那种我们现在称之为"著作权—专利—外观设计式"的方法,而是把智力劳动的产物划分为"两大类——那些针对当代的品味、情感和现有背景所写的作品(无论其目的如何),以及那些适应于所有的社会起伏变化的作品"。[6] 但是,另一种方法则根据它们是以视觉符号还是声音符号来表达,从而对

---

[3] T. Turner, *On Copyright in Design* (1849), 12. 戈德森(Godson)也发出了相同的抱怨,他在1823年称,"有关支持发明人的专利法从来没有得到过全面和科学的调查,它对于艺术家来说知之甚少,并且人们料想,那些获得授权的专利当中,只有不到一半能够经受得住法律调查的检验,而此前有关著作权的情形则从来就没有形成一个明确而独特的论述":R. Godson, *A Practical Treatise on the Law of Patents* (1823), viii。

[4] "因此,由于较早时期采纳了一项正确的原则,法国人就把著作权法的适用扩张至所有工艺美术产品,同时,法国以较小的成本提供了期限充分的保护,对侵犯著作权的行为提供了有效而快捷的法律救济。在任何其他国家都没有如此具有综合性的著作权,而在任何一个文明国家的市场中,法国的精致产品都被认为是优先于所有其他国家的产品的选择":G. Brace, *Observations on Extension of Protection of Copyright of Design, with a View to the Improvement of British Taste* (伦敦:Smith, Elder and Co., 1842), 10。

[5] 亦即,它保护所有的艺术作品(包括工艺品),而不管其实用性或者用途。

[6] "Law of Literary Property and Patents" (1829) 10 *Westminster Review* 465.

思想财产的种类加以区分。[7] 还有另外一种选择,是"把形式上的实用性界限进行收缩,直至不留下任何可视性的东西",亦即,以专利来取代外观设计的保护,这种选择方案得到了"专利权人"(patent men)的青睐,这些人把自己视为受到实用技术之庄园主授权许可的猎场看守人,而把外观设计登记的代理人全都视为非法偷猎者。相反地,"有一大部分机械方面的公众,非常愿意让非装饰性外观设计完全吸收专利权"。[8]

虽然组织模式不时被人提出来讨论,它们在方法上也可以被认为具有现代性[9],但这些模式确实并不优先于任何其他替代方案。至多可以说,这些为回应特定问题而逐步形成的制定法和法院判决组成了互不相干的系列,它们保护着特定类别的创造物不被人复制。把它们串到一起的那根主线以及借以进行类比的根据,就在于它们都提供了在智力劳动上的财产权。同时,很明显的是,知识产权法及其各种不同的次范畴(著作权、专利、外观设计和商标)都还并不存在。

该领域法律的不固定和不确定性还反映在这样的事实上,即那些评论者,无论他们是法律的还是非法律的,也无论他们是否属于专家,都常常提到"发明上的著作权"[10],"艺术品的专利",文学财产权是"对作者的一种普适性专利"[11],"商标的著作

---

[7] 参见 M. Leverson, *Copyright and Patents*; *or*, *Property in Thoughts* (1854)。

[8] T. Turner, *On Copyright in Design* (1849), 49—50.

[9] 参见,例如 R. Godson, *A Practical Treatise on the Law of Patents* (1823)。

[10] 1851 的起草的《扩张发明登记之权益的法案》(A Bill to Extend the Benefit of Registration to Inventions)第 4 条把著作权定义为"实施、生产、使用和出售一项发明的专有权";1851 *Select Committee of the House of Lords Appointed to Consider the Bills for the Amendment of the Law Touching Letters Patent for Inventions* 410, 附录 E。

[11] 哈德威克勋爵(Lord Hardwicke),载 J. Burrow, *The Question Concerning Literary Property by the Court of Kings Bench on* 20*th April* 1769, *in the Case between Andrew Millar and Robert Taylor* (伦敦:W. Strahan 与 M. Woodfall, 1773), 20。在 *Jeffreys v. Baldwin* (1753) 27 ER 109 一案中,哈德威克勋爵提到,1735 年的《雕工法》是"为了鼓励天才和艺术",并且把它比作"有关新发明的制定法,这就是它的来源"。

权"[12]，偶尔甚至说到"著作权或者式样的专利"[13]，或者把专利称作"一种贸易上的著作权"。[14] 至多把"复制权"（copy-right，包括外观设计的复制权）指称为所保护权利的种类或者方式，如果这样，它所指的内容也与现在所用的意义非常不同了。[15] 而且，"著作权"（copyright）这一术语并不仅限于现在被认为属于著作权法组成部分的那些作品（比如文学作品和戏剧作品），偶尔还会扩展至包括发明以及装饰性和非装饰性外观设计。[16] 在那时存在的知识产权法其他领域所使用的语言中，也有明显的类似混淆。

虽然在 18 世纪和 19 世纪早期存在着不固定性和开放性，但是很清楚，到了 19 世纪 50 年代，不仅专利、著作权和外观设计这神圣的三位一体被承认为独特的法律领域，而且这些范畴被看做知识产权法这个更为一般性标题之下的组成要素。虽然该法律的各个组成方面仍不明确，其出现过程也不算平坦，并且尚未包括商标，但是，韦伯斯特在 1853 年就能够毫不犹豫和不加限制地写道，现在有三个"独特的法律部门，它们也许可以被称作文学和美术作品的著作权、在工艺品和制造品上的外观设计以及发明人

---

[12] John Jobson Smith, 1862 *Select Committee on Trade Marks* 54（Q. 1134）.
[13] 至少从现代观点看，有关这种混淆的最显著例子，就是在专利特别委员会听审过程中，其中提出了对式样给予专利保护的问题。"式样曾经是专利的主题吗？不是；但是，何种程度的发明应当是或者不是专利的主题，它并没有得到明确的定义，也难以对之进行定义；人们很希望以某种现成的方式来保护式样，但并不是通过专利方式；这将是非常昂贵和手续冗长的"：J. Farey, 1829 *Select Committee on Patents* 27。
[14] Gibbs 首席法官，*Wood v. Zimmer*（1815）171 ER 第 162 页注释。
[15] *Jefferys v. Boosey*（1854）10 ER 681 案的判决很有意思，因为它反映了从把著作权作为一种复制权（一种进行复制的权利）到把著作权作为一个独特的法律领域的转换。最值得注意的是"著作权"这一术语的使用方式，它常常指权利的本质特征，而不是它现在趋向于如何被使用，即作为某一法律体系的简称，而该法律体系（主要）是按其调整对象加以定义的。
[16] 20 世纪的外观设计立法习惯性地提到外观设计中的著作权。

的专利证书"。[17] 这并不表示在此之前就没有关于以此种方法把调整智力劳动的法律组织起来的思想,在 19 世纪 50 年代或者在此前后才突然出现这样一种想法。毋宁说,该主张是指,在那一时期,在该法律的语法或者逻辑上产生了一种渐进式变化:在表述和定义该法律的方法上发生了一种重大转换。[18]

现代知识产权法及其附属范畴,比如外观设计、专利和著作权,作为独特的法律范畴出现了,这可以通过在理查德·戈德森（Richard Godson）《发明专利法和著作权法实用文集》（*A Practical Treaties on the Law of Patent for Inventions and of Copyright*）的后续版本中所发生的变化为例加以说明。1823 年出版的该书第 1 版,一开头就以很长的一节来讨论跟诸如囤积（或者在市场上收购全部产量,以便通过拥有一种垄断而维持其价格）之类的垄断相关的普通法违法行为,但后续版本就将之悉数删除。而且,当戈德森在 1844 年对该书第 2 版进行补充时,他改变了把这些对象组织起来的方法,其焦点从法律保护"那些更专门地从应用聪明才智和学识渊博者那里产生的财产种类"[19],转移到了"关于图书和音乐作品的著作权和制造品外观设计的法律上"。[20] 亦即,他已经偏离了以智力劳动为基础并以此为中心来组织其文本的做法,转向了一种更为现代的组织方式。事实上,虽然（前现代的）第 1

---

[17] T. Webster, *On Property in Designs* (1853), 10. 在提议建立一套英格兰法的完整法典时,爱德华·劳埃德（Edward Lloyd）建议"根据整个制定法的某一大标题而加以汇编。有关专利权的法律是该组的第一个和最重要的一个;随后是著作权法,它再分为文学作品著作权和在美术、图片与造型艺术作品上的著作权;再接下来是有关外观设计著作权的法律,将其整合为单独一个制定法,而该系列的最后一个组成部分则是商标法";E. Lloyd, "Consolidation of the Law of Copyright" (1862 年 6 月 28 日) 6 *Solicitors' Journal* 626。

[18] 在表达现代知识产权法各个范畴的形成时,我们刻意不把任何一个因素放在优先顺序中。比如,我们并没有暗示该范畴先是从语言上形成的,并且随后在制度上形成发展起来。

[19] R. Godson, *A Practical Treatise on the Law of Patents* (1823), 第 1 版。

[20] R. Godson, *A Practical Treatise on the Law of Patents for Invention and of Copyright*: *Supplement* (伦敦:Benning 公司, 1844), i。

版在我们眼里看来有点陌生,但其后续版本就与现代文本没有显著差别了,至少在调整对象的组织方法以及所提出的问题上。

在接下来的三章中,我们将探讨专利、著作权和外观设计如何以及为什么从智力劳动这个一般范畴中被区别出来,并且被当作独特的法律领域。[21] 在此过程中,我们就以下问题的部分原因进行考察,即为什么是这三个法律部门受到了法律的选择采用,而不是那时所提出的其他选择方案中的某一种。简言之,我们所关心的是,为什么以及如何使知识产权法采取了它现在这样的形式。

职是之故,第5章集中讨论那些促使知识产权法范畴固定化(crystallisation)的那些因素。正如我们在考察外观设计法作为一个独特的法律领域而出现时所做的那样,我们在这里把注意力集中于作为现代法独立领域的专利法和著作权法的出现。接下来在第6章中,我们解释了如何克服在完成知识产权法架构时所面临的障碍的方法,并进而解释该架构如何稳固地成为法律传统的组成部分。在第7章中,我们就如下问题探讨了其中的若干原因,即为什么知识产权法被划分成它现在为人们所熟悉的不同种类。在此过程中,我们的关注焦点集中于这样一些因素,它们既解释也形成了法律的范畴。在着手探讨知识产权法的出现时,我们把这些促进法律范畴固定化的因素与那些有助于赋予法律以其现有之独特形态的因素分离开来,但这样做不应被解释为表明这些过程是在一些自主的知识范围内进行的。虽然我们承认,固定化的过程和立法过程是同步的和强化性的,而且,就其本身而言,它们之间的区分是人为的,但是,如果我们想要达到有关探讨现代知识产权法特殊形态之目的,那么仍然有必要划定这样的区分。[22]

---

[21] 我们在第8章中再来考察商标。
[22] 这里我们重复了拉图尔(Latour)的评论,即这些"分界线"尽管在教学、辩论和毕业致词上是有用的,但"并不表示自然边界,也没有提供任何解释,相反地,它们是被解释的对象";B. Latour, "Drawing things together" (1920), 19—20。

第5章　法律范畴的固定化

一、专利法的固定化

当专利特别委员会于1829年开会讨论可能改进有关发明专利的法律及其实施时，它碰到了许多困难：这一事实反映在该特别委员会所作的非常决议中，即只公布其证据，而不发表任何建议。[1] 尽管该委员会未能得出任何具体的结论，但它还是就以下这一点达成了一致意见，即专利法——如果在那时可以这样称呼的话——是多么的混乱不堪。事实上，虽然在过去两个多世纪王室就开始授予专利了，但人们认为，迟至1835年"在当时还不

---

[1] 特别委员会选择公开其证据但不发表任何建议，并说明这些建议将在此后提出；但它们从来就没有出现过。

存在任何《专利法》"。[2] 考虑到对于哪些对象可以授予专利[3],以及专利说明书的目的和要求上存在着很大的不确定性,这样想也就几乎没有什么可奇怪的了。[4] 我们现在称之为专利法的,在那时就包含在一部《技术和制造品法》和一部《形式法》(Law of Form)中,甚至被当成一种复制权(copy-right),这一事实证明了这些法律范畴的本质特征尚未确定;事实上,至少就我们现在所理解的专利法,在那时并不存在。[5]

尽管该法律具有不确定性与开放性,但是,对于专利法的本质特征,从19世纪50年代以来就已经形成了一种相当明确的思想,即什么是它的主要元素,它的界线应当被划在哪儿。[6] 虽然该法律的某些方面仍然有待确定,但那时所存在的法律已经非常接近于今天的专利法了。[7]

对于现代专利法在这一时期的出现,可以给出许多不同的解

---

[2] Mr Tooke, "Letters Patent" (1835年8月13日) 30 *Hansard* col. 466。在 *Boulton and Watt v. Bull* (1795) 126 ER 651 一案中,Eyre 首席法官称,"我可以认为,专利权并没有在我们书中的任何地方得到过准确的描述"。"在我们的任何法律书籍中,作为一个法律部门本身,为新发明而授予专利的主题并没有得到准确处理。事实上,只是在这几年内,它们才成为我们商业机制中如此重要的一个组成部分":Gibbs 首席法官, *Wood v. Zimmer* (1815) 171 ER 162 注。

[3] 参见,例如罗奇(B. Rotch)的证据,1829 *Select Committee on Patents* 116。

[4] 戈德森(R. Godson)注意到,"法律书籍已经变得充斥着这样的案例,它们是由于对有关调整专利的法律的怀疑和晦涩难解而产生的":(1833年2月19日) 15 *Hansard* col. 975。值得注意的是,虽然专利法的精确特征和内容并不确定,但是,对专利证书的授予却具有一种坚实而可确认的生动描绘。从部分原因看,这是因为王室授予专利的资深性以及围绕它所发展起来的行政体制。就此意义而言,专利法作为一个独特的法律范畴的出现,在某种程度上就区别于著作权法和外观设计法的固定化。

[5] 有关"专利"一词的含义和用法所发生的混淆,参见 R. Prosser, "Use of the Word 'Patent'" (1840) 32 *Mechanics' Magazine* 740—741。

[6] 比较 E. Burke Inlow, *The Patent Grant* (1950), 29。

[7] 这可以从如下事实中看到,即虽然1829年专利特别委员会关注的中心在于专利法的现状,但1851年专利特别委员会却感觉到,专利法本身是足够清楚的,有必要改革的是它的实施。参见 D. Van Zyl Smit, "The Social Creation of a Legal Reality: A Study of the Emergence and Acceptance of the British Patent System as a Legal Instrument for the Control of New Technology"(哲学博士论文,爱丁堡大学,1980年), 96—98, 156。

释。它可以部分地归因于这样的事实,即 19 世纪早期的时代特征就表现在对不列颠的技术和制造业状况的持续关注上。正如一位评论者在 1830 年针对查尔斯·巴比奇(Charles Babbage)的《对英格兰科学水平下降及其某些原因的反思》(*Reflexions on the Decline of Science in England, and on Some of its Causes*)这样写道,随着拿破仑战争的结束,"刀剑归鞘",这看起来"成了这样一种新的普遍性努力的标志,即恢复枯竭的资源、复兴产业和文明,以及为聪明才智指示正确的目标,而它们要么已被战争消耗殆尽,要么受到战争压制而处于一片荒芜之中"。[8] 一国在战争技术上的水平状况固然值得荣耀,而作为制造业和商业财富基础的和平技术则被人认为更有必要加以提高。而如下事实又使之变得更为紧迫,即英格兰的科学和技术,就像更加一般性而言的经济状况那样,被人们认为处于"一种极度的不景气状态中"。[9] 考虑到授予专利的程序既成本高昂、手续复杂、费时不菲并且含糊不清,而且对于可专利主题的范围存在着广泛的混淆,因此,在经过一段较长的时期而未对专利制度表现出很大的探讨兴趣之后,人们把专利制度选定为一个改革的目标也就不足为奇了。[10]

为了响应不断提高的改革呼声[11],托马斯·伦纳德(Thomas Lennard)于 1829 年吁请议会成立一个特别委员会,调查专利法的现状。[12] 虽然事后证明该特别委员会并没有取得最后结果,

---

[8] "Review of Charles Babbage, *Reflexions on the Decline of Science*" (1830).

[9] 同上揭,第 341 页。也有观点认为,奖赏应当提供给"人种——那些'思想之王'的伟大造物主,他们的胜利是不流血的和不朽的":"Mr Mackinnon's New Patent Law Bill" (1839) 32 *Mechanics' Magazine* 352。

[10] 在此之前就存在着许多分散的和未成功的企图,要求对专利进行改革,最著名的例子就是詹姆斯·瓦特在 18 世纪 80 年代的提议。参见 E. Robinson 与 A. Musson, *James Watt and the Steam Revolution: A Documentary History*(纽约:A. M. Kelley, 1969); D. Van Zyl Smit, "The Social Creation of a Legal Reality" (1980), 97。

[11] 19 世纪 20 年代,人们起草了许多请愿书和法案,要求对专利法的许多不同方面进行改革;但均未成功。

[12] (1829 年 4 月 9 日) 21 *Hansard* col. 598。另参见 84 CJ 214。

但它对于导致现代专利法的出现还是起到了一种重大作用:它的作用在于既揭露了该法律所存在的混淆和不确定性,也使当时存在的分歧性批评意见达成了团结一致。更加明显的是,关于他们对该法律的理解而出具的这些证言,为接下来二十年所发生的改革进程提供了支持材料。[13]

第一个试图纠正由特别委员会所确定的许多意见的,是理查德·戈德森(Richard Godson)于1831年向议会提出的一项法案,他是最早的专利法文献的作者之一。[14] 在该法案被否决之后,戈德森提出了更加深入的法案,这些法案同样受到了许多改革倡导者的反对。[15] 作为对于提议延迟审查戈德森法案的补偿,衡平法官布鲁厄姆(Lord Chancellor Brougham)承诺"尽早将其注意力集中于与之相关的法律部门上"。[16] 虽然戈德森的法案直接面对许多由1829年特别委员会所确定的难题,但布鲁厄姆勋爵的努力在其范围上还是相当适度的,该努力以1835年《修订与发明专利相关法律法》(Act to Amend the Law Touching Letters Patent for Inventions)的通过而告终。值得注意的是,尽管布鲁厄姆勋爵承诺考虑进行"全方位的变革",但他的法律也只是提出了两方面的重大改革:允许对专利说明书进行修改和在当时所允许的

---

[13] 向委员会提交的证言证据表明,他们实际上对现有体制的不满是意见一致的。在有关专利说明书的法律要求上,尤其是将其作为专利被宣告无效的严苛理由上,以及取得专利的程序上,都存在着广泛的批评。其他的抱怨涉及专利的保护期限,专利说明书应当采取的形式,是否应当存在一个审查制度以及如果这样的话,科学家应当在该程序中发挥什么作用等。

[14] R. Godson(1831年7月9日)29 *Hansard* col. 383;2 *PP* 177。戈德森法案未能在上议院获得通过(1833年7月17日)65 HLJ 504。此后声明,该法案"在上议院出局的理由是,它最好再等等,直到在此后保证提出一个更加综合性的措施":T. Lennard(1835年8月13日)30 *Hansard* col. 468。《技工杂志》还自我庆幸,声称在所有的媒体中,只有它是反对该法案的,并且对于上议院反对该法案产生了决定性影响:(1833) *Mechanics' Magazine* 352。

[15] 关于这些法案的命运,参见(1833)19 *Mechanics' Magazine*,26,43,317;(1833年2月27日)3 *PP* 169。

[16] 引自 M. Coulter, *Property in Idea: The Patent Question in Mid-Victorian Britain*(密苏里州,科克斯维拉:托马斯杰弗逊大学出版社,1991),36。

14 年期限之外同意延长专利的保护期限。[17]

正如《伦敦技术和科学杂志》(London Journal of Arts and Sciences)所述,"除了许多技术性修订,布鲁厄姆的法案没有包含任何的改进"[18],有鉴于此,采取进一步行动以改革法律的做法就很正常了。令人奇怪的倒是,号召改革专利制度的方法逐渐被包含于一些更为激进的提议之中,它们要求引入一部一般性法律,以提升联合王国的技术和制造品水平。要求通过一部技术和制造品法律(它在很多方面与现代关于工业产权法的想法很相似)的这些建议[19],得到了 1836 年的技术和制造品特别委员会(Select Committee on Arts and Manufactures)的支持和强调[20],而设立该委员会就是为了调查"在全国人民(尤其是制造业人口)中推广技术知识和设计原理的最佳方法"。关于技术和制造品一般法的最明显例子,可以算是威廉·麦金农(William Mackinnon)和爱德华·贝恩斯(Edward Baines)于 1837 年[21]、1837—1838 年[22]和 1839 年[23]向议会所提出的法案。这些法案建立在戈德森和 1836 年技术和制造品特别委员会所作提议的基础上,并对此有所发展,它们规定,"任何人若作出发明、设计或创造,或者

---

[17] 《修订与发明专利相关法律法》(1835)。参见 C. Drewry, *The Patent Law Amendment Act* (伦敦:John Richards 公司,1838)。

[18] 该杂志编辑继续说到,该法律"对于那些具有发明才干者所抱怨的主要申诉内容,却完全没有给予纠正":J. Schroder, "Observations on Mr Mackinnon's Bill" (1837) 10 *The London Journal of Arts and Sciences*, 109。

[19] 而且,在这部关于技术和制造品的一般法中,我们不仅看到专利和外观设计的一种联系,而且看到了对于小专利和实用新型提供保护的先例。

[20] 1836 *Select Committee on Arts and Manufactures*. "Arts"一词越来越多地被用作美术(fine arts)之意,涉及绘画、雕刻和油画,从而区别于作为技能之术(art as skill)。

[21] (1837 年 2 月 14 日) 36 Hansard col. 554;1837 年《修订与发明专利相关之惯例,以改善鼓励技术与制造品法案》。

[22] 1837—1838 年《为改善鼓励技术和制造品,保障个人在有限时间内对其发明享受利益法案(第 71 号)》1 PP 27。

[23] 1839 年《为改善鼓励技术和制造品,保障个人在有限时间内对其发明享受利益之法案》(1839 年 2 月 19 日) 4 PP 363。1839 年的法案也被称作"式样和发明法案"(Patterns and Inventions Bill);(1839 年 2 月 19 日) 94 CJ 39。

成为任何发明、外观设计或者发明物的所有人,而这些发明设计在任何技术、科学、制造品等等方面产生了某种新的、有益的功能或者结果,则可以因此而在任何该等新发明、外观设计或者发明物上享有专有权和财产权,其期限为自登记时起 12 个月"。[24] 与主要被当作专利法案兼及提议修改有关式样设计法律的戈德森法案不同,麦金农和贝恩斯法案就专门称作《改善鼓励技术和制造品的法案》(Bills for the Better Encouragement of the Arts and Manufactures)。而且,他们对于专利和外观设计的强调,并不如他们对更为一般性地促进技术和制造品强调得那么多。[25] 与改革专利法的各种努力相比,他们是失败的。[26]

尽管 19 世纪早期所发生的对该法律进行改革和法典化的各种意图[27],以及特别委员会及其提出的评论,都被证明并没有取得成功[28],但是,它们对于专利法的出现还是发挥了一种重大作用。这是因为,为了改革该法律或者为了起草立法,就必须考虑到专利法可能会是什么样子,并且必须确定这个抽象的范畴应当包括什么和排除什么。例如,在为专利法从所提议的技术和制造品法律中开辟出一个独立的领域时,就必须就什么是专利法、其界线在何处以及如何与其他保护形式相区别等等,形成某种思

---

[24] 第 16 条。
[25] "在由一部公正的和经过改进的专利法来扩张人们想要的保护时,我们就包括了所有有用的科学发现结果;所有机器发明的改进;所有鼓励外观设计技术而在我们的制造品上所带来的改进;以及,最后,对于在我们主要的白棉布印花、棉布和丝织品上的式样权(pattern right)的保护。很明显,单是在民族工业最新的部门中——式样权的保护——(或者是销售商品时主要凭借的新外观设计和式样的著作权)就是对于整个制造业阶级极具利益的一个主题":"Mr Mackinnon's New Patent Law Bill" (1839), 32 *Mechanics' Magazine*, 351—352。
[26] 麦金农 1838 年的法案"遭到挫折……是由于商业公众的压力和管理不善,党派平衡,以及上议院的阻挠程序":同上揭,第 351 页。
[27] 关于专利法的法典化问题,参见 B. Rotch, 1829 *Select Committee on Patents*, 108。关于制定一部"一般权利法典",参见[并非首次提出] Symonds, "Summary of Proceedings of the Trade and International Law Department: Patent Law" (1862) *TNAPSS* 887。
[28] 例外的是饱受嘲笑的 1835 年《布鲁厄姆勋爵法》。

想。而且,起草专利法案和立法的过程具有将思想观念具体化的效果,以及迫使评论者详细确定该法律之本质特点的效果。[29]例如,1831年所提出的戈德森法案的特征之一,就在于它提出要明确"制造品"(manufacture)一语的含义。而1829年专利特别委员会的意图则是将现有的司法惯例确立为制定法的形式,并且就什么是"可专利的发明"(patentable invention)提供一个理性的定义[30],当它们与戈德森法案相互结合时,这些努力就对于专利法被固定为一个独立的法律领域发挥了一种关键性作用。尽管这里所提出的方法就如同把现有的法律变成一种法典化的形式,但是,如果考虑到专利法在那时并不存在任何为人所承认的形式,那么更准确地说,它们是创造而不是发现了该法律。

这些都企图对该初生的专利法的本质特征和界限范围加以概括,其显著特征之一就是外国专利制度在其中起着积极的作用。虽然当下的评论者常常吹嘘英国专利法的隔绝性(insularity),但可以看得很清楚,外国专利法在英国专利法的固定过程中起到了一种重要作用。[31] 正如一位对铅笔进行科学调查的土木工程师约翰·法里(John Farey)所言,在把美国专利法(有点奇怪的是,该法是从一份官方的法文版回译成英文的)以及法国、比利时、奥地利和西班牙的专利法呈递给1829年专利特别委员会时,人们发现这些法律"远胜过我们的制度,并且把它们作为法律模式加以研究是大有裨益的"。这些制度"并未在我们国家得到完全采用;但是,从中选择的某些条款(根据我们不同的商业和制造

---

[29] R. Godson (1833年7月9日) 15 *Hansard* col. 976。
[30] "我本人希望它成为制定法。这些[由罗奇所阐明的]标题……将包含所有涉及现在被认为属于专利主题的那些判决":B. Rotch, 1829 *Select Committee on Patents* 110。罗奇认为发明应当扩张至包括(1) 可销售的产品;(2) 用以制造某一新的或者已知的制造品、引擎或者可销售产品的一种新方法;(3) 某一已知的制造品、引擎或者可销售产品的一种新用途;(4) 对任何已知而未取得专利的制造品或者可销售产品的一种改进;(5) 从国外引进且此前未在本王国使用过的发明。
[31] 关于在商标上的情况,参见 R. Jackson, 1862 *Select Committee on Trade Marks* 3—4;A. Ryland, 同揭,第13页。

业状况所需而进行修改)将成为我们的指南"。[32]

专利法作为一个独特的法律部门出现,也是由 1839 年之后《外观设计法》的发展以及将发明作为外观设计登记的做法所促成的。正如我们在此前所看到的,这不仅导致了《外观设计法》的固定化,而且起到了这样一种作用,即把人们的注意力集中于专利法保护对象的范围上来。而且,作为由外国专利法所提供的例子,通过制订《外观设计法》而带来的安全性,也为专利法提供了一个可资对比的参考。[33]

与知识产权法的其他领域一样,那些用来解释该法律的专门论著(区别于早期的更具争议性的传单和小册子)的出现,对于专利法的形成起到了一种更要作用。[34] 这是因为,要完成一本教科书,就需要简化法律,以便于写作,而这样一来,就需要简化成某种特定的格式。事实上,正如科利尔(Collier)在其《专利法论》(*Essays on the Law of Patents*, 1803)(该书在某种程度上就毫不客气地以洛克的《人类理解论》[*Essays on Human Understanding*]为模型)中所言,他的目标是要准确地安排所调查的对象,并

---

[32] J. Farey, 1829 *Select Committee on Patents* 132. 在《委员会报告》中引用了大量参考材料,关于外国专利法、它们如何不同于英国法并且优于英国法。例如,参见如下证据:W. Wyatt, 119; Millington (关于法国), 98—99; J. Hawkins (美国), 125。

[33] 外观设计和专利之间的争议不仅有助于为那些成为外观设计法的东西确定界线,而且在专利法的固定化过程中起到了一种重要作用。

[34] 在第 1 版的《补篇》中,戈德森对于《发明专利法实用文集》(*A Practical Treatise on the Law of Patents for Inventions*, 大概由 E. Holroyd 所写)的出现提出了抱怨,该书并不承认(如戈德森)这些人所写的作品,他们"把所有的案件收集起来,分析其内容,对于从这些案件判决中所提取的法律规则加以系统的编排,减少其体力劳动和智力付出":R. Godson, *A Practical Treatise on the Law of Patents*: *A Supplement* (伦敦:J. Butterworth, 1823)。这两个文本都晚于 J. Collier, *An Essay on the Law of Patents* (1803) 和 W. Hands, *The Law and Practice of Patents for Inventions* (伦敦:W. Clarke, 1808)。专利案件的第一次汇编是 J. Davies, *A Collection of the Most Important Cases* (1816)。除了这些文本和案件汇编外,还出现了一系列关于专利和相关事务的专业期刊。它们包括《专利发明全目录》(*Repertory of Patent Inventions*)、《吉尔技术宝库》(*Gill's Technological Repository*)、《伦敦技术与科学杂志》(*London Journal of Arts and Sciences*) 与《技工杂志》(*Mechanics' Magazine*)。

且根据提议的各个门类,具体说明可适用于它们的主要原则。[35] 虽然在那时所产生的著述跟当前的教科书也没有什么大的差别,它们的表述,就如同是在发现法律或者将之简化为相互协调的一组原则,但是,它们发挥了一种远甚于人们通常所承认的、更具创造性的作用。[36]

这些著作论文所显示的越来越强的重要性,各种各样进行法律改革的努力以及公共辩论,特别委员会和它们大量产生的报告,这些都对于专利法的出现发挥了它们的作用,但是,最重要的作用却是由司法机关作出的。[37] 由于受到科学共同体不断增强的专业影响,导致人们对科学技术的态度发生了改变[38],而法院受此变化

---

[35] J. Collier, *An Essay on the Law of Patents* (1803), vi—vii。有意思的是,他补充说,"塞尔登、柯克和培根这些当代杰出人士的渊博的法律知识,对于政治哲学家和法律考古学家来说,提供了丰富的趣味,但对于本作品的主要读者而言,则完全是过度剩余":同揭,xiii。

[36] 这些文本是由律师和专利代理人所写,他们常常涉入到法律的起草工作中。(其中最多产的一位作家和专利律师韦伯斯特[Webster]就起草了《修订授予发明专利之法律法》)戴维斯的《文摘》是"得以确定该主题的一份案件清单",在写作时尽可能地"避免使用我们自己的用语,而主要应当使用博学的法官的用语,来指称他们阐述其评论意见的案件":J. Davies, *A Collection of the Most Important Cases* (1816), 415。

[37] 卡普梅尔表明,"广泛地公布法院所作的现代[专利案件]判决……这在绝大部分来说,已经消除了所有有关专利财产确定性的怀疑":W. Carpmael, "Introductory Observations of the Law of Patents for Inventions"(1835), 70。另参见 E. Hulme, "Privy Council Law and Practice of Letters Patent for Inventions from the Restoration to 1794"(1917) 33 LQR 180。有关这一时期司法先例的变动性特征的一个概述,参见 J. Evans, "Change in the Doctrine of Precedent during the Nineteenth Century" 载 L. Goldstein 编, *Precedent in Law*(牛津:Clarendon, 1991), 35。

[38] 对此,参见 D. Miller, "Into the Valley of Darkness: Reflections on the Royal Society in the Eighteenth Century"(1989) 27 *History of Science* 155; C. Macleod, "The Paradoxes of Patenting: Invention and its Diffusion in 18th— and 19th— Century Britain, France and North America"(1991) *Technology and Culture* 905。"大体而言,采用节省劳力的机器是令人反感的,因为它损害了行业的利益,而这种反感成为早期偏见的一大特质。早期的这种偏见能在法庭上找到其最坚实的堡垒,但我们在今天却希望表明,这种偏见是完全没有根据的":J. Coryton, *A Treatise on the Law of Letters-Patent for the Sole Use of Inventions in the United Kingdom of England and Ireland: To which is Added a Summary of the Patent Laws in Force in the Principal Foreign States*(伦敦:H. Sweet, 1855), 54。

之促进,就帮助厘清了那些受保护之对象的范围和含义。[39] 更具体地说,以诸如 Boulton and Watt v. Bull 案[40]、Rv. Arkwright 案[41] 和 Hornblower v. Bull 案[42] 等早期判决为基础,法院明确了在何种范围内,原则、改进或者增加专利是可以获得专利的。在那个时期,最重要的司法干预也许是由 Crane v. Price 案所导致的,该案要解决的问题是,与所生产的物品截然不同的方法或者程序能否成为一项专利的有效主题。[43] 欣德马奇(Hindmarch)则进一步提出,直到 Crane v. Price 案的判决,专利权人才可以说对于法院就一种新制造品的方法所指的意思是相当明确的:即 1624 年《垄断法》允许授予专利的对象的定义。[44]

这些判决在越来越多的著作论文和专利法专业期刊中被人进行报道和讨论,并且由于专业的专利代理人的兴起而得到强

---

[39] 在 1650 至 1750 年间,几乎没有任何专利案件的报道。达顿(Dutton)估计,在 1770 至 1840 年间发生了 21 起案件,而 1840 至 1849 年之间则报道过 128 起案件。虽然在该统计上存在疑难,但他还是得出结论,认为"它们确实表明 19 世纪 30 年代末和 40 年代早期是一个转折点":H. Dutton, *The Patent System and Inventive Activity during the Industrial Revolution* 1750—1852 (曼彻斯特:曼彻斯特大学出版社,1984),71。霍尔兹沃思(Holdsworth)暗示着,在 18 世纪中期所发生的、将专利有效性的司法管辖由枢密院向普通法法院的转移,为奠定现代专利法的基础产生了深远影响。W. Holdsworth 爵士, *A History of English Law*,第 9 卷(第 4 版)(伦敦:Methuen and Co., 1936),426—430。

[40] (1795) 126 ER 651.

[41] (1785) 1 Web Pat Cas 64; Dav Pat Cas 61; Bull NP 76; 1 Carp Pat Cas 53.

[42] (1799) 101 ER 1285。报道员在 *Wood v. Zimmer* (1815) 171 ER 162 的注释中称,"从 *Bulton and Watt v. Bull* 案和 *Hornblower* 案这两起案件中,也许可以推导出几乎所有关于新发明专利主题的全部知识和法律"。

[43] (1842) 134 ER 239. 另参见 *Hill v. Thompson* (1818) 129 ER 427; *Morgan v. Seaward* (1836) 150 ER 874。

[44] W. Hindmarch, *Law and Practice of Letters Patent for Inventions* (伦敦:Stevens, 1848),84;《关于垄断以及摒弃刑法和由此产生之没收的法律》(An Act Concerning Monopolies and Dispensations with Penal Laws and Forfeitures Thereof) 21 Jac. I c. 3 (1624) [1624 年《垄断法》(Statute of Monopolies)]。

化,这些人理解法院的要求,也明白受保护对象的条件[45],而这些判决的结果就使得专利法的本质特征获得了更加明确的定义。韦伯斯特(Webster)抓住了这一情形,因为他在谈到自己于1839年所写的第一本关于专利法的著作时说,"与本来所设想的规模和特征相比,它都要小得多"。诚如其所言,这是因为"我发现,在许多方面,该法律的现状是非常不确定的,所以我认为,只能介绍那些带上评注的实践形式以及一个相当一般性的评论和原则纲要,否则就将显得不够慎重"。虽然在他的早期作品中,韦伯斯特发现该法律是不确定和模棱两可的,但到1849年,他却可以声称,"从新发生的许多案件来看,该法律在最近以来变得好多了。……我认为该法律的原则现在已经处理得相当不错"[46]——这个观点被那时的其他许多评论家一再重申。

尽管专利制度和王室特权之间的紧密关系使得专利法的改革变成了一个缓慢而复杂的过程,但是很明显,到19世纪50年代,现代专利法就开始被人认识,并且作为一个独立而明确的法律部门被提出来了。重要的是,在那时所形成的该法律带有许多显著特征,这些特征形成并且继续影响着专利法。虽然可以给出许多例子,但我们在这里还是只集中于这样一些特征上,它们所起的作用不仅是塑造了专利法,而且使专利法与知识产权法的其

---

[45] 关于专利代理人的发展,参见 H. Dutton, *The Patent System and Inventive Activity* (1984),第5章; D. Van Zyl Smit, "Professional Patent Agents and the Development of the English Patent System" (1985) 13 *International Journal of the Sociology of Law* 79; J. Harrison, "Some Patent Practitioners Associated with the Society of Arts, c. 1790—1840" (1982年7月) *Journal of the Royal Society of Arts* 497。直到19世纪伊始,"获取专利还主要是事务律师的业务之一,而为了得到专利授权,这些事务律师常常就得准备说明书。随着撰写说明书的专业人士的兴起,该业务的主体部分就转移到给其他人手了,不过,从19世纪60年代中期伦敦邮政局的人名地址簿中所列'专利和外观设计登记代理人'看,其中有六分之一的人同时也是事务律师":同揭,(pt. 3),670—671。

[46] 1849 *Report of the Committee Appointed by the Lords of the Treasure on the Signet and Privy Seal Office* 34 (Q. 720)。

他范畴划清了界线。

有助于将专利从其他保护形式中区别开来的第一个特征,是专利法所保护的对象,或者更准确地说,是形成了关于专利法应当保护什么的具体描绘。虽然人们承认,专利法已经扩展到包括一系列的发明(从琐细的发明到重大发明),但人们还是断言,专利保护应当给予那些更值得保护的发明。这就意味着,所谓的琐细发明,比如秤重计和万花筒,并不属于专利法范畴,不过,正如我们已经看到的那样,它们值得拥有它们自己的保护形式:亦即实用新型保护。[47]

尽管存在一种越来越强烈的感觉,认为专利应当留给那些更重要的发明,但是,与此种感受联结在一起的是这样的信念,即专利被指望着促进引入新的行业和制造品。例如,说到专利垄断的制定法依据,就是说它也许可以"合理地推断出,它并非指制造品,而是指制造行为,这看起来似乎经过深思熟虑。人们意图由它来促进的对象,是开创一种新的行业渠道,建立一个新的产业,使资本和劳动在一个新的方向上得到有益的应用"。[48] 专利是授予给产品本身的创造或者生产的,而外观设计则以制造品的存

---

[47] 专利保护应当保留给那些更加值得保护的发明,这种信念由于与科学(区别于技术和制造品)相关的专利协会的不断壮大而得到了强化。反过来,这也起到了在专利和外观设计之间加强区分的作用。在 19 世纪 20、30 年代所提议的改革,主要是由那些生计直接受到现有专利影响的人所推动的:发明人、制造商、工程师、律师和专利代理人。不过,在 19 世纪 30、40 年代,那些对改革抱有兴趣的人扩大到包括了"科学绅士们"(gentlemen of science)(比如汉弗莱·戴维[Humphrey Davy]爵士、查尔斯·巴比奇[Charles Babbage] 和戴维·布鲁斯特[David Brewster]);这些人处于中上阶层,其共同的兴趣在于促进科学活动和使之专业化。参见 M. Coulter, *Property in Ideas* (1991),37。这种情况由于这样的担心英国即将失去其自称的"科学领先"的地位而更显巩固:J. Morrell 与 A. Thackray, *Gentlemen of Science*: *Early Years of the British Association for the Advancement of Science* (牛津:Clarendon 出版社,1981),3—12。这些变化反映在这样的事实中,即在 1841 年,获得专利的发明仅仅被包含在皇家学会所颁授的奖励中:J. Harrison, "Some Patent Practitioners" (1982), 671。

[48] W. Spence, "Patents as Channels of Industry" (1868) *TNAPSS* 256。

在为预设前提和必要条件:从这个意义上讲,外观设计就是派生的和第二位的(derivative and secondary)。这不仅强化了专利与外观设计的分离,它还导致外观设计法服从于那个被认为更重要和更优先的专利法。[49] 专利的顺位优先于外观设计,这种看法形成了这样的错误观念,即专利法先于并且塑造了外观设计法,并且它还因为一种被许多评论者用来解释该法律的进化历史观而受到了强化。[50]

二、著作权法的固定化

从许多方面看,促进和影响著作权法作为一个独特并且为人所承认的法律范畴于19世纪中叶出现的,正是那些在外观设计和专利上起作用的相同因素:法学教科书的发展[51],进行立法改

---

[49] "[1842和8143年的]《外观设计著作权法》可以说假定制造品是旧有的,是在已知的或者现有的制造品上采用某种新颖或者独创的产品设计":T. Webster, *The Subject Matter of Letters Patent* (1851), 83。"一项外观设计不可能是发明权的对象,因为虽然它是新的,但并不是一种新的技术,也不是一种应用技术,或者生产制造品或者可销售产品的技术;相反地,它只是某一技术的产物,或者是应用某一美术作品、艺术设计而产生的,而这是一种老的或者众所周知的技术":W. Hindmarch, *Law and Practice of Letters Patent for Inventions* (1848), 101。另参见R. Macfie, "The Law of Patents for Inventions" (1858) *TNAPSS* 147。

[50] "在本国,这种保护的进程历经三个时期或者阶段,它们是:在第一阶段,制造品本身,以及用于生产所需产品的方法或者物质组合成为仅有的保护对象;在第二阶段或者说一个更高级的阶段,当人的基本需求和短缺在某种程度上获得满足之后,其注意力就开始转向对外观设计的鼓励上,借此而使这样生产的产品可能以某种具有视觉愉悦感的形式或者外形呈现出来;在第三阶段,保护扩展至那些附属于实用性的形状结构,它们区别于那些装饰性的形状结构;从而可以说,外观设计就被添加进来了,而它又不具有它所应用或者体现的制造品的本质特征":T. Webster, *The Subject Matter of Letters Patent* (1815), iv。

[51] 尽管法学著述和教科书在著作权法的形成过程中发挥了一种重要作用,但它们在这里似乎没有在其他法律领域中那么重要。比较A. Simpson, "The Rise and Fall of the Legal Treatise" (1987), 273。

革的意图[52]以及不断增强的对一种更理性和更有组织的法律制度的期望，这些都在这一转变过程中发挥着它们的作用，即从作为可适用于许多创作类别的复制权(right to copy)，到作为一个独特和分离的法律领域的"著作权法"(Law of Copyright)。[53] 尽管有着这些相同之处，但我们在此处所要集中讨论的，却是它们之间的一个重大差别，具体表现是，英国与其他欧洲国家之间在19世纪40、50年代缔结的双边协定而在这一过程中所发挥的作用。虽然它们只是作为其后所产生的更重要的多边公约(亦即1886年《伯尔尼国际著作权公约》[Berne International Copyright Convention])的先驱者，从而常常被人们抛弃了[54]，但是可以认为，双边条约以及围绕它们所进行的谈判，在我们所承继著作权法的形成过程中发挥了一种明显的作用。

就该法律领域在18、19世纪所发生的许多变化而言，国际著作权保护的想法最初是由法国人提议的。[55] "知识财产应当穿越国界和水域，但仍然是财产"，这种信念很快被英国的作家和出

---

[52] "我提议让著作权法统一化，适用于所有的图书和艺术作品，确保所有人对于每一作品享有同样的保护期，采用一个登记计划和一个转让模式"：S. Talfourd (1837年5月18日) 38 Hansard col. 871。参见 C. Seville, "Principle or Pragmatism? The Framing of the 1842 Copyright Act" (哲学博士论文，剑桥大学，1996)。

[53] 虽然在此之前就常常使用"copyright"(或者 copy-right)这一术语，但是，由此假定该术语是以一种前后一致和有意义的方式而得到使用的，或者它是指一个独特的法律领域，那都是不准确的：在那时还没有任何"Copyright Law"。

[54] 这种态度被概括在拉达斯的评论中，他在关于双边公约、条约和协定的那一章最后指出，"由许多不同国家在1883年之前就保护工业产权缔结的双边公约，其最终结果并不重要"：S. Ladas, *Patents, Trademarks, and Related Rights: National and International Protection*, 第1卷 (马萨诸塞，坎布里奇：哈佛大学出版社，1975), 54。

[55] 1832年，议会接到报告称，"英国和法国之间已就政府和议会文件进行了一次交换"：Spring Rice (1832年7月30日) 14 *Hansard* col. 897。正如法国代表康特·莫莱(Count Mole)所说的，"确实应当在[英国]和法国之间达成某种协议，以便补救因法国图书在英国的重印以及英国图书在法国的重印而造成的不便"。英国外交部报告称，"该问题提交给适当的部门，并且这个问题引起了那么多的重要因素，所以政府必须对此迟延作出明确的意见。法国大使求询相关的议会法"：1836年11月22日，FO/27/518 No.207。

版商所采纳。[56] 虽然还偶尔关注盗版作品对于文学作品质量的影响[57]，并且广泛地接受了这样的观念，即由这些条约所促进的文学信息的自由交换是符合人们意愿的，但是，英国提倡国际著作权背后的主要动机，却是为了保护英国的利益（它不仅及于联合王国，还包括其殖民地和英联邦自治领）。[58] 更具体地说，国际保护的需求是源于这样的事实，即尽管海外对英国文学作品的兴趣与日俱增，但英国人的作品在外国司法管辖区域却并不受保护：在那时，大多数国家的文学财产权保护仅及于在该国发表的

---

[56] J. Fraser, *Handy-Book of Patent and Copyright Law*（伦敦：Sampson 公司，1860），223。"1851 年欧洲通过《国际著作权条约》(International Copyright Treaties) 达成一致意见，知识财产可以跨越边界和水域，而仍然属于财产"。1837 年 4 月，（贸易委员会的）Le Marchant 向（外交部的）Backhouse 报告，他已经收到"以本国最杰出的一些作家和主要出版商之名提交的、理由充分的抗议书，称由于缺乏一部国际著作权法，文学作品的利益受到了严重影响"。贸易委员会已经发现这些抗议书是有相当依据的，这确实属于"要求政府进行积极干预的一种情形"。贸易委员会注意到，这项议题已经在法国、普鲁士和美国政府的考虑之中，如果进行谈判，成功的可能性很大。因此，建议帕默斯顿（Palmerston）向相关方发出提议，因为"如果迟于推进如此重要的目标，来促进那些为提高我国国家特色作出如此重大贡献的文学家和科学家们的道德地位和应得权利，那么就将与我国的身份地位不相适应"。而且，帕默斯顿的此番动作必将有助于"扩大和巩固国与国之间的友谊，使各自人民中最具智慧、最有影响力的阶层减少偏见，增进认同"。贸易委员会将文件呈交帕默斯顿勋爵，并请求他"缔结任何会对本信函所提及之目的产生影响的一般性协议"：1837 年 4 月 14 日，FO/27/551。关于谈判的历史，参见 FO/27/860。

[57] 在布鲁塞尔的重印常常过于草率，以致"发生了许多严重的印刷错误，而公众则被淹没在这些出错的版本中"：1837 年 4 月 14 日，FO/27/551。Lytton Bulwer 向 Poulett Thompson 提交有关国际著作权的文件，称这样一部法律"在事实上将为英国文学所带来的正面影响，将大于任何政府在任何时期而为作者所赋予的好处"，同揭。关于国际盗版（尤其是在法国）的难题，参见 Lytton Bulwer（1837 年 12 月 14 日）39 *Hansard* col. 1091。

[58] "作者及其出版商由于国外印刷的盗版制品而遭受的不平，在最近几年内大为增加，但目前他们没有任何权力来保护他们自己对付这种罪恶勾当，阻止因此而给他们造成的损失。由某一流行作家所写的每个作品，几乎同时在法国、德国和美国大量重印，而现在这样做要快捷得多，而且费用更少，通常小于承担着著作权成本的原版所能供应的价格的八分之一。Walter Scott 爵士，Byron 勋爵，Messrs Robert Southy, Thomas More, Thomas Campbell, Rogers, Milman, Hallam, Wordsworth, Bulwers, James, Chamier, Monyatt, The Countess Blessington, 并且事实上大多数流行作家都被巴黎的[盗版出版商]Galignani 与 Bardens 这样重印和再次销售了"：1837 年 4 月 11 日，FO/27/551。

本国国民的作品。[59] 这就意味着,虽然一个英国作者能够在联合王国获得著作权保护,但到了比如说普鲁士或者美国,却并不存在任何同等的保护,来阻止对其作品的盗版。简言之,正是由于这样的事实,即英国的作品在联合王国之外可能被盗版而不予惩罚,从而导致了英国人的一种越来越强烈的失落感,促成了这样一种运动,去找到某种方法以便在其他国家保护英国作品。

对于英国来说,有利于达致这一目标的方法就是与其他利益相关的国家订立协议,相互保护对方国民的文学财产。这些条约"所依据的是这样的原则,即扩展对外国作者作品的保护,其保护程度等于各国分别对其本国作者的作品所提供的保护"。[60] 最初,为确保互惠保护而提出的机制是建立一个多边条约。[61] 不过,尽管人们对此方法具有某种兴趣,但它最终还是被否决了。正如那时人们所说的,这是由于这样的信念,即不可能"让这样一部建立在我们自己的著作权法原则之上的一般法(general law)获得通过,因为不同国家著作权法之间的差异太大了"。[62] 更具体而言,为什么以一部多边条约而作为建立国际著作权保护方法的选择性方案最终遭到否决了呢?其原因可能追溯到这样的观念,即,正如文学作品被认为反映了一国的特征,著作权法也反映了

---

[59] 在那时的英国,对于由英国制定法所提供的著作权保护的方式和范围,存在着某种不确定性。例如,Talfourd 在 1837 年称,"如果最近一份关于音乐作品著作权的判决被认为是正确的,则国际著作权的原则就已经在这里得到承认了":S. Talfourd (1837 年 5 月 18 日) 38 *Hansard* col. 878。关于外国人能否在英国得到著作权保护(无论其是否系英国国民)的问题,对该问题的一个详细考察,参见 Brougham 勋爵, *Jefferys v. Boosey* (1854) 10 ER 681 (讨论了如下案件中彼此冲突的判决:*Tonson v. Collins* (1760) 96 ER 180; *Bach v. Longman* (1777) 98 ER 1274; *Chappell v. Purday* (1845) 153 ER 491; *Delondre v. Shaw* (1828) 57 ER 777; *Bentley v Foster* (1839) 59 ER 641)。

[60] 威斯特摩兰伯爵(Earl of Westmorland),1843 年 1 月 25 日,FO/64/244。

[61] 谈到英国作家致美国国会的正式请愿书,其中提到,"英国政府也应当帮助致力于形成一套重要的国际法制度,以保护在所有欧洲国家和在美国的文学财产,并使其确信,这样的结果将有益于所有国家的作者,以及一般性的文学利益":FO 27/551。

[62] P. Thompson (1838 年 3 月 20 日) 41 *Hansard* col. 1110。

该法所运行其间的该国家的特征。同样地，通过形成一个条约，从而以单一形式超越各个提议成员国之间存在的全部差异并把它们联合起来，也被认为是非常困难的。由于正视这些困难，结果就是否定了建立一个多边条约的计划，转而选择更为灵活的双边协定，这是英王国政府在具体情况下所能够同意的。最终，1838 年《国际著作权法》（International Copyright Act）获得了通过。[63] 它规定，女王陛下有权命令，在外国出版图书的作者享有进行印刷的专门的自由权，以及在英联邦自治领范围内印刷该图书的专有权。就这样，它打开了建立双边著作权协定的道路。

无一例外，所有以 1838 年法为依据来缔结协定的谈判都失败了。[64] 对此的简单解释就是，由 1838 年《国际著作权法》所提供的保护，相比于英国希望与之发展互惠保护的国家所施行的等同条款，都要窄得多。其结果就如同法国人在回应 19 世纪 40 年代早期提出讨论的英法之间的条约时所说的，"这些条款的效果将是专门使英国人受益"。[65]

到了 1843 年，早期英国人谈判底气中的傲慢自大被一种保护英国利益的新愿望所取代。这导致 1844 年通过了《修订与国际著作权相关法律法》（Act to Amend the Law Relating to International Copyright），它就废止并且取代了 1838 年法。这项新法律授权女王陛下以枢密令（Order in Council）的形式，对于首次在某一外国发表之图书或者美术作品的作者给予保护。不过，除非相关外国亦给予对等保护，否则不得作出任何这样的命令。1844 年的《国际著作权法》允许对外国作者的文学作品和美术作品给予著作权保护，这就包括了图书、戏剧作品、音乐作品、素描、油

---

[63]《在某些案件中保护作者之国际著作权利益法》（1838 An Act for Securing to Authors in Certain Cases the Benefit of International Copyright) 1 & 2 Vict. c. 59 (1838 年《国际著作权法》)。

[64] 在与法国进行初次讨论后，会谈计划在柏林、布鲁塞尔、华盛顿和海牙举行：1837 年 9 月 30 日，BT/1/337。

[65] J. Bergue 关于英法谈判进程所作的备忘录：1849 年 12 月 19 日，FO/27/860。

画、雕塑、版画、平版画以及任何其他文学或者美术作品。1844年法区别于1838年法之处,既在于所保护的对象(早先的法律专门集中于文学财产),也在于可用来管理和实施这些权利的机制。[66] 它之区别于1838年法,还在于它成功地被英国政府用来与许多国家缔结著作权公约。特别是,以1844年《国际著作权法》为基础而分别与以下国家和地区缔结了条约,即与普鲁士(1846年和1855年)、萨克森(1846年)、不伦瑞克(1847年)、图林根联盟(1847年)、汉诺威(1847年)、奥尔登堡(1847年)、法国(1851年)、安哈特—德骚与安哈特—伯恩堡(1853年)、汉堡(1853年和1855年)、比利时(1854年和1855年)、西班牙(1857年)、撒丁岛(1860年)以及黑森州的达姆施塔特(1861年)。

虽然1838年和1844年的《国际著作权法》对于建立一个国际著作权保护制度起到了某种核心作用,并且对它们自己所规定的权利也至关重要,但是,我们在此处的兴趣却落在这些法律和围绕它们所进行的谈判与条约对于联合王国国内法的影响上。[67]

三、重塑国内法

所谓的国际著作权法,其首要和最明显的后果就在于,它们导致了国内法的直接变革。这是由如下事实所导致的结果,即进行这些谈判是"假定两国之间的权宜方便(expediency)取决于每一缔约方分别从中所获取利益的精确而细致的平等(precise and

---

[66] 1844年法纠正了1838年《国际著作权法》,后者的另一个难题是它未能使女王政府把保护扩张至海外制作的印花和版画。

[67] 著作权法发展的另一个贡献因素是关于王室著作权的问题。正如有人所说,"这一点恐怕毋庸多言,要不是从帝国宪法中所产生的困难,[英国]《著作权法》在很早之前就已经改了":"Copyright Law Reform"(1910) 216 *Quarterly Review* 486。

minute equality)"[68]。这就意味着在一个条约能够最终完成之前,必须确保在这两个国家所能得到的保护是实质性相同的。[69]因此,以下这些方面就变得很重要了,不仅英国法承担着要跟联合王国所希望与之缔结协定的国家具有某种形式类似的义务,而且,它们所提供的利益也要实质性相同。

由于英国所给予的保护与其他国家所提供的保护相比,其范围和有效性往往不够宽泛,而降低保护水平又从来不在考虑之列,因此,就不得不修改英国法,以便带来一种"法律上的接近"。[70] 我们可以从1846年英国—普鲁士条约(Anglo-Prussian treaty)中看到双边协定对于国内法的影响。为了在联合王国与普鲁士之间达成一个条约,最初的讨论开始于19世纪30年代中期。不过,到1840年,普鲁士政府决定中断与英国的谈判,因为它"考虑到从[1838年《国际著作权法》]中所预期的互惠只是一种表面上的互惠"[71],原因是根据1838年普鲁士《保护与科学和艺术作品相关的财产以反对假冒和仿冒法》(Law for the Protection of Property in Respect to Works of Science and of Arts against Counterfeiting and Imitation)[72]所提供的保护,远大于在英国所能得到的保护。普鲁士提供的更大保护,表现为以下三个因素:它包含了"比在英国更多的客体种类……而且保护期限更长";"就侵犯著作权案件获得救济手段而言,在前者国家要比在后者国家容易得多";再有,对于进口到英国的图书比对那些进口到普鲁士

---

[68] 1843年1月25日,FO/64/242;着重号是后加的。
[69] "人们想要的是,无论著作权法可能如何变化,它应当尽可能地在所有英语国家内保持相同,并且应当在所有这些国家扩张至全部的作者,而不作区分。依此方法,作者就将获得最大可能的市场":T. Farrer, "The Principle of Copyright" (1878) 24 *Fortnightly Review* 850。
[70] FO/64/242.
[71] 1843年1月25日,FO/64/244。
[72] 1837年12月18日柏林公布。1838年1月15日英译,BT/1/337, No. 6169/32a。

的图书征收了更高的关税。[73]

尽管存在着广泛的反对意见,但是到1843年,英国代表还是能够向普鲁士政府报告,联合王国的法律"已经进行了重大变革,这将对目前在英国享有权利的文学财产产生实质性地增强保护的效果"。[74] 特别是,英国政府可以说,作为1842年《著作权法》的一个结果,它是对此表示满意的,即它"能够向普鲁士政府宣布,就保护期限而言,在英国法上已经发生了更动,而这对于目前享有权利的文学财产来说,将具有一种实质性扩大其保护的效果"。[75] 对于就侵犯著作权的行为以及救济手段的强制执行所提出的反对意见,则被1844年《国际著作权法》所引起的变化以及海关条例的变化所矫正。[76] 对于因为1838年《国际著作权法》所保护对象的范围过窄而发出的抱怨,则随着1844年《国际著作权法》的通过而得到了解决,该法在文学作品之外扩大了受保护的作品种类[77],还

---

[73] Earl of Westmorland,1843年1月25日,FO/64/244。普鲁士的图书商在被征询有关"提议中的与大不列颠的协议时,要求以与在印花上的税收同样的方式降低向大不列颠的图书进口税,而且他们对此赋予了重要意义,它将特别用来照顾到德国人民[原文如此]对于该设计中的条约的感情,该条约对某些私人利益会有所损害":同揭。

[74] FO/64/242. 附有最近一届会议的法律副本(5 & 6 Vict. c. 45,1842年7月1日;5 & 6 Vict. c. 47,1842年7月9日)。Westmorland勋爵要求把注意力"放在有关本国海盗版本的最新的《海关法》第23—25条。他希望这将足以就文学财产达成一种共识":同揭。自从早期立法以来,"国际著作权的形势已经发生了实质性改变";1852年3月15日,BT/1/491/343/52。

[75] FO/64/241.

[76] 《著作权法修订法》(An Act to Amend the Law of Copyright) 5 & 6 Vict. c. 45(1842年《著作权法》)第17条允许销毁在进口时截获的盗版图书。在1845年发言时,皮尔称,"普鲁士方面指责我国的著作权法存在缺陷,从而应当修改。自那时以来,修订著作权法的两个法案已在议会通过,消除了普鲁士人所提出的反对意见";R. Peel,"International Copyright"(1845)77 Hansard col. 1043。

[77] 即便随着国际著作权的扩展,在1844年包括了艺术作品,但英国所关注的主要还是文学作品。

包括了"美术作品"。[78] 但它并没有顾及这样的事实,即在那时,美术作品根据英国的国内法是不受保护的。[79] 接下来,关于对进口到英国的图书降低征收关税的要求,双方也达成了一致意见,并且作出了相应的修改。

由于这些变化,英国的谈判者能够声称,"两国之间已经做到了相互接近,对此,女王政府相信将产生这样的效果,使普鲁士政府较少反对达成一份协定"。[80] 尽管英国外交部经常宣称,在英国法上所发生的变化就是为了安抚普鲁士的反对意见,但难以确定这在多大程度上确实如此。当然,在国内的进程中,很少有证据来支持这一点。不过很清楚,普鲁士的反对意见确实起到了一种警示作用,使英国外交部并进而使贸易委员会和英国议会意识到国内法上的不足,并提供了进行变革的替代性方案。虽然除此之外难以确定英国—普鲁士协定对于英国国内法所产生的确切影响,但是,在与1851《英法条约》(Anglo-French Treaty)相关的情形中,我们能够更为容易地确定由双边条约所衍生的结果。该条约在许多方面与联合王国所缔结的其他条约相同,但是,它的不同之处在于,它宣称在该等权利存在于英国国内法之前,就对文学作品的翻译提供互惠性保护。虽然还不能够确定,国内法的变化是否系普鲁士的反对意见所带来的一个结果,但以下这一点却是确凿无疑的,即翻译权于1851年被引入英国法之中,就是为了使国内法与先行存在的英法著作权条约相

---

[78] FO/64/241. 与1838年《国际著作权法》不同,1844年法考虑到了1833年《修订有关戏剧文学财产法律法》(An Act to Amend the Laws Relating to Dramatic Literary Property)3 & 4 Wm. IV c. 15(1833年《戏剧财产法》[Dramatic Property Act])。

[79] 王室的司法官员向贸易委员会建议,除某些例外,美术作品并不受著作权国内法的保护:"就我能够了解的情况而言,有关图画的著作权法是令人怀疑的。我无法找到任何这样的法律,它在我得到任何人的绘画时禁止我对之予以复制":1847年4月16日,BT/1/502/402。

[80] FO/64/242.

符合。[81]

很明显,双边条约影响了国内著作权法的发展,但这并不表明英国法是受普鲁士或者法国政府命令的[82];毋宁说,在这些情况下,英国政府更加关注的是对英国海外利益的保护,并因此订立条约,而不是其国内法的命运。英国政府愿意修改国内法的程度,依发生争议的市场的本质和被盗版英国作品(通常是图书)的数量而有所不同。[83] 例如,在以英语所写的图书(区别于比如说在俄罗斯的翻译作品)或者英国的印花或者外观设计很少存在利益的情况下,人们就更多地关注对英国法的保护。相反地,在就盗版图书市场具有更大利益的情形中,比如在法国和普鲁士,则国内法的命运就较少得到优先考虑了。[84]

---

[81] 《使女王陛下得以实行与法国缔结之著作权公约,扩张和解释国际著作权法,以及解释有关版画著作权法律法》(1852)。

[82] 人们称法国人制定了比利时的著作权法。关于这一点,参见 P. Geller, "Legal Transplants in International Copyright: Some Problems of Method" (1994) 13 *University of California at Los Angeles Pacific Basin Law Journal* 200。

[83] 例如,在俄罗斯,"对英国版画、其他艺术作品或者陶器材料、纸张等的外观设计进行复制,在任何程度上都不值得注意;艺术家和制造商主要采用更为公众所偏爱的法国式样"。罗伯特 J. 金(Robert J. King,在莫斯科)致内皮尔(Napier)的信,1861 年 8 月 5 日,BT/1/556/1092/61。另参见内皮尔(在圣彼得堡)致约翰·拉塞尔(John Russell)的信,1861 年 6 月 4 日,FO/65/576 No. 166 以及"Report on English Book Trade in St Petersburg",萨维尔·拉姆利(Saville Lumley)致内皮尔的信,1861 年 8 月 12 日,FO/65/578/296。

[84] 同样的实用主义动机也在与法国的条约谈判中起着作用。"他们的来信总是迫切要求缔结条约,以达到对于本国来说具有重要意义的目标,阻止法国人对于英国作品的盗版重印;而为了实现这一点,他们经常在那些非实质性或者与他们的主要目标不相容的方面作出让步":J. Bergue 的备忘录,1849 年 12 月 19 日,FO/27/860。这种摒弃原则的意愿还可以从普鲁士的条约中找到。有报道称,"通过与英国订立条约,柏林政府明显地承认了外国作者所主张权利的正义性,[但]它尚未同意与法国达成同样的条约,对于普鲁士人来说,便宜的法国图书(例如,对布鲁塞尔和莱比锡的盗版)比同样出自于不合法来源的英国作品更为其喜好所需":"A Few Words on International Copyright" (1852) 95 *Edinburgh Review* 148。

四、著作权法的自我形象

国际著作权法的这些突袭所带来的一个结果,就是在国内法上的直接变化,与之伴随而来的,则是在该法律的语法和逻辑上所发生的一种更重要的变化:在该法律的表述和反映方法上的一个转换。重要的是,在今天仍然发挥作用的,正是这种逻辑或者它的一个变换形式。18 世纪和 19 世纪早期的法律主要是一种向后看的(backward-looking)、按对象而具体化的(subject-specific)的法律,它趋于对具体(有时是细微)的问题作出回答,但在 19 世纪 50、60 年代形成的著作权法则是一个抽象法(abstract law),它涵盖了"在最广泛意义上的全部文学作品和美术作品"。[85] 而且,除了是抽象法之外,著作权法还是一部前瞻性的(forward-looking)法律:它用这种方法来表述,从而容纳新的对象种类,"在这些创作产物(productions)上,现在或者之后的法律……就给予其各自主体以著作权"。[86] 从一个反应性、具体的法律向着一个抽象的和前瞻性法律转换,其间所发生的,就是在法律本体性地位上的一种变化,"从实践层面所掌握的语言模式,经

---

[85] BT/1/476/3065. 文学的定义中包括了戏剧作品和音乐作品。反过来,"一幅图画的著作权被理解为就是允许将其雕版印制和向公之于众的权利。在一幅图画上的著作权,或者允许抑或禁止它以复制件方式公之于众的权利,是优先于和区别于在它的任何特定复制件或者雕版制品上的著作权的。这就是所谓的表达性作品的艺术家和图画所有人……的意思":1850 年 9 月 18 日,FO/27/889(致 BT)。关于在条约用语上的谨慎之处,一般性参见英国外交部致诺曼比(Normanby)勋爵的信,1851 年 11 月 10 日,FO/27/897。到 1855 年,英国法对于作为一个抽象范畴的"艺术品"的保护就已经相当完善地确立起来了,以至于当其他条约中缺乏与之等同的条款时,就会被人看做是它们的一大缺陷。对此,参见人们对于如下建议所提出的批评,该建议认为,保护范围仅限于"科学和文学作品"(œuvres scientifiques et littéraires)的荷兰—法国条约,应当被采用为英国—荷兰条约的模式:"英国条约的范围广于荷兰和法国之间的条约":霍巴特(Hobart)勋爵致坦南特(Tennent)勋爵的信,1858 年 11 月 24 日,BT/1/548/1741。

[86] BT/1/476/3065.

由作为一种法律活动的法典化工作,而转变为一部法典、一套语法"。[87] 这种转换标志着现代著作权法律制度在联合王国形成过程中的一个重要阶段。通过这种变化,我们看到,不仅著作权法被贴上了一个标签,而且它开始呈现出一种被法律内外人士所普遍承认的身份。这可以从评论家越来越多地采用如下方法而表现出来,即他们开始有意义地、持续地把"我们的"著作权法作为一个独特的、分离的实体加以讨论。[88] 与此相关的事实是,至少在公开的层面上,这个领域的法律第一次变成内省的(self-reflexive)了:它变得关心自身,关心它所采取的形式以及它向世界所呈现的形象了。[89]

  还有许多与双边协定相关的不同因素,在帮助促进著作权法的固定化。其中最重要的一个因素也许就是,在回应就"著作权法的现状而提出一份准确可靠的报告"这一要求时[90],英国方面就必须对著作权法(作为区别于以往所被认为的保护复制权的特定形式)加以思考和概念化,并且确认这个抽象范畴所包含和排除的对象。人们若写作一篇论文或者一本教科书,就要求法律简化为书面形式并且因此而采取某种特定格式,同样地,为了就国际著作权条约进行谈判,也必须知道诸如什么是著作权法,其最低保护标准是什么,以及一位来自普鲁士或者萨克森的书商可能预期该法律在伦敦或者格拉斯哥究竟是什么样的。简言之,国际著作权条约是以国内法的表述为前提条件,并且是必须的。为了确定两国的法律是否彼此等同,就不仅需要对该法律的内容有明确的了解,而且同样重要的是,它们的表述必须是明确和稳定的。

---

[87] 参见边码第62页,注1。

[88] 在回复一封俄罗斯要求与英国缔结跟俄罗斯和法国同样的条约的来信时,英国外交部称,"这与英国著作权法存在分歧":外交部致内皮尔勋爵的信,1861年7月24日,FO/65/572,No.134。

[89] 这一点由于在法律出版业上的合并而得到了加强,法律出版业对于建立法律文本进而著作权法的恰当形式产生了某种作用。

[90] 1837年1月13日,FO/27/538,"其中包含了一份关于英国保护文学财产的法律现状的备忘录"。

同样地，尽管对于国内法的本质特征存在着大量的混淆之处，但在就著作权双边条约进行谈判时，这种不确定性却是被忽略不计的，或者也许更准确地说，是被解决了的。[91]

除了帮助促进著作权法的固定化，双边条约还在该法律所采取特定形式的形成过程中发挥了作用。著作权法的抽象性，部分地产生于对著作权制度进行沟通的需要，产生于用以进行沟通的标准化语言的压力。[92] 这是因为，为了确定在两国之间所能获得的保护是否彼此等同，就必须找到使此项评价得以进行的一个基础，即一个公约数。而且，还必须发现某种机制，以使谈判者能够超越国家特征而向前推进，而这些特征被认为约束着相关国家著作权法的个性。通过确保一个沟通和交换的基本水平，法典化和抽象化的过程就满足了这些需求。为了对此过程有所帮助，还需要使法律标准化和统一。为此目的，还常常要求起草的条约简单、明确和准确。[93] 复言之，我们所看到的是对法律所采取形式的关注；法律所感兴趣的是其外形。与这种高度的内省性（self-reflexivity）联合在一起的，是不断增强的对调整智力劳动的法律予以合理化和整理的期望。由于法国仍然起着一种示范作用[94]，就存在着一种需求，要求法律变得尽可能地简单、统一和

---

[91] 1837年，厄尔·格兰维尔（Earl Granville）致信英国外交部，并由外交部转交法国政府，其中他提到，"我因此呈交阁下一份照会的副本，这是我向德布尔格奈（M. de Bourguenay）正式提出的，其中包含6份议会法的复制件和一份关于英国保护文学财产的法律现状的备忘录。我必须通知阁下注意向Count Mole要一份准确而可信的关于法国著作权法适用于本国公民和外国人之现状的报告，将此信息反馈，以便提供给M. de Bourguenay。女王政府就两国政府之间举行谈判的提议仍在进一步考虑中"；1837年1月13日，FO/27/538。

[92] 一般性参见Earl of Westmorland，1843年1月25日，FO/64/244。

[93] Duchy of Brogher致帕默斯顿（Palmerston）勋爵，1847年10月26日，BT/1/476/3065。

[94] 参见第3章，注53；第5章，注32。

准确。[95] 复杂的制度就是证据，表明其所依据的原理似是而非[96]，以此为前提条件再来考虑，就经常会产生这样的企图，合并和减少该法律的复杂性——这一趋势又由于那时在英国所发生的针对法律法典化(legal codification)的更加一般性的运动而得到了强化。[97]

另一个因素与在条约谈判过程中的困难，以及由此所涉及的时间、费用和延宕有关，它解释了在那时所形成著作权法的抽象性和前瞻性特征，以及为什么正是条约，被认为"从理论上扩展了两个国家的法律在现在和将来给予其各自国民以著作权"。[98] 一个抽象的、前瞻性法律所具有的优点在于，它减少了当一个新对象在某一特定的条约国受到保护时，需要重开谈判的可能性。

著作权模式的抽象性和前瞻性特征，还可以通过谈判得以进行的宪法架构而得到解释。更具体地说，它源于这样的事实，即虽然英国外交部和贸易委员会负责国际著作权条约，但它们却无权修改先前存在的司法或者立法安排。这就导致了一个两难选择。一方面，为了确保所缔结的条约能够涵盖那些可能在将来需要保护的作品，从而避免对这些条约重开谈判的必要，因此，英国政府就面临着压力，要使法律变得面向将来和具有抽象性。同时，很明确的是，外交部缺乏这样的权限，可以在根据现有国内法所提供的范围之外扩张保护范围。英国政府对于这个两难选择的回应是，对外交部的谈判范围不设定任何限制。毋宁说，它假装在国际协定中所采用的国内法概念就是对英国法的准确表述。这就没有顾及这样一种明确的共识，即在国际条约中所使用和结

---

[95] 基于此，有人提出，"这是用来说明专利所凭借原则不合理的证据之一，即为了维护它，就特别需要一个复杂的法律制度和立法机制"：W. Hawes, "On the Economical Effects of the Patent Laws"(1863) *TNAPSS* 831。

[96] 同上揭。

[97] 对此最好的例子，可见于詹姆斯·菲茨詹姆斯·斯蒂文(James Fitzjames Stephen)爵士对于著作权法法典化的意图，它附录于1878年《著作权王室专员报告》(*Report of the Royal Commissioners on Copyright*)。

[98] BT/1/476/3065。

合的特定的著作权法概念,并不同于在那时的英国法,有时甚至存在着明显的差异:最显著的是有关给予美术作品[99]和翻译的保护,以及在有关执法措施上。[100] 这种佯装的中立被突出表现在帕默斯顿(Palmerston)就起草著作权条约而发表的评论上,他认为其重要之处在于"避免产生这样一种假定,即政府用权力改变了由议会所确定的给它自己的权限,或者控制了由法院所进行的程序"。[101] 由于这样做显然是不可能的,所以,如下事实就避免了由变革法律的愿望所带来的紧张,即把各种不同的制定法和司法安排结合到"艺术和文学"(art and literature)这个抽象范畴中的这个过程,被描述为只是"对现有法律的说明"。[102] 所有这些都发生——正如所称的那样——在一个从按对象而具体化的立法(它主要是对个别问题的事后[post hoc]反应)向一个前瞻性的抽象法律领域的转换过程中,后者能够把新的创造种类纳入其中,这是一个将那些已经默含于制定法和相关司法裁判中的对象予以显现的过程:议会和法院已经有此意图,只是未予明说而已。因此,英国政府就能够主张(至少对其自己),既然它们并不是在创制法律,而只是以一种不同的形式重述法律,所以国际条约就没有产生任何的宪法问题。

虽然抽象化和归类的过程被表述为一个中立的事件,即它只是对现有法律的说明[103],但它显然也是一项涉及取舍的创造性

---

[99] 参见前揭78。
[100] 王室司法官员(多德森[Dodson]、科伯恩[Cockburn]和伍德[Wood])致信帕默斯顿,向他提出建议:"政府无权执行有关税务的第10条",它"不能在条约有效期内约束议会不要提高税率,也不能要求议会对另一国家的减少必须适用于法国":1851年12月13日,BT/1/484/1342/51。
[101] 帕默斯顿勋爵(外交部致贸易委员会信),1850年9月18日,FO/27;着重号是后加的。
[102] 同上揭。
[103] 这种中立思想由于19世纪下半叶发展起来的美学不可知论和对司法的担忧而变得更加严重,但它仍然是当代知识产权法的一个核心特征。

任务。[104] 特别是,当它决定著作权所保护的不仅是文学作品,而且包括美术作品时,该法律就开始体现出一种针对创造性的特定考量方法了。[105] 尽管在事实上,外观设计保护就像对图书、版画、雕塑和纺织品,以及对发明和其他实用对象所提供的保护那样,是一种禁止复制的权利(一种复制权[copy-right]),但是,当人们将其拼合成一幅精准的法律图景时[106],外观设计的对象就与制造品和实用品对象一起,都从著作权法的权利范围中被排除出去了。与在法国的情况不同,并且与许多评论者的观点相反,在此时开始在联合王国出现的著作权的抽象模式,是"专门与文学和艺术作品相关的"。相反地,"式样、外观设计和制造品的标记"是"被留给另一独特的制度安排来加以调整的"。[107] 该法律采用了可以被称作"文学统一性"(unity-of-literature)的方法(亦即,它在表面看来保护了所有的文学作品,而不管其质量如何),它给人的感觉是未能或者不愿采用一种"艺术统一性"(unity-of-art)的方法。我们可以从中看到,这是第一次出现这样的制度性理念,认为著作权法保护的是文学和艺术作品,但排除了外观设计:这个特征还在继续影响着当代知识产权法的形态。

在19世纪发展起来的著作权法模式还具有另一个重要而持

---

[104] 也存在这样的情形,贸易委员会承认它在把某一特定的著作权观点优先于其他观点时起到了某种作用。参见,对 M. Girgot 来信的回复,1846 年 2 月 16 日,BT/1/476/3065。
[105] 反过来,这反映了法律对于著作权法所保护作品的价值和本质特征的态度。
[106] 参见前揭[90]。
[107] 参见"A Few Words on International Copyright"(1852),151。法律在这方面的态度明确,表现在帕默斯顿勋爵对外交部所起草的一个著作权条约所作的修改。"'composer'一词来代替'inventors and designers',因为后者似乎更适用于在本国由《专利法》和《外观设计登记法》来保护的制造品和实用产品,而不适用于文学作品和美术作品,但诚如[条约第 1 条]明确规定,公约所意图适用的就只是这些作品":1851 年 12 月 13 日,BT/1/484/1342/51。外交部对贸易委员会向它递交的一个公约草案作出修改,"删去'design'一语,代之以'drawing'":1849 年 12 月 31 日,FO/27/860/1069。另参见 1850 年 4 月 29 日,FO/27/887(贸易委员会致阿丁顿[Addington])。

久的特征,即它开始体现了关于著作权并不属于贸易和商业范围的信念[108]——这个观念在当今关于图书并不属于制造品的思想中还可以找到回响。尽管在文学财产和对纸张收取进口关税之间,以及更一般而言,在著作权和出版业之间存在着明显的联系,但著作权的非商业性观念仍然占据主导地位。人们对文学财产和艺术财产所采取的态度,与对待专利和外观设计所采取的方法之间形成了显著的对比,从中可以看到,后者是与商业和贸易具有明显关联的。[109] 著作权的非商业性观念与专利、外观设计和商标的商业性本质特征之间所存在的对比关系,还反映在这样的事实中,即专利和外观设计被置于《自由、商业和航运条约》(Treaties of Freedom, Commerce and Navigation)中,而著作权则被保留在另外单独的条约中。在19世纪后期,随着《巴黎公约》和《伯尔尼公约》的通过,在国际知识产权法中所发生的分歧又强化了这种状况。著作权作品应当以一种非商业性眼光视之,这可以从19世纪40年代就提议中的《英国—普鲁士著作权条约》而发生的意见交换中,看到这种浪漫想法的制度表现。在回答普鲁士人关于"在双方各自所给予的可商销性利益(merchantable benefits)的救济方面,应当存在着精确而细致的平等"的主张(亦即图书的成本应当是相同的)时,麦格雷戈(MacGregor)就提出,把

---

[108] 专利制度"相比著作权而更加关注贸易,不过,著作权占据着更高的地位,它如果采纳一项错误的原则,就会影响到比商业目标更高的目标":R. Macfie, 载 Macfie 编, *Copyright and Patents for Inventions: Pleas and Plans*, 第1卷(爱丁堡:T. and T. Clarke, 1879), vi。"一台机器,一俟做成,它本身就是一个交易的对象,并因而是财产……应当受到限制。相反地,一个文学作品的复制件就只是以其机械排版作为交易的对象":*A Vindication* (1762), 11—12。

[109] 著作权与外观设计之间差异的特征,明显地在于它们根据1703年11月9日《议会议事规则》(Standing Order) (14 CJ 211)而受到不同待遇,该规则的引入是为了替代大贸易委员会,并在1772年4月9日进行了更新(33 HCJ 678),其中规定,任何影响到贸易或者商业的法案均须向整个议会的某个委员会提出。外观设计法案会影响到贸易,从而必须向整个议会提出,但该规则并不适用于"著作权"法案,因为这些法案最多只会"间接地"对贸易产生影响:(1840年2月19日) 52 *Hansard* col. 402。

一个主要是道德性的问题与贸易问题等同起来是错误的。他意图把著作权从商业贸易范围中抽取出来并将之放入一个道德架构内,他说:

> 尽管预见到了一项保护文学财产的协议会对双方当事人带来直接的收益,但[普鲁士人]并没有认识到,如上所述的诱惑是唯一对他们的思想有影响的因素。复制权是(或者在普鲁士人的眼里看来就是)财产的一个种类,并且与其他描述相比,在对它所划定的范围内,人们享有该法律保护的全部收益并不见得会更少;虽然从某些方面看,它可能更易于受到侵犯,但是,对该权利赋予决定性力量的道德构成,从表面看来却似乎无论如何不会因此受到损害。……相反地,盗版是抢劫的一种,阁下同样预见到,从文明国家的方面看,他们将找到一种处理办法,阻止和弃绝这种行为,而无需详细计算他们这一方在金钱收益程度,即可能从该盗版产物的分配和流通中获取四分之一左右的金钱利益。[110]

麦格雷戈的这些评论是有益的。考虑到该对象与商业交易之间存在着并将继续存在明显的关联,该评论抓住了通常用来看待著作权的非商业性和浪漫主义视角,以及由于采用此种视角之结果而存在的紧张。

与著作权法的非商业性观念联系在一起的,是这样的想法,即著作权法所保护的作品是文化的、独一无二的和地方性的。复言之,它与专利(并且在较低程度上也与外观设计)法的对象形成了对比,后者是技术的、中性的和普适的。更具体而言,人们有这样一种信念,认为那些落入国际著作权条约的对象(亦即文学、

---

[110] 麦格雷戈致坎宁勋爵,1842年10月14日,FO/64/241。麦格雷戈把有关普鲁士和英国的讽刺漫画倒了个。各位大人"最急切的是把国际著作权问题完全与其他不那么令人满意的问题脱开,以显示两国政府的渴望联合起来,为文学事业提供一种重要的服务,即便它们在商业观点上很遗憾是互不相同的";1842年10月30日,麦格雷戈致坎宁勋爵。

戏剧和美术作品)是与创作出这些对象的各国文化紧密相关的。根据这种信念,并且更为一般而言,通过使国际著作权的对象等同于著作权的对象,有人就提出,各成员国的著作权法就像它们所保护的作品那样,与所争议的各个国家的文化有着不可避免的联系。在翻译权实际上并未存在的那一时期,地方化的著作权概念由于这样的事实而受到了强化,即本地语言充当着文学作品交流的一个障碍,并且同样阻碍了著作权法发生明显的迁移。[111]

五、著作权法的表述

很明显,在19世纪中叶所缔结的著作权双边协定是以一种国内法的概念为前提条件的。同样明显的是,在国际谈判中所表现出来的国内法的概念,并不是对那时法律的一种准确表述。不过,除了由这些条约所产生的直接变化外,著作权双边条约对于国内法的影响并不算明显。这可以部分地通过如下事实来解释,即双边条约是由英国外交部进行谈判的,而不是通常的法律渊源部门,亦即英国议会或者法院。[112] 更重要的是,为什么著作权条

---

[111] 亦即,市场所需求的书籍是受到该国家语言流行程度的限制的,至少从它作为文学财产受到保护而言就是如此。在这种意义上,评论家们所说的英国文本在俄罗斯所面临的问题,是因为英语还只是一个"外来客",而法语则已经"本土化了":Robert J. King, 1861年8月5日(从莫斯科致内皮尔勋爵信), BT/1/556/1092/61。以同样的方法,安德森探讨了捷克图书的有限市场需求(它只能由那些掌握了相应语言的人来阅读)和捷克汽车,后者可以为所有人使用: B. Anderson, *Imagined Communities*: *Reflections of the Origin and Spread of Nationalism* (伦敦:Verso, 1983), 34。为了强调外观设计的艺术性而非商业特征(并以此从更一般的意义上突出外观设计法的矛盾处境),外观设计登记官在1862年说,欧洲每一个国家的外观设计制度"都取决于其国民的感受和每个国家特定的思维模式,除非对一国特定的制度进行一番全面修改,并被其他国家完全(*in toto*)采用,否则,甭指望从任何局部的修改中获得满意的解决方案":1861年12月31日,BT/1/557/212/62。

[112] 这一点就反映在圣伦纳德(St Leonard)勋爵的评论中,"在就我们自己国内法的问题而作出决定时,却去考察国际法的状况,没有比这更不适当的了": *Jefferys v. Boosey* (1854) 10 ER 681。

约对于国内法的影响可能并不那么明显，其主要原因是与法律中所应用的认识论假定相关的（相同的主张也适用于对专利法所保护对象的"错误"观念上）。特别是，它可以追溯到这样的事实，即在法律上通常可以这样说，一种模式或者观念是对在此之外客观存在的某一事物的表述。因此，我们就期望在国际条约中所使用的著作权概念，表述了该国的国内法，否则的话，它就是不准确的，并因此而不具相关性。如果我们否定了这个迫使我们把注意力集中于著作权法实际保护对象（并且也忽略了把法律拟制从该法中清除出去的相关意图）的现实主义假定[113]，那么，我们就看到在双边协定中所使用的著作权概念，对于国内法的发展发挥了一种多么重大作用。特别是，如果我们把现实主义假定暂搁一边，我们就看到，这种模式预见并且可能创造了法律现实。也就是说，著作权法的概念并非就是它意图予以表述的东西的模式，而是为它们带来了一种模式。实际上，在双边协定中被当作是对国内法的准确描述而表述出来的法律（它们很明显并不是国内法），就变成了真正的法律，真正的拟制。在双边条约中作为联合王国著作权法的代表而获得表述和使用的概念，就开始作为一种准确的、至少部分准确的该法律之写照而被人接受了。在这种意义上，"错误的"写照变成了法律，或者至少成为该法律的一种有说服力和影响力的表述。

由19世纪缔结的双边协定所促，并进而在该法律的逻辑和语法上进行的重组，随之带来了许多其他的变化。在一般层面上，据称它所表述的观念和经验性现实，对以下诸点都产生了一种重大影响，即人们对著作权法期待什么，其界线应划在何处，并因此而如何取舍其范围。更具体地说，著作权的模式一旦被设想出来，就变成了一种支持改革的工具。特别是，国内法未能与英国的国际义务相匹配，这个事实就被用来作为支持改革该法律的

---

[113] 参见，例如 L. Patterson 与 S. Lindberg, *The Nature of Copyright: A Law of Users' Rights*（佐治亚州，阿森斯市：佐治亚大学出版社，1991），特别是第134—143页。

一个依据(这是过去二十年左右时间里,主张将著作人身权引入英国或者澳大利亚而采用过的一项策略)。国内法与国际法之间存在差距,就意味着英国法"在适用于那些与女王陛下订立了国际著作权公约的外国国民时,会导致不公平,原因就在于该等条约是以互惠原则为基础的"。[114] 例如,这种差距对于确保1862年《美术作品著作权法》(Fine Art Copyright Act)的通过起到了重要作用。[115]

著作权的概念也成了衡量改革的理想或者标准。[116] 例如,1862年《美术作品著作权法》为画家、手工艺人和摄影师们提供了保护,它就被描述为"迈向完成和完善艺术作品著作权议会立法系列的另一个、也是最重要的步骤"。[117] 所谓完善的状态,就是那些在国际著作权协定中已经被制度化了的著作权模式在国内得到体现。在19世纪余下的时间里被鼓动起来的许多改革,特别是,许多要把各种有关复制权的制定法合并起来的意图,就可以看做是对该模式进行法典化的意图。[118] 随着1911年《著作权法》的通过,从一种制定法的层面上来说,这一完善的过程在形

---

[114] (1858年3月26日)6 *Journal of the Society of Arts* 294。
[115] 《修订与美术作品著作权相关法律并遏制该作品之欺诈性生产销售法》(1862)。
[116] 斯克鲁顿的著作权法教材着手解决"一个理想的著作权所应当凭借的首要理念"——该著作权基本循用了在双边条约中所采纳的模式:T. Scrutton, *The Laws of Copyright: An Examination of the Principles which regulate Literary and Artistic Property in England and Other Countries*(伦敦:John Murray, 1883), 2。
[117] E. Underdown, *The Law of Artistic Copyright: The Engraving, Sculpture and Designs Acts, the International Copyright Act and the Artistic Copyright Act 1862*(伦敦:John Crockford, 1863), 5。
[118] 参见,例如,"Lord John Manners's Copyright Bill for Consolidating and Amending the Law relating to Copyright 1879"(1879年8月22日)27 *Journal of the Society of Arts* 879—880。

式上就完成了。[119] 除了一两个例外,自那时以来的大部分著作权法历史,已经在很大程度上变成了一个使该模式变得更精致和更稳固的过程,该模式的应用也变得越来越复杂和具体。

---

[119] 1911 年《著作权法》1 & 2 Geo. V c. 46（1911）。那时的法律"既不完整,又常常含糊不清",并且"受着不少于 22 个在 1735 至 1906 年间不同时期议会法律的指导;而对于这些法律,还应当添上许多殖民地立法,它们常常盲目地遵循英国法中最糟糕的先例。……新的《著作权法案》[后成为 1911 年《著作权法》]则对这些立法作了一次干净的清理,意图把它们置于一部统一的《著作权法》法典中,该法典在总体上根据合理大方的线索起草而成"："Copyright Law Reform"（1910）, 489。

第6章 完成架构

正如我们已经看到的那样，19世纪上半叶在现代知识产权法的发展中是一个特别重要的时期。这是一个形成时期，它见证了本法律领域的法律范畴和通常与之相关的许多特征的固定化。虽然自19世纪50年代以来，知识产权法就已经呈现出一种可以为现代眼光所承认的形式，但它仍然是一个脆弱而不稳定的存在：无论在此时期可能发生的变化发展是多么重要，它们都只是现代知识产权法形成过程中的一个最初步骤——它是一个直至本世纪*初犹未完成之过程的开端。事实上，直到对已有法律加以法典化和合理化的1911年《著作权法》通过之后，人们才可以有把握地宣称，这个显露出来的领域，转换成了一个获得确证的法律领域，知识产权法已经成为法律传统中一个稳固的组成部分。在本章中，我们的目标集中于这个合并和巩固的时期

---

* 指20世纪。——译注

(1860—1911年):在此时期,现代知识产权的范畴逐渐地、偶然地、但并不循着某一特定逻辑地开始呈现为一种制度现实。更具体而言,我们的注意力集中于这样的事实,即为了让这些法律标题(legal rubrics)取得它们现在的地位,作为反映了某种更高哲学秩序的自然范畴,就必然存在许多有待克服的障碍。[1] 这对于专利和著作权而言,尤其如此。

一、对专利的信任

虽然到19世纪中叶,著作权法和外观设计法就已经被广泛承认为一种实在机制,来保护有价值的和值得保护的对象,但是,专利制度仍然被人另眼相待。[2] 在经过一段善待专利的简短时期之后[3],最终产生了对专利制度的广泛怀疑。19世纪60年代,人们对专利的敌意达到顶峰,表现为要求取消专利制度。在那时有多方面的原因导致了人们对专利制度的合法性和有用性表示怀疑。在某种程度上,不断增强的对放任自由(laissez-faire)思想的支持以及其他国家发生的改革,都对反专利的主张火上浇油。[4] 导致对专利制度合理性产生怀疑的另一个因素,是登记程序的现状。虽然1852年《专利法修订法》(Patent Law Amend-

---

[1] 该过程既不是统一的,在不同范畴之间也互不一致,例如,外观设计早在知识产权法的其他领域之前就已经形成了。
[2] 麦克菲在议会详细讨论了有关取消专利的问题:R. Macfie, "Patents for Inventions" (1869年5月28日) 196 *Hansard* col. 888 及其后。
[3] "根据一位作者的观点,早期有关反对采用节省劳力的机器的偏见'在法庭上找到了它最坚实的堡垒',但是到19世纪30年代,这种偏见就几乎完全消失了:专利对于产业的发展还是有用、重要和必须的":J. Coryton, *A Treatise on the Law of Letters-Patent* (1855), 54。
[4] 在关于取决英国专利制度的争论中,有人引用了有关德国专利法的改革。参见,例如,"The Benefit of a Patent-Law" (1877年7月13日) 25 *Journal of the Society of Arts* 818。

ment Act)带来了大幅度的变化[5],但还是存在着许多登记上的问题;这些问题又由于下列情况而变得更为严重,即审查制度的低效率、专利说明书的不确定性[6]、在专利代理人和律师(patent agents and lawyers)之间就应当允许谁担任代理人来代表发明人获得专利而发生的争议[7]、以及对法律现状的广泛忽视[8]。由此造成的后果就是,由专利局所授予的专利在实践中却被认为毫无价值[9]。更为重要的是,它助长了这样一种情况,由此而使该制度无法获得人们的信任。

对专利制度缺乏信任的状况,又由于如下事实而变得愈加严重,即专利是受人蔑视的,它们仍然被认为属于由王室授予个人以特定行业的独家垄断经营特权的组成部分[10]。又由于把专利归入垄断,从而与公共产品相反,所以,专利被视为一种王室授权

---

[5] 虽然由于1852年《专利法修订法》,专利法已经大有改进,但它仍然是一个引起公众挑剔的议题。虽然一些批评可以归因于专利的快速发展,但公众对该制度的注意却是因为"埃德蒙兹事件"(Edmunds Affair)。专利局职员伦纳德·埃德蒙兹(Leonard Edmunds)因自1830年以来,不诚实地收取专利费而被认定有罪,该事件导致衡平法官韦斯特伯里(Westbury)辞职。

[6] 发明的说明书常常因为撰写方式而在解释它们时困难重重,并且很难确定当事人意图对该发明所主张之权利要求的特征和范围;1864 *Report of the Commissioners Appointed to Inquire into the Working of the Law Relating to Letters Patent for Inventions* x。另参见"Patents"(1859年1月)195 *Quarterly Review* 140—141。

[7] "理事会的注意力也转向那些招揽专利的人对专业人士业务的侵占,对于该问题,正在考虑适用某种适当的手段,以救其弊":(1848年5月30日)*Minute Book of the Law Society* 333。"理事会也注意到有一大批人,他们没有受过任何法律教育,也没有正式资格,却以代理人身份从事议会事务和招揽发明专利。理事会认为,这些重要的业务部门应当仅限于专利代理人和事务律师,他们已经在考虑采取措施,以望实现这一目标":"Encroachment on the Profession"(1851年6月19日)*Minute Book of the Law Society*。

[8] F. Campin, *Law of Patents for Inventions* (1869), 1.

[9] 这种状况在许多方面仍在继续,直到1905年引入审查制度。参见沃尔弗顿(Wolverton)勋爵(1902年11月7日)114 *Hansard* col. 1099及其后。

[10] 诚如一位评论家所言,"针对专利的偏见仍然存在,就当它们是从前滥用垄断特权的残留物,个人借此而从政府那里获得独占性经营某个特定行业的权利":"Art. V; Publications of the Honourable Commissioners of Patents"(1859年1月)105 *Quarterly Review* 137。另参见 C. Macleod, "The Paradoxes of Patenting" (1991), 885。

的产物,这种趋向就形成了改革的一块绊脚石。[11] 如果引入一种专利审查制度,该制度就将增加并且最终确实提高人们对专利制度的信任,但事实上,后来的政府却并不愿意引入这一制度,其原因之一就在于,它"可能推翻这个古老的理论,即一项专利是王室专门并且直接授予的具有某种价值的特权,而最终授予这些特权只是出于女王陛下之恩惠"。[12] 更具体而言,王室并无义务授予专利,它这样做只是作为对专利人的一种恩惠,这一事实就意味着,很少能够指望由代表该专利制度的利用者来对之作出改进:他们首先应当为王室屈尊授予其权利而感到幸运(荣幸)呢。

虽然对于专利制度存有敌意,但到 19 世纪 70 年代,人们对专利的态度还是开始发生改变了。正如 1877 年一位评论者所言,"就在若干年前,舆论的潮流还是断然反对专利法的……但现在产生了一种基本的舆论共识,即取消发明专利将对国家利益构成危害,尽管我们也应当改革与之相关的法律"。[13] 也就是说,

---

[11] 有关专利授权机构对专利权人不负责任的想法,是以该专利只带给他们好处而不附带义务的观念为依据的,它反映了这样的信念,即申请人以自己承担风险而被授予专利的。"他对于新颖性是自己承担风险,对于实用性是自己承担风险,对于使之成为一项有效专利的任何其他必要条件也是如此":John Imray(专利代理人学会前主席),1888 Report of the Committee Appointed by the Board of Trade to Inquire into the Duties, Organisation and Arrangements of the Patent Office under the Patents, Designs, and Trade Marks Act 1883, so far as Relates to Trade Marks and Designs 110 (Q. 1910)。

[12] H. Trueman Wood, "The Patents for Inventions Bill, 1877"(1877 年 3 月 9 日) 25 Journal of the Society of Arts 342。特鲁曼继续说道,"该理论就是,授予一份盖有英格兰国玺的专利证书是一种王室施以恩惠的特殊行为。实际上,第一个认为自己发明了永动装置(perpetual motion)的、专事制造奇思怪想的人(crotchermonger)就能得到证书,只要他愿意花上 25 英镑来换得这样的特权。专利局还有许多有待改革的地方;但这些改革是行政方面的,并不在立法方面。"

[13] L. Playfair, "On Patents and the New Patent Bill"(1877) 1 The Nineteenth Century 315. 1871—1872 年专利特别委员会的结论是,专利制度存在缺陷,但总体上仍然是值得的,而提议中的改革就包括了引入审查制度和特别咨议法庭(specially advised tribunal):1872 Report from the Select Committee on Letters Patent。有人主张,1871 年和 1872 年特别委员会"就终结了那种支持整体性取消发明保护的想法,而这种想法一度占据上风。以向委员会提交的证据为例可以看到,在整个国家出现了这样一种普遍感受,认为对发明给予保护是值得的":J. Hinde Palmer QC(1874 年 12 月 11 日) 23 Journal of the Society of Arts 76。

尽管专利制度需要改革,但它还是值得支持的,这一点得到了人们的广泛承认。有许多因素促成了这种态度的转变,而正是这种转变,导致了专利法在规范上的最终完成。在很大程度上,对专利及其制度的信任是一个渐进的过程,它随着人们重复的推动力以及由此产生的熟悉程度而与时俱增。更具体地说,文学财产争论有助于保证(和最终完成)著作权法的规范性地位,基于同样的方法,就专利有效性而发生的争论也有助于对专利制度的思想营造出公众信念。[14]

虽然关于是否需要专利制度的争论,对于改变人们看待专利制度的方式发挥了一种重要作用,但是,这种态度的转变却更多地取决于专利登记机关在其日常运行中所隐藏的同一性(integrity)和可预见性(predictability),正如它在这些知识争论上所起的作用那样。对于在19世纪下半叶缓慢发展起来的对登记程序的信任所作的投入,可以被看做在法律上的一个更广泛趋势的组成部分,但它也是作为如下事实的一个结果而出现的,即专利局所采用的政府部门程序得到了改进和完善。它包括引入按时间顺序和字母顺序编排的已授权专利的索引。[15] 另外一些变化也强化了向着一个更合理登记制度的转换,包括:把各个不同的专利局集中到一个大楼里,对专利局人员的工作职责具体化,明确他们的养老金安排,以及引入新的结算程序。

专利局及其活动的合理化程度之所以获得了提高,也是由于

---

[14] 虽然当事人之间在许多方面意见不一,但他们是在共同的基础上进行过招,并且有着相同的对进步的信仰以及功利主义的语言和逻辑。参见 M. Coulter, *Property in Ideas* (1991), 84。

[15] 时为大学学院机械学教授并在此后出任专利局长的伍德克罗夫特(Woodcroft)草拟了一份专利目录,后来将之卖给专利局,成为该局编制目录的基础。参见 1851 *Select Committee of the House of Lords Appointed to Consider the Bills for the Amendment of the Law Touching Letters Patent for Inventions* 486。关于伍德克罗夫特,参见 J. Hewish, *The Indefatigable Mr Woodcroft: The Legacy of Invention* (伦敦:不列颠图书馆,1983), 27。有人提出,"一个分析性和基础性登记制度"将变得"尽可能地完善":[并非首次提出]Symonds, "Summary of Proceedings" (1862), 887。

这样的事实,即专利代理人开始被承认为一个独立的职业团体[16],该团体于1882年成立[17],并于1894年获颁一纸王室特许执照(Royal Charter)。[18] 反过来,这些变化保证了对于专利代理人的监管方法给予更多的关注:该职业准入所必须的资格[19],专利代理人的工作范围以及他们的训练方法。[20] 对专利代理人越来越多的监管不仅导致了更明显的执业实践方式,而且有助于这些执业活动的标准化。结合起来看,这些变化确保了专利代理人日常处理的文件可以变得让人信赖。

如果与那时所发生的行政改革相结合,那么,这些变化就意味着,增加信任的不仅仅是在登记程序和该制度的实施者上,而且是在该程序所产生的结果上:即专利本身。由这种在专利上新建立的信任所带来的最重要结果之一,就是人们不再感到有必要对于专利局所授予之专利提出疑问了,至少不再像以前那样了。人们可以依赖于对该发明的书面描述,这个事实对于转变人们看

---

[16] 参见 J. Harrison, "Some Patent Practitioners" (1982), 494—498; 589—593; 670—674。坎平(Campin)在1848年宣称,那时只有大约10名专利代理人在伦敦工作:1849 *Report of the Committee Appointed by the Lords of the Treasury on the Signet and Privy Seal Office* 15 (Q. 368)。

[17] 关于专利代理人学会在1882年的组建,参见(1882年9月22日) 30 *Journal of the Society of Arts* 1014。

[18] 专利代理人学会的王室特许执照(1891年);1894 *Special Report from the Select Committee on the Patent Agents' Bill*。

[19] 考虑到该制度是注册制而非考试制,所以,对于专利代理人价值的信任,在很大程度上就取决于其执业实践活动的标准化。参见"General Notes: Patent Office"(1887年5月27日) 35 *Journal of the Society of Arts* 345。

[20] 虽然在19世纪下半叶,专利代理人的数量和他们在知识产权相关事务中的重要性发生了很大的提高,但人们还是认为,他们无论在行为还是能力上都较少受到过训练和控制:L. Edmunds, 见 1864 *Report on Letters Patent for Inventions* (1864) 33 (Q. 576)。1887年的报告推荐某种机制,确保专利代理人在其能够被委派从事业务之前须符合适当的资格条件,1887 *Report of the Committee Appointed by the Board of Trade to Inquire into the Duties, Organisation and Arrangements of the Patent Office under the Patents, Designs and Trade Marks Act 1883 Having Special Regard to the System of Examination of the Specifications which Accompany Applications for Patents now in Force under the Act*。进一步参见 J. Imray, 在1894 *Special Report from the Select Committee on the Patent Agents' Bill* 62 (Q. 968) 提供的证据。

待和评价专利制度的方法发挥了重要作用。

尽管在专利管理上增加的信任对于专利法规范性地位的改变起到了一种关键性作用,但支持改革的可能性却是从如下变迁中产生的,即专利从主要被看做一种国王授权或者王室特权的产物(它阻碍专利的改革),到被看做一种具体的法律(和行政)手段。这一进程最初是由 1851 年《发明保护法》(Protections of Inventions Act)推动的[21],作为一项临时措施,该法引入了发明的暂时性登记。同样的登记意图在以往却是遭到否定的,因为它们将篡夺王室的职能;但在当下之情形中,因为它只是一项临时措施,而且与君主制所支持的公共事件相联系,所以,该登记并不被认为构成威胁,得以继续试验下去。虽然它被意图当作一项临时措施,但登记程序所取得的成功却打开了进行更大幅度法制改革的大门。[22] 这些机会都被应用于 1852 年的《专利法修订法》中,该法改变了人们看待专利财产权的方式,即从王室特权的产物转变为政府行政管理的一个结果。[23] 正如托马斯·韦伯斯特(Thomas Webster)所言,之所以这样的原因在于,以前在专利上的财产权是从王室授予专利时开始产生的,但随着 1852 年法所引入的一种(更加)有效率的登记制度,在发明上的财产权就从申请日而非王室授权日开始了(亦即,它创设了在发明上的登记制财产)。[24]

---

[21] 《扩大 1850 年〈外观设计法〉之规定,对于在 1851 年万国工业成果展览会上展出新发明者给予保护法》(1851)。

[22] 参见 T. Webster, 1851 *Select Committee on Patents* 25(Q. 104)。

[23] 卡普梅尔(W. Carpmael)强调了这种变化,他告诉特别委员会,1851 年《专利法案》赋予专利局长这样的权力,"来决定授予专利证书所应当具备的条件",这样就"拿走了一部分王室的特权",而留给王室的就只是在它没有控制权的证书上签字而已;同上揭,第 311 页。这就没有顾及这样的事实,即 1852 年《专利法修订法》第 16 条规定,"在此处所包含的任何内容均不得扩张至、削减或者影响到王室在有关授予或者撤销授予任何专利证书之特权"。

[24] T. Webster, 1871 *Report from the Select Committee on Letters Patent* 44(Q. 544)。

二、著作权的法典化

虽然到19世纪50年代,无论对于著作权法所应当采取的形式,还是在诸如文学和艺术作品之类的东西上授予财产权系一种有价值的行为,人们对此都已经存在着一种广泛的共识,但是,在制定法层面上采纳那种在双边条约(以及其他)当中所形成的著作权模式,却是直到20世纪初的事儿。更确切地说,直到1911年《著作权法》(Copyright Act)的通过,在19世纪初期开始的这一进程才告结束。在这部著作权法获得通过之前,诚如蒙克斯韦尔勋爵(Lord Monkswell)所言,著作权处于"极度混乱中"。[25] 而且,他补充道,"自第一部关于著作权的制定法在安妮女王时期通过以来,著作权法就宛如某个邪恶魔鬼的玩弄对象,我们发现,目前的著作权法就包含在18个议会法律和一些不甚明了的普通法原则中"。[26] 王室著作权委员会(Royal Commissioners on Copyright)在其1878年的《报告》中为无数的改革者提出了辩护,它说:"对现有法律的一项研究所得出的初步观察结论是,与它的内容相区别的形式,在我们看来并不够好。该法在总体上缺乏任何编排,不够完整,常常模糊不清,并且因为必须经过长期研究才可能理解它,所以它在许多部分表达不清,以至于非经研究就别指望能够理解它"。[27] 委员们承认,著作权法所采取的形式是属于

---

[25] 蒙克斯韦尔(Monkswell)勋爵(1891年5月11日) 353 *Hansard* col. 438。
[26] 同上揭。
[27] 1878 *Report of the Royal Commissioners on Copyright* 第vii页,第7段。王室委员会补充道,"作为该法律根基的普通法原则从来就没有确定过。用来调整该对象的议会十四个法律都是在1735年至1875年间的不同时期通过的。他们采用了不同的风格,有些风格的采用就几乎是不可理喻的。不过,风格上的晦涩还只是这些法律的缺点之一。它们的编排常常比它们的风格更糟糕。……有关这一主题的法律应当被简化为一种清晰而有体系的形式。这可能受到了对该法律进行法典化的影响":同揭,第5—13段。

一个不同时代(前现代)的,因而要求改变该法律的形式。"与这一主题相关的法律应当被简化为一种清晰和系统的形式。这可能受到了对该法律进行法典化的影响,无论是采用詹姆斯·斯蒂芬爵士的《法学阶梯》(Digest)所呈现的形式,还是任何可能为人们所偏好的其他形式"。[28] 1911年的《著作权法》意在从混乱中带来某种秩序[29],就是力图回应这种需求。[30] 它做到这一点的方法,就是把以往的立法替换成"一个同质的(homogenous)《著作权法》法典,在总体上根据合理、宽大的标准起草"[31],借此把19世纪上半叶发展起来的著作权模式变得熨帖妥当。

是什么因素导致在制度上延迟采纳著作权法达五十年之久呢?当然,人们为了那个目标已经付出了艰辛的努力。事实上,在直到1911年《著作权法》通过为止的那段时期,其显著特征之一就是为修订、合并和简化著作权法付出了大量的努力。[32] 对于延迟改革的主要原因,可以追溯到帝国的著作权和更一般地讲

---

[28] 同上揭,第viii页,第13段。另参见T. Scrutton, *The Laws of Copyright* (1883), vi。这一批评被人重复指出,见1910 *Report of the Committee on the Law of Copyright* (the Gorrell Reoprt 1910),该报告表明,之所以前后不一致,特别是对不同作品的处理上互不一致,原因在于"该对象从来就没有被当作一个整体":巴克斯顿先生(Mr. Buxton,贸易委员会主席)(1911年4月7日)29 Hansard col. 2589。

[29] 1878 *Report of the Royal Commissioners on Copyright*,第viii页,第13段。

[30] 要求把该法律变得更加清晰和体系化的呼吁之一来自于海关官员,他们深受因各种不同法律规定而操作不便之苦,"它们中的一部分是相互冲突和矛盾的": F. Hamel, 1864 *Report from the Select Committee on the Copyright* (No. 2) Bill 7 (Q. 3)。

[31] "Copyright Law Reform" (1910), 489. 关于1911年《著作权法》的法典化特征,参见G. Robertson, *The Law of Copyright* (牛津:Clarendon, 1912), vi。

[32] 除了有8次企图对著作权法加以法典化(分别在1864、1878、1879、1881、1890、1898、1910和1911年),以及委任了许多的特别委员会,还有一些注意力放在了专门的领域中。例如,在艺术作品著作权的情形中,19世纪下半叶就引入了9个艺术作品著作权法案(分别在1868、1869、1882、1883、1884、1885、1886、1899、1900年),委任了5个立法委员会,并且产生了在法律期刊、折中主义的维多利亚杂志和日报上的大量文章。一般性参见A. Moffatt, "What is an Author?" (1900) 12 *Juridical Review* 217。

殖民地对于国内著作权法的影响[33]：这些因素在英国国内法的形成中起着一种重要作用。[34] 殖民地不断增强的敌意以及地方性野蛮法（feral law）的发展，使得英国政府越来越难以达到维持整个英帝国著作权立法统一性的目标。[35] 与其直面在帝国著作权会议（Imperial Copyright Conference）上所表现出来的愤怒[36]，或者在英帝国内制造出不一致，不列颠政府的反应还不如就是无所作为。[37] 事实上，正如1911年《著作权法》的一位评论者所言，"这也许没什么可多说的，要不是由于帝国宪法所导致的困难，《著作权法》应当早就得到改造了"。[38] 直到20世纪初期，随着英国对其帝国的控制开始渐趋式微，并且殖民地网络已经变得

---

[33] "在此之前的著作权问题，就引起了在我们自己和自治领（特别是加拿大）之间非常微妙的宪法问题，并且，与此问题相关的某种强制统一已经导致在母国和某些自治领之间产生了相当的困难，导致它变得无休无止，而且在某些情形中，我必须很遗憾地指出，引来了言词尖刻的回应"：巴克斯顿先生（贸易委员会主席）（1911年4月7日）23 Hansard col. 2589。更有说服力的是，巴克斯顿承认对殖民地"失去了某种控制"。虽然英国希望"在整个英帝国［就著作权］是统一的。……即便我们想要这么做，但是很清楚，无论在40年代的情况如何，至少在目前条件下，我们没有任何措施来行使这样的强制权"：同揭。

[34] 例如，1910年《著作权法案》的第23条是从澳大利亚法借鉴而来。参见，1910年12月12日，BT/209/477。

[35] "就整个大不列颠帝国的著作权来说，保持立法的统一性具有最重要的意义。主要国家之间就国际著作权在相当大程度上保持统一性和合理的可操作性，也是非常可取的"：贸易委员会致殖民部，1910年4月，BT/209/696。

[36] 时人认为，《1911年著作权法法案》"业经帝国著作权会议批准，在该法案未被削弱之前不得修改"：1910年12月12日，BT/209/477。

[37] 殖民地的敌意也使得联合王国难以实施《伯尔尼公约》。"加拿大就其与《伯尔尼公约》条款相关的地位表示不满，并且……已经提出要求，就这一点作出修改。如果我们在当前就此类主题与我们的殖民地进行讨论之际，修改或者合并该法律，那么我们就将大大增加已经存在的阻力，并大大增加在当前通过该法案的难度"：Lord Balfour of Burleigh（1891年5月11日）353 Hansard col. 452。只是随着殖民地法变得不再重要，《伯尔尼公约》才开始影响到英国的法律。为什么帝国的著作权比根据《伯尔尼公约》所建立起来的著作权更加重要呢？原因之一在于，英联邦是英国出版物的主要市场。对于这些问题的一个概述，参见 S. Nowell-Smith, *International Copyright Law and the Publisher in the Reign of Queen Victoria*（牛津：Clarendon 出版社，1968）。

[38] "Copyright Law Reform"（1910），486。

较为次要，英国政府才感到它拥有了改革其国内著作权法所需的自由。

三、合并和巩固

完成著作权法的障碍被克服了，与此同时，这些法律范畴也得到了合并和固定。部分来讲，这可以归因于这样的事实，即在19世纪中叶所出现的知识产权法模式渐渐地变得越来越具有刚性了。正如这些法律范畴成功地进入了国内的法律文化并且在其中占据主导地位那样，它们在法律条约和评论，在贸易委员会和外交部[39]，在图书馆和参考书目，以及在法律用语和制定法的架构中变得地位巩固了，从而很少再有调整和改动的余地。有许多因素加强了知识产权法各个范畴的固定化。例如，在著作权的情形中，国际协定所使用的著作权法概念就由于英国著作权法的概念映射给了世界而得到了强化。当世界转而与英国对话时，它这样做就期望获得一个特定的回应。这有助于在著作权法所描绘的概念方面，形成一个期待和信赖的循环。此外，一旦某个特定的条约成功地被用作与许多不同国家达成协议的模板（在英国的例子中，它就是盎格鲁—撒丁[Anglo-Sardinian]模式），则外交部除了这个条约的标准形式，就不愿意再以任何其他基础来进行谈判了，因为它担心这将导致就现有条约重开谈判的压力。当该模式在英联邦自治领和殖民地蔓延开来时，它就证明越来越难以再予改变了。著作权模式和更一般意义上的知识产权模式的僵化，又由于如下事实而提高了，即随着通过谈判达成的条约数量越来越多，联合王国在双边协定的网络中就有效地巩固了它的

---

[39] 关于贸易委员会，参见 E. Cohen, *The Growth of the British Civil Service 1780—1939*（伦敦：Allen 与 Unwin, 1941）; P. Hennessy, *Whitehall*（伦敦：Secker 与 Warburg, 1989）。

地位。[40]

在19世纪所形成的知识产权法概念,随着《伯尔尼公约》和《巴黎公约》的通过而获得了强化,这些公约标志着在该世纪早期所设计的逻辑达到了它的顶峰。另一个因素也在巩固这些法律范畴的过程中发挥了重要作用,并且还将继续发挥作用,即在19世纪80年代前后,知识产权法教科书就已经采用了它们的当前形式。这一点又由于这样的事实而被强化了,即在19世纪上半叶出版的还只有相对较少的教科书或者专门著述,而到1900年,就已经存在着大约813部作品(114个连续出版物和669本教科书),代表了在工业产权和著作权类别名下发表的大约1940卷作品[41],其中的绝大多数是按实质上相同的线索组织起来的。正如辛普森提醒我们的,一旦某一法律领域以这种方式而被体系化、组织起来和写作出来,那么,与之相联系的许多知识兴奋就消失了,而且,正如现代许多研究知识产权的作者所证实的,这样做的结果之一,就是后来"写作论文的作者被置于一个次要地位,只是去完成对相同材料进行重复工作或者使具体问题更加精致化的艰苦任务,而当该法律部门变得相对静止时,则尤其如此"。[42]

在整个19世纪下半叶所发生的法律范畴的最终形成,带来

---

[40] 这也是涉及与其他条约成员国的情形。例如,就提议中的《英俄条约》进行讨论时,内皮尔就报告称,他对代表俄罗斯参加谈判的戈特沙尔克(Gottschalk)王子说,"外国作者将被承认享有为该国国民所享有的全部权利,并且在一个适度的期限内对其作品的翻译享有一种权益"。内皮尔说,戈特法尔克王子"就此把我打住,并称他感到遗憾的是,他不能在翻译问题上提供哪怕是最低的希望。作者在[其]作品翻译上的权利是他有待深入考虑的一项原则,并且他已经在与法国的条约中拒绝采纳"。与法国的条约就成为他"为其他国家提供模式的基础,一旦它已经被建立起来,他就可能'很难'将它推翻了。他不可能推倒重来":内皮尔致拉塞尔勋爵,1861年8月26日,FO/65/578/274。另参见内皮尔致拉塞尔勋爵(对托尔斯泰[Tolstory]来信的评论),BT/1/556/1092/61。有人称,"改变那些已经与普鲁士和汉诺威达成一致的条款,是失策的":1850年9月18日,FO/27/889。

[41] HMSO, *Subject List of Works on the Laws of Industrial Property (Patents, Design and Trademarks) and Copyright*(伦敦:Darling and Son, 1900), 5。

[42] A. Simpson, "The Rise and Fall of the Legal Treatise" (1987), 315。

了方法上的正规化,即在研究对象和方法上的一种规范化和标准化。这就意味着,尽管有关知识产权的争论还在继续,但进行这些争论的背景却是,它们越来越具有许多广泛而共同的原则和理念。而且,随着知识产权法的外形结构开始得到确定,加上那么长时间地占据着该法律的问题也逐渐得到回答(或者受到忽略),人们的关注焦点就转而集中于具体问题上了。[43] 随着在知识产权范畴上的信任不断增强以及对改革的约束不断提高,越来越多的精力投入到那些同样重要但魅力远逊于此的关于知识产权法细节的一些问题上。虽然18世纪以及19世纪上半叶的评论者还在争论诸如无体财产的本质特征,在无体财产周围是否应当划定其界线以及如何划界等等问题,但接着这些问题而来的讨论,却是关于起草专利说明书时所使用纸张的大小和笔墨的颜色、使用专利局图书馆的人数与专利权人的性别比例之类的问题。[44]

随着法律范畴的进一步巩固,对细节的不断关注也提升了知识产权法作为一个专门学科的形象,而其实践者也因此需要更多的专门知识。[45] 由于许多关于该法律外形结构的问题得到了解

---

[43] 正如张伯伦(Chamberlain)先生所言,改革趋向于发生在"具体细节方面,而不再提出任何原则性问题":(1883年4月16日),278 *Hansard* col. 349。

[44] 我们看到,"在1898年,女子发明家的贡献是702项专利申请,或者占总申请数量的将近2.3%,其中,大约148件是与服装类产品相关的发明,106件发明是关于骑脚踏车的":"Patents, Designs and Trade Marks"(1898年6月), *The Chamber of Commerce Journal* 125(此处以专利、外观设计和商标局长的第15号报告为依据)。可以给出的细节还包括在专利局图书馆的读者人数。

[45] 这对于必须具备科学和商业知识的专利和商标来说,尤其如此。越来越强的专业性就用许多方式将自己表现出来。由于怀疑陪审团具有掌握在专利案件中所使用的科学事实的能力,这就导致人们要求取消陪审团审理。同样地,由于法官能否胜任也引来了怀疑,人们就提出了越来越多的呼吁,要求引入一种专门法院,就类似于海事法庭(它具有科学或者商业知识)。参见,例如,促进法律修订协会(Society for Promoting Amendment of the Law), *Annual Report 1860—1861* (伦敦:McCorquodale公司,1861),9。撰写专利的权利要求书,是另一个越来越需要具备法律专门知识的领域。戈德森在1833年就承认了这一点,他说:"对于一位科学工作者来说,如果没有律师的帮助,他就几乎不可能写出一份合适的说明书":R. Godson, "Law of Patents"(1833年2月19日)15 *Hansard* col. 974—948。

决(或者假定如此),这也使得该法律更加容易扩张,以容纳新的对象。因为新的对象种类总是会带来新的难题,所以在19世纪下半叶,该法律开始变成了现在为人熟知的模式,不论是在所提出的问题上,还是在回答这些问题时所采用的方法上。无论是美术作品、摄影作品、电影或者录音制品,人们对此的期望都是,该法律能够并且应当保护在技术或者文化创造上的新种类;唯一真实的问题在于,如何能够做到这样以及为达到这种保护而需要改变现有结构的哪些特征。基于这样的假定,即该法律架构已经完成和得到了适当定位,所以,尽管还偶尔需要作出调整,但该法律的首要任务已经变成,为使对象可为人知和可受保护,而提供必须的记录和登记手段。法律范畴的最终形成还对于在思考知识产权法时所采取的方法产生了某种影响。特别是,评论家们不再关注知识产权法的形成以及各个范畴之间彼此的关系,反而逐渐关注于确保这些范畴不被侵犯的问题;它们承担着看护边界的作用。而且,随着这些法律范畴越来越被人承认为既定事实,在评论者方面而言,他们只会投入很少的精力,再来探求或者理解这些范畴的本质特征。

第 7 章　知识产权法形态之解释

一、对无体财产的评价

在前几章中我们提出,智力劳动或者创造性劳动、脑力贡献而非体力支出,就担当着公约数的角色,它把那些在习惯上被当作知识产权法组成部分的法律领域联结起来了。在本章中,我们的目标在于解释,在更为一般的范畴内,专利、外观设计、著作权以及(最后)商标是如何被开辟出来,成为独特而具体的法律领域的,并解释其原因。尽管我们承认,法律运行其间的环境对于知识产权法的形成起到了重要的作用,但我们在此的关注焦点——与我们在探讨法律原则时主要关心的问题相一致——却是该法律内的那些因素,它们帮助形成了知识产权法最终所采取的特定形式。我们将表明,虽然许多当代的评论者让我们相信是那样的,但是,现代知识产权法的出现既不是自然的,也并非不可避免,它也不是一个用来说明该法律实现其适当之哲学地位的法律例。[1] 毋宁说,知识产权法分裂成它现在为人所熟知的范畴,是一系列复杂而不断变化的环境的产物。[2]

在解释那些有助于确定知识产权法形态的因素时,我们希望突出强调以下两个进一步的观点。首先,我们认为,知识产权法所呈现的形态以及解释该组织模式的方法,都受到其所保护的特定对象种类和解释该对象之方法的强烈影响。虽然我们承认有一系列因素在帮助决定知识产权法的形态,但如果说认识无体财产对象的方法是用来解释该等范畴所采取形态的关键性组织因素,那也的确与实际情况相去不远。同时,我们意图表明,知识产权法的对象本身所发挥的组织功能是随时而变的。我们希望,不仅要表明这些法律范畴的历史偶然性,而且要更加明确地突出知识产权法的非自然、非哲学的本质特性。

二、智力劳动的数量

在知识产权法的历史上,曾经出现过许多这样的意图,它们试图以所保护的对象来区分各种不同的知识财产种类;一个最早

---

[1] 对此的一个例子,参见 G. Dworkin, "Why are Registered Designs so Unpopular?" (1993年2月) *Intellectual Property Newsletter*: *Special Report* No. 8 1—2; J. Reichman, "Legal Hybrids between the Patent and Copyright Paradigms" 载 W. Korthals 等编, *Information Law Towards the 21st Century* (代芬特尔和波士顿: Kluwer, 1992), 357。相反地,我们对于这种观点有着更多共识,即"事实上,整个法律领域是连续的,因而,其界线的描绘在某种程度上就是武断的": H. Ludlow 与 H. Jenkins, *A Treatise on the Law of Trade-Marks and Trade-Names* (伦敦: William Maxwell and Son, 1877), 1。

[2] 例如,对于专利和著作权,有时就可以根据它们各自的贡献开始受到重视的速度而加以区分: Lord Lyttelton (1842年5月26日) 63 *Hansard* cols. 803—806。同样的理由还可用于解释对于专利和著作权之所以给予不同保护期限的合理性。它产生于这样的事实,正如伦敦主教所言,专利与"人类生活的日常使用"相关,它们被人确信能够在14年之内获得成功。不过,就智慧世界的生产量来说,人类思维的理解却要慢得多;同揭, col. 808。

也是最有意思的例子,就产生于文学财产争论的过程中。在检视这些例子之前,我们有必要先记住以下两点。第一,考虑到文学财产争论发生于现代知识产权法出现之前,因此,当我们就该争论对于现代知识产权法最终所采取形态而起的作用得出结论时,我们务必小心为之。第二,利用争议范畴的所谓理想上典型或有代表性的对象而在知识产权法的范畴之间作出区分,这是(并且仍然是)通常的做法。亦即,与其讨论在某一范畴内受保护的所有对象(这显然是不可能的),评论者毋宁采用那些被人们广泛接受为无体财产种类的典型例子来加以考察。例如在文学财产争论中,图书就被认为是文学财产的代表,而对专利来说,钟表和机器也起着相同的作用。

正如我们在此前所见,文学财产争论开启了关于永久性普通法文学财产的地位问题。[3] 提出来反对永久性普通法文学财产的最有说服力的一个主张,是把如下事实作为它的论证起点,即专利和文学财产同属于无体财产的种类,因此应当享受同等待遇。更具体地说,该观点提出,既然专利只被授予一段有限的时间(7 年或者 14 年),就没有任何理由要对文学财产给予任何不同于专利的待遇。有一位文学财产争论的评论者这样说道,"发明者的权利一般被认为在普通法上是站不住脚的,如果[文学财产的支持者们]承认作者处于相同的困境之中,那么他们就不可能支持作者关于其永久性复制权的主张"。[4]

文学财产的支持者因此发现自己处于这样一种立场,如果他们想要为永久性普通法文学财产设法举出一个看起来合理的情形,他们就必须能够解释文学财产是如何区别于专利的,换句话说,为什么应当给它以不同的待遇。《辩护》(*A Vindication*)一书的作者总结了这一主张,他说:"如果我们能够证实在[在专利和文学财产]之间存在着一种真正的差别,我们就将摧毁文学财产

---

[3] 参见第 1 章。
[4] W. Kenrick, *An Address* (1774), 6.

的反对者借以巩固它们自己的最坚固的堡垒。"[5]

虽然在今天来说,这个问题最可能通过以下方式回答,即把关注焦点集中于该财产是由于创作而自动取得的抑或是通过登记而产生的,或者根据所授予独占权的本质特征,但是,那时的文学财产支持者们采用的却是另一种不同的方法。他们主张,尽管这两者在许多方面是相似的,显著者如它们的无体性状态,但是,由文学财产和由专利所保护的"真实而特殊的财产",在本质特征上却是非常不同的,从而应当受到区别对待。[6] 而且,他们提出,因为文学财产"在总体上区别于任何其他由法律所承认的无体财产的权利"[7],所以能够合理地解释,为什么对文学财产和专利给予不同的保护形式。

为了强调在机器(专利)上的财产和在图书上的(文学财产)之间的差异,文学财产的支持者们就借助于当时所存在的关于创作(composition or creation)这个突出的概念。根据这个概念,思维就被看做是某种机械装置,它产生了一连串相互关联的概念和思想。这样的思想,是作家、技工和建筑师根据某一规划而借以装配其产品的材料。[8] 更为重要的是,根据这个计划,这些对象也被认为是可机械化的:它们可以被分解为基本元件,分解成它们所包含的不同数量的智力劳动和体力劳动。利用这种创作模式,文学财产的支持者们就持有这样一种立场,他们据此而能够让法律所承认的各种无体财产各具特征,并转而对它们加以区别。

为了回应乔舒亚·雷诺兹(Joshua Reynolds)关于"每一艺术

---

[5] *A Vindication* (1762), 8—9.

[6] W. Warburton, *A Letter from an Author* (1747), 8. 这"两类财产"之间的差异,被认为源于"在物品上的一个同样的差异;这可以从对作品不同特征的考察;以及行为人的不同观点中显现出来":同揭,第 8 页。

[7] *An Enquiry* (1762), 2—3.

[8] M. Rose, "The Author as Proprietor" (1994), 34. 另参见 M. Abrams, *The Mirror and the Lamp* (1953), 159—167。

品的价值和档次与其中所付出的智力劳动成比例"[9]的命题,文学财产的支持者们提出,不同的对象(并因此而是它们所代表的无体财产种类)可以根据它们所体现的智力劳动的数量来加以区别。更具体而言,带着这样的思想,即各种知识财产可以通过其中所体现的智力劳动的数量而加以区别——这反过来又可以追溯到洛克的思想,即当每一个人通过其劳动而对世界留下印记时,就形成了财产的起源——永久性普通法文学财产的支持者们就能够把各种不同的知识财产编排成一个完整的统一体(continuum),这取决于体现在典型对象上的智力劳动数量(或者其相对的重要性)。[10]

在该统一体的一端,存在着那些诸如器具之类的对象,它们主要被看做是手工劳动的产物,其中即使包含有任何智力劳动,也是极少的。[11] 在该范围内的另一端,文学财产的支持者们所放置的是诸如图书之类的对象。虽然这些支持者承认,图书与所有对象一样,必然也包含了某种程度的体力劳动,但他们认为,那个被看做"思维的真正产物"[12]的文学财产,其固有品质却在于其智力性因素。[13] 支持者们放在这两端之间的,就是由创造机器而产生出来的财产。器具被看做主要是由体力劳动所组成的,而图书主要是由于智力劳动,但因为机器(并因而专利)是由体力劳动和智力劳动的混合物所组成的,所以它被认为兼有器具和

---

[9] "随着这项原则得到遵守或者受到忽略,我们的职业就变成了要么是一种文学艺术,要么是一种机械行业。在一个人的手中,它得到了最好的体现,正如它被减缩成只是一件装饰物,一个油漆匠只有卑贱的工作范围,即我们的公寓装饰得雅致些":J. Reynolds, *Discourses on Art* (1771) (1959), Discourse IV, 57。

[10] 也许有关于此的最明显例子,就是 W. Warburton, *A Letter from an Author* (1747)。参见对它的批判性评论,*An Enquiry* (1762),第 22 页及以下。

[11] 有人提出,诸如器具之类的物品,其主要成本就是它所使用的材料:W. Warburton, *A Letter from an Author* (1747), 9。

[12] *An Enquiry* (1762), 1。

[13] W. Warburton, *A Letter from an Author* (1747), 8。"对于一本图书来说,其主要费用是作者所赋予的形式;这就是原始创作者唯一能够提供的":同揭,第 9 页。

图书的共同特征。[14]

尽管根据它们所体现的智力劳动的数量来看这些创造物的特征，就能够在文学财产和专利之间作出区分，但是，这只是支持者们所主张的第一部分。利用我们在之前所概括的创造模式[15]，支持者们提出，在最终产品中包含创造者的成分越多，该产品就越具有个性——亦即，对象越纯粹，并进而财产就越纯粹——从而，该财产被其他因素稀释(或者推翻)的可能性越小。[16] 在器具的情形中，它被看做是几乎完全排除了智力劳动的，因此人们主张该财产应当"被限定于所制作的个别事物中，如果其所有人认为并不适合将之掩藏起来，则其他人就可能在仿造它的过程中作出相同的东西；据此，他们就在各自所作出的体力劳动中获得了相同的财产"。[17] 也就是说，虽然支持者们同意财产权可以存在于作为有体物的器具上，但他们认为，如果考虑到器具被人看做是几乎完全排除了智力劳动的，则不应承认在这些对象的创造上存在着任何无体物的权利。[18] 虽然器具的非纯粹本质就意味着，它的制造并不产生任何无体物的财产权利，但支持者们还是主张，就文学财产而言，它尽可能地接近于一个完美的无体财产，并据此而不应受到外部因素的冲击。简言之，文学财产应当是永久性的。

文学作品上的财产具有纯粹的本质，这个概念就与感知有关机器创造上的财产的方法形成了鲜明的对比。虽然人们承认，机器是由智力劳动和体力劳动的混合物所组成的，正如在"机械发动机"上的财产被认为"在本质上具有体力工作的特性"，但有人就此提议，可以举出更具说服力的一个例子，以与器具相同的方

---

[14] 诚如沃伯顿所言，"在把人造的动产划分为两类，即智力性的和体力性的同时，我们有意遗漏了第三类，它拥有其他类别的共同之处，并具有复杂的特点：那就是专利的对象"：*A Letter from an Author* (1747)，13。

[15] 第2章。

[16] 比较 W. Kenrick, *An Address* (1774)，6。

[17] W. Warburton, *A Letter from an Author* (1747)，7—8。

[18] 这些论据的提出，是在该法律承认任何外观设计的价值之前。

式来对待机器(并因而专利)。[19] 也就是说,它意味着尽管可以举出这样一个例子,支持在物质对象上的财产权,但并没有任何这样的例子,来支持诸如机器或者钟表的生产。其原因在于,"就像一个普通器具那样",一台机器"必须在其能够使用之前就被作出来……它的材料就是主要成本;而……一个成功的仿造者则必须致力于最先发明人的思想上;这就是为什么该财产应当在每一台机器上就终止了的全部原因"。[20] 虽然这可能诱使人们以相同方式来看待机器上的财产与器具上的财产,但是,文学财产的支持者们同意,这样一个例子可能用来部分地承认在机器上的无体财产。这是"因为思维活动"被认为"与这些作品的生产过程具有非常密切的关系"[21],从而不能否定其中的智力性因素。同样地,虽然机器也主要是由体力劳动所组成的,但它还是包含了一定程度的智力劳动,而这是可以得到保护的。鉴于在机器上的财产具有的非纯粹性,意味着它们最多只是包含了一小部分的智力劳动,因此有人就提出,对待这样一个"不完全权利"(imperfect right)的唯一方法,就是给予一种暂时性授权。[22]

永久性普通法文学财产的支持者们就因此不仅能够根据在具有代表性的对象上所包含智力劳动的数量来区分法律保护的不同种类,而且能够根据它们相对的完全或者不完全程度来为不同的财产种类进行分级:从最完全的(文学财产)到具有部分非纯粹性的(专利),再到非纯粹的(器具)。考虑到这样的信念,即一个财产权的保护期限应当与其纯粹性成正比,所以,文学财产的支持者们就能够解释为什么专利和文学财产都属于无体财产

---

[19] W. Warburton, *A Letter from an Author* (1747), 13.

[20] 同上揭。

[21] 同上揭。

[22] 其原因在于,"由于思维活动被认为与这些产品的生产过程具有非常密切的关系,这些产品的动力受到了几何学正确应用的影响和调整,所以,在给予它们的发明人以垄断特许,亦即一定年限内的一种权利主张时,所有这些情况就同时发生了":W. Warburton, *A Letter from an Author* (1747), 13。

的种类,但专利只被授予 7 年(或者 14 年),而著作权却是永久性的。更具体而言,他们就能够主张,虽然专利和文学作品的著作权同属于无体财产的种类,但它们在"本质特征"上却是如此不同,从而应当对它们给予不同的保护。

该主张的一种变换形式,是将注意力更多地集中于被仿造或者复制的无体物上,而不是被保护财产的本质特征上。特别是有人主张,虽然重印一本图书可以与仿造或者复制一台发动机相比,但它们是非常不同的。其原因在于,"印制一本图书是一个纯粹的机械运动,一个人即使对其中的每个字都没看懂,也能够将它做完。反之,任何人如果他不了解该发动机,知道它所设定的目标及其运行所需的机械动力,就不可能将它复制"。[23] 即使仿冒者这一方不具有什么思想,也能够将一本图书复制出来,但是,对于钟表,却必须将其分解为零件,检查其机械装置,并且理解其运行模式。为仿造钟表,就必须对它进行反向工程,而复制一本图书则相对轻松,这一事实导致了若干后果。实际上,对发明进行反向工程的必要性,就为发明人提供了一段自然的领先时间(lead time),而这是在图书的情形中所没有的,这就使得对机器进行法律保护的重要性较次于图书的情形。进而言之,既然一项发明的主要成分被认为就是它的物质性成分,比如金属齿轮或者钟表的外形,所以,从经济上来说,复制一项发明就不如复制一本图书而进行盗版更为有利。这些事实上和经济上的差异就意味着,对图书所给予的保护期限有必要比对机器的更长。这一点由于如下事实而得到了强化,即正如复制一个文学作品是一个机械的过程,无需复制者理解该作品,所以,与复制一件发明所涉及的盗版行为相比,它被认为在知识和道德上都是一种更加具有冒犯

---

[23] Monboddo 勋爵, *Hinton v. Donaldson*(1773)*Decisions of the Court of Session*(1774),12。其结果就是,正如技工在复制产品时运用了他自己的技能和才智,所以,与对一本图书的单纯复制者不同,不应限制对该产品的使用。另参见 W. Warburton, *A Letter from an Author*(1747),10—12。

性的盗版行为,因为对发明的盗版至少还要求复制者理解该项发明,并且需要重新经历发明人所经历的创造过程。[24]

很明显,在文学财产争论过程中,根据代表性对象所体现的智力劳动的数量而来区别那时所可能获得的不同保护种类,这一做法起到了重要的作用。虽然这种推理模式在今天看来可能很陌生了,但是,以智力劳动作为一种组织方法却并不限于该时期,因为它在整个 18 世纪的其余时间里还继续被用作区分各种不同保护种类的方法,并且这种做法还被带入了 19 世纪。例如,在一种式样上所体现智力劳动的数量被认为少于在一本图书或者一只钟表上所包含的,人们在 19 世纪 40 年代就利用这一事实,将外观设计法从专利法和著作权法中区别出来了。特别是,由于外观设计受到其对象所发挥的功能及其有意供应的市场的限制[25],所以,有人认为它应当被视为一种不完全的财产形式。正

---

[24] 也有人认为,对一台机器的仿制只是生产了"一个相似物",而一本图书的复印者却是在生产一模一样的东西。诚如布莱克斯通所言,"风格和思想情感是一个文学作品的核心。只有这些因素才构成其独特身份。纸张油墨只是外在之物,它们就像交通工具一般,起着跨距离传输这些风格和思想情感的作用。因而,每一个复制件都属于同一个作品,无论复制件有 10 个还是 1 万个,如果传输的是相同的风格和思想情感,就是完全相同的作品,亦即由作者的发明和劳动所创作完成作品。但是,一台机械引擎的复制件,至多只是其他机械引擎的相似物,而相似物就一定不是完全相同的东西。它必定是由不同材料所组成,而且在制造技艺上或多或少要完善一些。……从而,在对事物的特征一起进行比较时,就存在着一种区别;而且,还存在着一种从公众的便利中产生的区别。机械发明趋向于改进那些利用了大量人力的技术和制造品;因此,它们应当变得产量更大和价格更便宜":W. Blackstone(担任律师), *Tonson v. Collins* (1760) 96 ER 189。

[25] 在某种程度上,所有作品都受到外部因素的约束;创造性受到约束的程度因所争议的作品类别不同而异。大家一般都同意,在艺术家和作家身上较少受到这些约束。相反地,设计师和发明家则受到功能性要求、市场需求以及自然规律的约束。例如,在设计一个细颈水瓶时,有人就主张:"重心必须放低,而底部要宽,以保持稳定;不过,一定的高度对于其外形来说是必不可少的。手的把握,以及倾倒或者灌注、清洗、堵塞的装置,都在调节着瓶颈;而外观设计,除了满足这些条件外,还必须在其材料上具有可应用性,即通过吹制一个模型就能完成其最初形状,并且可能通过砂轮磨制其表面":T. Turner, *Remarks on the Amendment of the Law of Patents* (1851), 2—3。另参见 C. O'Brien, *The British Manufacturers' Companion* (1795)。虽然那种认为艺术家和作家相比于设计师和发明家来说,其行为较少受到约束的观点,是经不起检验的,这样的断言不能经受住任何挑剔,但是很明显,从那时的教科书中可以看到,这种思想成为在著作权、外观设计和专利之间作出区分的依据。

如刘易斯·卢卡斯(Louis Lucas)1840 年向外观设计特别委员会作证时所言,"我不可能……认为对印花的外观设计可以类比于某一本图书、任何科学作品或者艺术作品的作者的情形,它在本质上而言太过琐细。其并非得益于印工一方;其得益于成千上万个为得到他们每天所需的面包而从事设计的人们"。[26] 另一份在数字上更加引人注目的证词,把设计者的贡献确定为一件制造品的 1/352[27];因此对外观设计的定位甚至远低于发明的标尺之下。[28] 这不仅有助于把外观设计法从专利和著作权中区别出来,而且,它还确立了外观设计的"拖油瓶"地位(step-child status)的根据,这一点在今天还不时可以看到。[29]

三、智力劳动的质量

虽然这种按照在典型对象中所体现智力劳动的数量而把知

---

[26] L. Lucas, 1840 *Select Committee on Designs* 351 (Q. 6018).

[27] 引自 T. Turner, *Remarks on the Amendment of the Law of Patents* (1851), 10。说到外观设计在服装产品上的作用,坦南特称,"这些材料价格更贵、更加耐用,而从其适用的用途来说,也更为长久和不易变形":E. Tennent (1841) 61 Hansard col. 672。

[28] 根据在每一范畴的理想的典型例子中所体现的智力劳动,来区分专利、著作权和外观设计,这种方法就接近于关于图书、式样和机器如何被生产出来的情景。在这一语境中尤其重要的是,生产过程的复杂性以及在此过程中与单纯的"生产者"(producers)相比较而言的"创造者"(creator)所作的相对输入。例如,为什么设计完成的纺织品被看做只是体现了一小部分的智力劳动,其原因之一就在于,在一个复杂的工厂生产过程中,该设计行为只被视为其中一个因素。与之相反,图书被看做主要是由智力劳动组成的,因为作家典型的表述就是他个人独自的努力。诚如特纳所言,在"较高的艺术种类(比如绘画和雕塑)中……每一件作品都是艺术家个人的",对于"在一家工厂里的"纺织品的外观设计而言,"洗漂工、印工、染工、雕工、设计师、调色师,有时在数量上高达 1000 人,都在同一屋顶下各司其职":T. Turner, *Remarks on the Amendment of the Law of Patents* (1851), 7。

[29] 对被保护对象特征的理解,也有助于将外观设计从专利和著作权中区分出来。外观设计法越来越强的附属形象,反映在这样的意见中,即外观设计"处于一个边界地带"。这是因为,它们"属于著作权的范围,但横跨了专利权的范围,要是你愿意,它们就直接与特定产品相关":R. Macfie,"The Patent Question"(1863), 821—822。

识财产各个范畴组织起来的方法,已经在将近一个世纪中几乎专门被用作解释该法律形态的方法,但是,在19世纪下半叶开始发生变化,使得这样的组织模式变得越来越重要。更具体而言,在19世纪60年代就是否应当取消专利制度而发生的争议过程中,这一点变得很清楚了,即对专利的理解已经发生变化,而这又对区分知识产权法各个范畴的方法产生了影响。

19世纪60年代专利争议的推进受到了政治经济学家们不断增强的影响[30],并且由罗伯特·麦克菲(Robert Macfie,利思家族[Leith]的下院议员,利物浦和苏格兰的糖类精炼厂主)所领导,该争议的焦点集中于专利制度究竟是否应当被取消上。[31]为了回应那些取消专利制度的呼吁,支持专利者就回答说,"如果我们取消了专利制度,就没有任何理由不把著作权法同样取消掉"(他们知道后者并未被人认为是一个可行的选择方案)。[32]主张取消专利的那些人所面临的就因此而变为这样一项任务,即证明在专利和著作权之间确实存在差异;这就是文学财产争论中所产生任务的一个重复。[33]

虽说该主张包括了一系列的主题,但大部分被证明就是关于应当如何将发明个性化的问题。一方面,那些支持专利的人把发明技术理解为与其他知识财产种类一样,是一个创造性过程。由于秉承在18世纪所形成的发明概念,那些支持专利权的人就提

---

[30] 虽然亚当·斯密、大卫·李嘉图、杰利米·边沁、约翰·斯图尔特·穆勒等人是支持专利的,但在19世纪中叶,一些像牛津大学教授罗杰斯(J. Rogers)这样的政治经济学家开始反对这种制度。M. Coulter, *Property in Ideas* (1991), 73.

[31] 关于自19世纪50年代后期开始并持续至60、70年代的"专利争议",参见,同上揭;F. Machlup 与 E. Penrose, "The Patent Controversy in the Nineteenth Century" (1950) 10 *Journal of Economic History* 1; V. Batzel, "Legal Monopoly in Liberal England: The Patent Controversy in the Mid-Nineteenth Century" (1980) 22 *Business History* 189; D. Van Zyl Smit, "The Social Creation of a Legal Reality" (1980), 第6章。

[32] 参见 J. Rogers, "On the Rationale and Working of the Patent Laws" (1863) 26 (2) *Journal of the Statistics Society* 135—138。

[33] 参见 W. Spence, *The Public Policy of a Patent Law* (1869)。

出,发明就像写作或者设计一样,是一项创造性活动,"瓦特可以说创造了他独特的蒸汽机,正如同样地,弥尔顿可以说创造了《失乐园》"。[34] 发明的独一无二性是由如下事实所保证的,即尽管发明人依赖于已有的思想,但在将这些抽象原理应用于某一有效的形式时,他就对这些思想给以一个独一无二的表达,而这是任何其他发明人,即使是寻求适用该相同思想的发明人所不可能重复的。支持专利的院外游说者遂得以主张,正如专利仅仅授予给(新的)创造,授予给那些在以前并不存在的东西[35],它们就不得因为带有垄断的标签而受到不良影响,原因在于,它们并没有从公共领域中拿走任何东西。因此,它们值得继续受到法律和政治上的支持。

相反地,那些倾向于取消专利制度的人就主张,发明最好被理解为一种发现,而不是一个创造。尽管反专利的院外游说者相信,文学和艺术财产(并且在一个较低层次上来说,还有装饰性和非装饰性外观设计)的生产者被指为创造者是恰当的,但不能同样地来指称发明人。下面这段文字采用了一种更接近于今天所使用的语言风格,它提出:

> 一个文学或者艺术的创作,一项文学或者艺术的发明,都是人——也就是该个人本身;它就是作出发明的那个人的灵魂、精神和人格。……反之,在称之为一项工业品发明的情形中,当该产品被做出来的时候,并不代表该发明人,毋宁说它是对某一事物的一种物质性揭示,它只是对一个难题的解决方案,而该难题自身是呈现给任何人的。[36]

欣德马什(Hindmarch)把这些主张概括起来,他说,"事实上,一

---

[34] T. Webster, *On Property in Design* (1853), 32,注 f;T. Turner, *Remarks on the Amendment of the Law of Patents* (1851),以及氏著 *Counsel to Inventors of Improvements in the Useful Arts* (伦敦:Elsworth, 1850)。

[35] 这项条件现在通过这样的事实加以保证,即专利只授予那些新颖的发明。

[36] "Letters Patent" (1871 年 10 月 27 日) 19 *Journal of the Society of Arts* 847。

个发明人并没有进行创造,而只是从中发明或者发现了某个先前就存在的事物,尽管它并不为世人所知,正如人们完成地理或者宇宙发现一样"。[37] 一个发明人"创造该技术,只是相当于艾萨克·牛顿爵士之于其所发现的重力定理"。[38] 通过表明那些发明是被发现而不是创造出来的,主张取消专利制度的人就能够以此为据来反对专利了,因为发明并没有担供任何新的事物,它们最好被看做是用来约束公众的不合理垄断。但同时他们又能够支持著作权,因为它只是对独一无二的新创造给予了保护,所以并未从公共领域中拿走任何东西。[39]

支持专利的院外游说者则拥护这样的观念,即发明是创造者独一无二的表达,但与观念相反的是,实践经验——有人如是主张——表明,文学和艺术作品总是其创作者独一无二的表达,然而不同的人却常常独立完成了相同的发明。[40] 正如麦克菲所主张的,"在技术和物理领域从事科学发现的人们之间,总是存在着一种并驾齐驱的角逐;毫不奇怪的是,这些发现都是一个靠着另一个的,就如同向着某一力量的过程中那些自然步骤那样是可以

---

[37] W. Hindmarch, *A Treatise on the Law Relating to Patent Privileges* (1846), 228.

[38] W. Hindmarch, *Observations on the Defects of the Patents Laws of this Country: With Suggestions for the Reform of them* (伦敦:W. Benning and Co., 1851), 23. "一件想象型作品,无论是在文学还是美术领域,比如一首诗、一曲音乐、一幅画或者一尊雕塑,在实际上都是由作者创作完成的,他带给世界的,是任何其他人的思想所绝不可能生产出来的东西。但是,如果他发明了一种新的、实用的制造技术,那么尽管该技术可能比任何想象型产品更具有用,他也只会发现,该技术是在此前就已经存在了的,正如旅行家发现新的国家和地方一般":同揭。另参见 J. Rogers, "On the Rationale and Working of the Patent Laws" (1863), 125。

[39] "文学和艺术作品的著作权有着在其本身的领域内可视性、有体的作品,只是为了眼见、耳闻或者通过眼睛而让内心精神领会——它是被观看、被聆听和被思考的对象;与专利权的对象不同,它并没有利用任何的实物,消费任何东西,或者制作一件物品的新方式。它也与方法、操作、实施无关。因此,与专利权不同,它并不涉及制造业、技工、矿工、农人、运输。它的范围就在于已经完成的产物,即处于完成状态的美术作品——这些对象是永久性的,也不可能搞错":R. Macfie, "The Patent Question" (1863), 821—822。

[40] 同时作出发明的可能性,在该世纪早期的判例法中得到了承认。例如,参见 *Ex parte Dyer* (1812) 1 HPC 555; *Forsyth v. Riviere* (1819) 1 HPC 785。

追溯的,而且,其中每个新的部门一旦为我们的感觉所认识,即可为我们所挪用或者适用;反之,在另一种情形中,即纯粹的思维对另思维的影响,则任何人都不可能追溯其运行的过程"。[41] 由于文学艺术作品被看做是创作者独一无二的表达,这就意味着如果莎士比亚没有写出《李尔王》或者理查逊(Richardson)没有写出《克拉丽莎》(*Clarissa*)*,那么这些作品就将永不见天日。[42] 然而,鉴于科学发现是先前即已存在并且等待被人揭示出来的,所以,如果瓦特没有发明他那台著名的蒸汽机,其他人将最终作出同样的发明。[43]

虽然取消专利制度的企图最终没有成功,但它们有助于转变人们关于发明的法律概念。特别是在19世纪中期,发明从被看做是个人独一无二的创造,转变为被看做一种能够为发明人当中的任何成员所揭示出来的发现。[44] 司法上对发明的看法被重塑为一种发现,而不是个人的某个独一无二的创造,这个事实对于知识产权法带来了许多重要后果。尤其重要的是,人们不再能够利用体现在对象上的智力劳动的数量,作为区分知识产权法不同

---

[41] "The Copyright Question" (1841—1842), 49 *Quarterly Review* 206—207.

* Samuel Richardson (1689—1761),英国小说家,他的书信体小说对18世纪西欧文学产生过深远影响。——译注

[42] W. Hindmarch, *Observations on the Defects of the Patents Laws* (1851), 23.

[43] 萨金特·塔尔福德(Sergeant Talfourd)(1838年4月25日) 42 *Hansard* col. 565。卡普梅尔主张,"某一自然规律的发现和将之适用于某个新的、有用的目的"之间存在着一种明显的区别。借此,他让人想起了由洛克所流行起来的那种论证方式,"每个人是他的劳动成果的所有人;无论如何,他通过自己的双手,对于任何既有之物掺进了额外的价值,就此范围而言,他就应当成为它的所有人":W. Carpmael, "The Law of Patents for Inventions: Part III" (1835) 3 *Repertory of Patent Inventions*, 243。

[44] 在此处的上下文中注意到科勒的评论是很有意思的,"科学人士并不是在进行创造;他们只是发现了自然的事实。科学家可能把我们引导到一个未知领域(*terra incognita*);他并不会因为这样做而成为一位'作者'":J. Kohler, *Autorrecht, eine zivilistische Abhandlung* (1880)。引自P. Bernt Hugenholtz, "Protection of Compilations of Facts in Germany and the Netherlands" 载 E. Dommering 与 P. Hugenholtz 编, *Protecting Works of Fact: Copyright, Freedom of Expression and Information Law* (Deventer: Kluwer, 1991), 59。

种类的依据。同样重要的是,这些变化不仅使得以体现在对象上的智力劳动的数量作为法律范畴的组织方法显得多余,而且它们提供了其替代方法的基础。更具体而言,19世纪下半叶在法律中所秉持的发明的非创造性概念(non-creative image of the invention),与关于在著作权和外观设计中存在更多的创造性努力的信念之间形成了对比,而这就成为区分知识产权法各个范畴的一个新根据。正如我们将会看到的,虽然财产仍然被用作解释该等法律范畴所呈现形态的依据,但有所矛盾的是,这里存在着一个从无体财产的定量检验(quantitative examination)向更加定性检验(qualitative examinations)的转换。而且,虽然以往的解释性叙述已经趋向于在一个非常一般性的层面上运行了,其焦点集中于所保护财产的本质特征上,但新的组织模式则在更加具体的情形中显示它们自身。这些情形就是无体财产借以确定的方式、侵权行为的本质特征以及被保护财产的范围。

153 　　正如我们在此前所看到的,在前现代知识产权法中,人们假定法律只保护创造性(智力)劳动,并推定被保护对象总是独一无二(并因此而可确定)的。随着人们将发明看做一个非创造性的发现,关于可以从发明本身当中来确定无体财产范围的主张就受到了破坏:因为发现只是涉及对先前所存在思想的发掘,它们被认为并没有涉及发明人一方任何的创造性努力或者贡献。考虑到发明人对于该发明的最终形成没有作出任何贡献,就不能再主张发明人像作者在其图书上留下印记那样,在其发明上留下印记或者痕迹了。更具体而言,发明人未能把他们的风格或者表达印在该发明之上,或者对之作出任何智力劳动的贡献,这一事实就意味着,想要从体现了无体财产的对象中确定发明人(通过其印记)或者发明的范围(同样通过总是与无体财产连在一起的独一无二的印记)是不可能的。这些难题又因为如下事实而得到了强化,即文学艺术作品的独一无二性和个性化特征,就意味着它们能够很容易地得到确定和区分,但在专利发明的情形中就不是这样了。[45] 考虑到那些属于专利权范围的事物，被认为"从其本性上而言是能够被多人以完全相同的方式独立发现或者引起的"[46]，所以，不仅要在不同发明之间作出区分通常是非常困难的，而且从根本上来说，要确定无体财产的本质特征也常常是不可能的。[47]

为了回应这种愈来愈强的信念，即根据发明本身来确定无体财产是不可能的，专利法开始依靠其他用于确定无体财产的方法：它明显地依赖于登记程序。正如欣德马什所说，如果发明要得到确认，"它们就必须通过书面说明加以定义"。[48] 虽然用以描述专利说明书——它被看做是对"人类精神"的浓缩，并因此而使之具有可传递性[49]——的语言就类似于著作权中所使用的语言，但它们利用了不同的确定方式，这一事实还是为这两个法律范畴之间的对比提供了一个重要的切入点。

由不同确认方式所导致的在专利和著作权之间的差别，又由于如下事实而进一步提高了，亦即，即便法律选择了以登记作为确认有著作权作品的一种手段，人们认为这也将因为被保护作品的本质特征而遭到排斥。把体现在机器上的无体财产简化到纸面上是有可能的，但要抓住文学艺术作品的本质，则被认为不可

---

[45] W. Hindmarch, *Observations on the Defects of the Patents Laws* (1851), 26. "一位画家就无需登记，他的作品是无法模仿的"：T. Turner, *Remarks on the Amendment of the Law of Patents* (1851), 60。

[46] "事实上，它通常是由若干人实际发现或者发明的，而且常常几乎是同时作出的。对于那些属于著作权范围的东西，就情况不同了——文学和艺术作品、书籍、图画、音乐，这些都涉及很高的精巧性。它们，无论在任何时期，除了模仿者，没有任何其他人可以将之创作出来"：R. Macfie, "The Patent Question" (1863), 821。另参见 W. Armstrong 爵士, 1864 *Report on Letters Patent for Inventions* 69。

[47] W. Hindmarch, *Observations on the Defects of the Patents Laws* (1851), 26。

[48] 同上揭。

[49] 在机械发明的说明书中，"人类精神得到了浓缩，并且具有可传递性，因而，任何人如果理解了说明书，以后就能使用该发明了，把它当作一件实用之物，就跟发明人对它的关系完全一样"："The Copyright Question" (1841—1842), 206—207。

能,"谁能够就一个'地狱'(Inferno)的制造写一份说明书? 要是任何人都能够承担此项工作,那就不会是但丁(Dante),而是丹尼斯(Dennis)了。"[50]

发明是由人发现的,而著作权(以及外观设计)的对象则是被创造出来的,这一事实还对侵权行为的确定方法产生了某种影响。正如帕尔默(Palmer)向1871年专利特别委员会所说的,"有关侵权行为的规则……仅限于根据作品的本质特征而定"。[51] 帕尔默在这里所暗指的,就是文学艺术作品的独一无二性:如果两个作品是相同的,它们必然是一个抄的另一个。虽然"两个或者两个以上的作家可能同时碰巧遇上了相同的思想和同样的表达;他们甚至可能得出了相同的基本概念,但如果不是一个抄袭另一个,他们就不可能写出相同的书来"。[52] 也许其中最有意思的是,它暗示着,正如文学艺术作品总是出自特定的个人之手,同样地,不应存在任何碰巧的机会,说两个人可以独立创作出相同的产品,如果说两件作品完全相同,则必定有一人"亦步亦趋地"

---

[50] 同上揭。这大概就是指约翰·丹尼斯(John Dennis, 1657—1734),他是诗人和批评家,也许最有名的地方在于斯威夫特(Swift)、西奥伯尔德(Theobald)和蒲柏(Pope)都对他有所说明,将其描述为一位"恐怖诗人"(horrible poet)。

[51] R. Palmer, 1871 *Report from the Select Committee on Letters Patent* 1871, 690.

[52] "The Law of Patents"(1865年4月)*Edinburgh Review* 588。"一本图书是一个人完全的创作;从本质上而言,这是一个独一无二的东西,不可能有两个人的思想恰好以完全相同的方式做得到,从而,它在本质上就是创造;它不仅在那方面的特征上是不同的,而且在结果上也不相同。无论如何在确定其身份时,你都不会面临任何困难;你不会因为保护了任何人的图书而对于实际使用他人在此前所占有之知识构成任何羁绊或者限制,或者阻止、妨碍他们从知识的这一阶段向着另一阶段进步……可以肯定,世界上没有两个思想会产生出相同的书籍来"。因此,"在此等情形中的侵权原则,是仅限于根据作品的本质特征而言的。除非很清楚地,某人就是拿了剪刀在我的词典,或者其他什么的上面进行剪切,然后再整个拷贝过来,否则,他就不是一个侵权人。……但是,发明是指发现了某个并非属于发现人思想所创造的东西;它们是追求共有知识的结果,为了这样一个目的,自然规律在同时指示着许多人进行思考,全部的结果并不取决于把这些人的思想实际组合起来,也不取决于某一个人思想的转变,而是取决于整个世界共有的知识财产":R. Palmer, 1871 *Report from the Select Committee on Letters Patent* 690。

复制了另一个人的作品。[53]

侵犯著作权的方式与人们所了解的有关专利受到侵犯的方法形成了鲜明的对比。这一差别可以归因于这样的事实，即专利所保护对象的本质特征，人们认为并不同于由著作权所保护的对象，它规定了专利财产权益的范围（以及可能侵犯专利的方式）。在著作权的情形中，如果两个作品是相同的，则法律即可以确定其中一个作品受到了复制，而与此情形不同的是，专利发明的非独一无二性就意味着很难确定某一发明是否受到了复制。它还意味着，与复制某一个由著作权所保护的作品相反，一个专利可能受到无意的或者不知情的侵犯。[54] 这样的结果就是，如果针对机器而授予一项财产权，那么，发明的本质特征就意味着，它必然是一个绝对权。在侵犯著作权的情形中，著作权对象的本质特征就意味着，如果两个作品相同，则必定存在着复制，而与之相应地，在专利中也有类似的情形：发明的本质特征就意味着，若对之授予财产权，则它们必定是"垄断性的"。同样地，通过可能发生的侵权行为，著作权和专利权就得到了区别，即侵犯著作权的行

---

[53] R. Macfie, "The Patent Protection" (1863), 821.
[54] "这个解释不同待遇的理由是与其他理由相关的。特别是，一个人的文学或者艺术作品是完全区别于其他任何人的。因此可以完全肯定地说，著作权就承认权利人是其真正的、唯一的创作者、首创者或者原创者。在著作权已经被确定为某一作者或者某一人时，没有第二个人能够提出来，宣称这首诗或者那幅画是他创作的。……相反地，即便没有如此确切，并且没有任何复制，而完全是出于独创时，专利权也可能受到侵犯。它并不考虑形式，所禁止的是对思想的体现和使用，即使是完全属于某人自己的思想。……侵权行为因而必须既明显又有意，反之，即便当对象或者结果能够被呈现出来，并且案件事实为所有当事人所认可，对专利权的侵权行为也常常是令人怀疑的；并且，如果它涉及方法专利的问题，则在指控发生了侵权行为的短暂时间内，该侵权行为常常是无法被人察觉的。进而，诚如此前所言，侵犯专利权的行为可能是无意或者不知情而为之，并且这样的情况并不罕见"：R. Macfie, "The Patent Question" (1863), 821—822。

为仅限于复制,而侵犯专利权的行为则扩张至包括独立创造。[55]

专利权和著作权之间的另一个重要区别产生于这样的事实,即专利开始被看做是发现而非创造,而这就关系到人们理解财产权范围的方法了。正如我们在此前所见,在智力劳动上的财产,包括文学财产和专利在内,都只是基于创造者借以表达他们自身的方法而被授予权利的,这一事实就起到了限制财产权范围的作用。这是因为,通过把财产权限定在创造者独一无二的表达上,法律就没有对公共知识的应用构成束缚或者施以限制;诚如所言,其所限制的,只是未经授权而使用创造者独一无二的劳动。随着发明被重新确定为是发现而不是一个创造,正如它在以前被人们所认定的那样,那么,情况就开始发生改变了。由于现在把发明看做是对已有之公共思想的发现,所以,任何被授予的财产权就必然排除他人使用该公共领域。这样的结果就是,正如麦克菲所言,"在著作权和专利权之间存在着一种明显而广泛的区别,即对一位作者授予排他性权利并不会干涉任何其他人的创作,而把同样的权利授予一位发明人,则将与其他人所完成的或者正在完成的发明构成冲突"。[56] 用当前知识产权法所使用的语言来讲,就是著作权所授予的对象是表达而不是思想,而专利则限制那些可由思想构成的用途(这里不再存在任何科学表达的可能性)。反过来说,这些变化影响着解释专利合理性的方法。以往的主张是依赖于创造性或者生产性劳动作为授予专利垄断的合理依据,而替代这种主张的,则更多地依赖于这样的观念上,即专利是发明人和国家之间的一种契约。更具体而言,人们认为,用

---

[55] "简而言之,作者并没有垄断什么东西,除了他对之赋予形式而创作出来的东西,而这是任何其他人的思想不会以完全相同的方式作出来的。与之相反,专利权人对之享有垄断权的那样东西,很可能是其他人在他之前或者几乎同时也已经作出来了的。涉及相同的自然规律,从书籍和科学发现中获得相同的信息,利用了相同的材料和相同的工具,被相同的事实和类似情况包围着,而且供给的是相同的需求,所以,其结果就是许多人作出了相同的发明和改进,而不是其他的东西":"The Law of Patents"(1865),588。

[56] R. Macfie,引自"Miscellaneous"(1865) *TNAPSS* 261。

以担保授予该限制性权利的、由发明人提供的合同对价,是源于这样的事实,即他们是最早向公众传达他们所发现的技术知识的。[57]

考虑到 19 世纪中期知识产权法的形成性特征,在著作权(和外观设计)所保护的创造性对象与专利发明的非创造性概念之间的差别,对于强化和以此构成知识产权法的范畴就起到了一种重要作用。虽然如此,它们的作用也还是短暂的。这是因为,正如我们所将看到的,在 19 世纪下半叶,创造性和智力劳动实质上就从知识产权法中消失了。我们这样说,是因为在这个略显短暂的时期中,可以清楚地看到如下两点。第一,它突出了无体财产在知识产权法形成过程中持久的作用:虽然该财产现在是依据质量标准而非数量标准加以评价的。第二,虽然今天的教科书通常以是否存在着登记、保护期限或者保护形式(财产究竟是采取一种垄断形式还是一种更加有限的复制权形式,即为著例)作为区别不同知识产权领域的依据,但值得注意的是,这些在 19 世纪却是无论如何不起任何作用的。这些因素就像该等范畴本身那样,至多取决于被保护财产的概念。

---

[57] "只有想象型艺术家才是真正的创造者;专利权人则是因为向公众传达了他所发现的技术知识而受到奖赏":W. Hindmarch, *Observations on the Defects of the Patents Law* (1851), 23。作为这些变化的一个结果,专利(又一次)被看做一种国家调整的形式。例如,正如麦克菲所说,一个物品"是看得见的、有体的、占据空间的、确定的、个别的和独一无二的。一个人看到它,就可以观察它,可以维护它。它完全在该人的控制之下。它不可能被其他任何人错误地认为就是他自己的"。具有重要意义的是,这意味着"不依赖于法律和警察,一位农场主就能够通过构筑围栏,将侵入者拒之门外——对于住宅或者动产而言,则借助门栓和门锁来阻止盗贼——对于钱包,就可以利用武器来对付拦路强盗;他这样做非常正当,没有任何疑问和异议"。相反地,一项发明作为一种非物质财产,则"并不是看得见、确定和个别的。它也不占据空间或者确定在某个特定的地方。它不可能用篱笆围起来,或者置于巡夜人的看护之下。……发明的所有人不可能……通过他自己的行为来确保他的财产。他必须求诸外部的、国家的帮助":R. Macfie, *The Patent Question under Free Trade: A Solution of Difficulties by Abolishing or Shortening the Invention Monopoly and Instituting National Recompense* (第 2 版)(伦敦:W. J. Johnson, 1863), 12。

第四编　知识产权法的转化

❖

　　虽然自19世纪50年代始,整个19世纪下半叶主要是知识产权法的合并与巩固时期,但它也是一个转化时期。在该时期所发生的变化中,有一些是由于把强烈的愿望付诸实践而不可避免产生的结果,其他一些则是作为思想和技术传播的结果而出现的,比如将在外观设计语境中所发展起来的登记制度,应用到知识产权法的其他领域。除了由于精致化和完整化的过程而产生的转化之外,还发生了其他许多重要的变化。

　　其中一组变化是我们在第8章所要探讨的,它涉及各个范畴之间关系的本质,亦即与这些范畴的组织方法相关。另一个重要变化关乎人们认识无体财产的方法。特别是,虽然创造性劳动和智力劳动长期以来在知识产权法各个不同领域中发挥着一种核心作用,但自19世纪下半叶以来,法律将其注意力从这些概念上转移开来,转而更多地集中于其本身所保护的对象上。第9章刻画了从"创造"到"对象"的转换,接着在第10章中,我们把关注焦点集中于管理无体财产的方法上。据此,我们不仅突出了登记制度在无体财产的最终形成中所起的重要作用,而且突出了登记在无体财产管理中所起的积极作用。在第10章结尾处,我们考察了由于对象最终形成而产生的一部分后果,其显著者如:解释知识产权法合理性的方法，以及对象的最终形成在促进商标逐渐纳入知识产权法标题之下所起的作用。我们因此把更多的注意力集中于无体财产之间以及知识产权法各范畴之间的相互关系。19世纪见证了把在前现代知识产权法中占据主导地位的创造性劳动或者智力劳动置换出去的过程，但我们在第10章的最后还是主张，虽然将之置换了，但创造性在现代知识产权法中继续发挥着一种重要作用，尽管其作用已有所变化。

在最后一章中，我们的关注焦点在于这样的事实，即知识产权法作为一个独特的法律领域显现出来的同时，也产生了一系列使该法律获得合理性解释的描述。这些叙述在制定该法律并使之强化的过程中也发挥了重要的作用。虽然围绕现代知识产权法形成了许多不同的叙述，但我们关注的焦点还是首先在于那些解释知识产权法起源的叙述；其次是那些谈论有关英国法的纯粹性和褊狭性的描述；而最后是那些对于在解释知识产权法时的理论、原则进行优先排序的组织性叙述。虽然这些叙述主要针对的是知识产权法的历史，但它们对于塑造该法律之将来，也起着某种重要作用。

第 8 章　架构的变化

一、工业产权法

随着现代知识产权法在 19 世纪 50 年代的出现,专利法、外观设计法和著作权法或多或少都得到了平等对待。不过,到 19 世纪 80 年代,在这些范畴的组织方法中出现了一个重大变化。特别是产生了一种愈来愈强烈的趋势,要把知识产权法分为两大类:以著作权为一类,而以工业产权(外观设计、专利和日益增多的商标)为另一类。[1] 虽然人们有时也声称,工业产权是一个外

---

[1] 对此,也存在着一个有趣的例外,即 19 世纪 70 年代所倡导的《精神产权法》(Mental Property Law)。参见 W. Bridge Adams, "Patent Laws" (1871 年 1 月 21 日) 19 *Journal of the Society of Arts* 187 与 "Proposed Bill for the Protection of Mental Property" (1870 年 10 月 21 日) 18 *Journal of the Society of Arts* 186。

来(典型的是法国)的概念[2],但它在英国法中却有着重要的先例。尤其是,它可以被看做是对19世纪30年代朝着《技术和制造业法》所发生之短暂趋势的一种继续。著作权从知识财产的其他范畴中分离出来,这也反映了关于著作权是艺术(art)而非手艺(trade)的观念。

尽管有关工业产权的思想可以在该领域的早期历史中找到它的前身,但它一直到19世纪下半叶才发挥了一种更为突出和具有影响力的作用。正如它迅速变成法律语言中一个为人接受的组成部分[3],并且形成了参考书目的组织方法那样[4],工业产权——著作权二分法也在知识产权法的管理机构重组中起到了重要作用。特别是,它是导致外观设计、商标和专利都合并到专利局长权限之下的一个重要因素:该合并过程始于1875年[5],并随着1883年《专利、外观设计和商标法》(Patents Designs and Trade Marks Act)的通过而宣告完成。[6] 把知识财产分为两大领域的做法,更由于国际形势的发展而得到了强化:其显例即19世纪80年代通过的两大公约,即《巴黎公约》(1883年)——工业产权,与《伯尔尼公约》(1886年)——文学和艺术作品。

即使这些变化还在发生着,但那些促进并最终破坏工业产权逻辑的动向也正在发生。在由工业产权担当关键性组织概念的

---

[2] 在法国,术语"知识产权……被划分为两部分,一部分是文学和艺术财产权,另一部分是工业产权。前一部分就几乎等于在英国所谓的著作权,除了在外观设计上的著作权是为了达到制造和工业目的,故被归入工业产权名下。法国的分类在欧洲大陆大行其道,而且对我国也不无影响,因为在该主题的国际条约中也是循此分类方法的":J. Iselin, "The Protection of Industrial Property" (1898年2月18日) 46 *Journal of the Society of Arts* 293。

[3] 参见,例如"Title to Sue for the Protection of Industrial Property" (1892) 36 *Solicitors' Journal* 213。

[4] 例如,有关知识产权的书籍就是按照工业产权(专利、外观设计和商标)和文学、艺术、工业著作权进行分类:HMSO, *Subject List of Works* (1900), 5。

[5] 1875年从外观设计局转向专利局,以及外观设计登记从贸易委员会移交给专利局长,就导致了外观设计与商标和专利的更紧密关系。对此,参见 L. Edmunds, *The Law of Copyright in Designs* (伦敦:Sweet and Maxwell, 1895), 10—11。

[6] 46 & 47 Vict. c. 57 (1883)。参见 "The Proposed Legislation as to Designs and Trade Marks: Part III" (1883年5月12日) 27 *Solicitors' Journal* 465。

一段简短时期过后,20世纪初期见证了一个向着相对自治的回归,它在该世纪中叶的各个范畴之间颇为盛行。[7] 从一个日益被看做"纯粹人为"[8]的工业产权思想而发生的转向,其典型代表就是1899年的《商标法案》(Trade Marks Bill),由此而明确地将商标从专利和外观设计中分离出来了。[9]

二、对外观设计的贬低

虽然在形式层面上,工业产权—著作权之间的区分是相对短暂的,但它在塑造知识产权法的各个方面却持续发挥着重要作用。工业产权与著作权之间的区分有助于使如下观念恒久存在,即著作权是关于艺术方面的,而其他更具技术性或者商业性的知识财产领域则留给那些更具学究气和技术性的思维。它还对于这些范畴的组织方法产生了一种持续的影响;特别是在外观设计法和知识产权法其他范畴之间的关系上。[10]

---

[7] 1878年工业产权大会"通过的最重要决议之一","就是要达到这样的效果,即在不同国家通过专利所取得的权利,或者外观设计和商标的登记,应当是相互独立的,在所有方面都不存在相关依赖的关系,就像现在许多国家所做的那样":W. Lloyd Wise, "Patent Law" (1880年11月19日) 29 *Journal of the Society of Arts* 18。另参见 E. Jackson, "The Law of Trade Marks" (1899年5月19日) 47 *Journal of the Society of Arts* 566; 1888 *Report of the Committee Appointed by the Board of Trade to Inquire into the Duties*, *Organisation and Arrangements of the Patent Office so far as Relates to Trade Marks and Designs* 37 (Hershell 勋爵主持)。

[8] L. Edmunds 与 H. Bentwich, *The Law of Copyright in Designs* (伦敦:Sweet and Maxwell, 1908), 12。

[9] 这最终导致了1905年《商标法》(Trade Marks Act, 5 Edw. VII c. 15)和1907年《专利和外观设计法》(Patents and Designs Act, 7 Edw. VII c. 29)的分离。1905年《商标法》的前言中称,其目标之一就是为了把关于商标的法律从那些有关外观设计和专利的法律中分离出来。1903年《商标法案》也以这样的话开头:"鉴于欲将有关商标的法律进行修订和合并,并且将相关法律从现行的有关专利和外观设计的法律中分离出来……"

[10] 正如Copinger第5版的编者所言,"本书以往的版本包括了像外观设计著作权之类的法律。许多年以来,有关外观设计的法律已经与关于文学艺术作品著作权的法律发生分歧,故……编者决定在本版中删除关于外观设计著作权的部分":*Copinger on Copyright* (第5版) (J. Easton 编) (伦敦:Stevens, 1915)。

尽管外观设计法在以往曾经对知识产权法的其他领域起着一种示范作用,但到19世纪70年代,这种关系被颠倒过来了。外观设计法是知识产权法中第一个成熟地达到其现代形式的领域,而自19世纪70年代以来,它就开始呈现出其现在为人们所熟悉的二流地位:在历史上形成了一种并不准确的观念,声称外观设计是专利法和著作权法的"拖油瓶"(stepchild)。[11] 对外观设计法律地位的贬低,更由于把外观设计并入专利局以及日趋强烈的关于外观设计次于技术、美术和文学的观念而受到了强化,这个观念是从整个19世纪发展而来的。

与外观设计法的地位变化携手并进的,是对外观设计和著作权之间关系给予了更多的关注。这两个范畴之间发生重叠的潜在可能已经存在许多年了。例如,在版画和外观设计之间发生重叠的可能性,是早从1787年就开始了的,而从1839年起在雕塑作品与外观设计之间[12],以及从1862年起在图画作品与外观设计之间[13]也开始产生这种重叠的可能了。尽管如此,外观设计与著作权之间的重叠问题却极少得到讨论。例如,刘易斯·埃德蒙兹(Lewis Edmunds)撰写了颇具影响力的有关外观设计的著作,其第一版于1895年出版,但其中并未提及任何著作权与外观设计的重叠问题。不过,到1908年埃德蒙兹该部著作的第二版中,有关外观设计保护与艺术作品著作权所提供的保护之间发生重叠的问题以及如何处理这种重叠,就已经变成了其中考虑的一个关键性问题。这部分地是在著作权法上逐渐发生的运动的一

---

[11] 拉达斯把工业品外观设计描述为"工业产权家庭团体中的穷亲戚":S. Ladas, Patterns, Trademarks and Related Rights, vol. II(马萨诸塞州,坎布里奇:哈佛大学出版社,1975),828。外观设计保护还被描述成一个"受人忽视的孩童——是那些更加有名的专利和著作权的一个年纪尚小、无足轻重的小兄弟":W. Wallace, "Protection for Designs in the United Kingdom" (1975) 22 Bulletin of the Copyright Society of the USA 437。

[12] 1842年《装饰性外观设计法》将雕塑排除在其范围之外。

[13] 1862年《美术作品著作权法》(1862 Fine Art Copyright Act)。

个结果,即从对象的具体化定义到更抽象规则的一个运动。[14] 人们对这两大范畴之间发生的重叠表现出越来越多的关注,这是前所未有的,而其最重要的解释也许可以追溯到这样的提案,即长期以来以登记为条件[15]的著作权保护应当改为自动产生,该提案最终于 1911 年生效。这样做的原因在于,引入著作权保护自动取得的规定,就从根本上改变了外观设计和著作权保护之间的争夺赛:一个既涉及费用且有耽搁,另一个则提供自动、免费的保护。有鉴于此,人们就可以很容易地看到,这两个范畴之间的重叠为什么突然变成了一个法律问题。[16]

在回答这一问题时,还需要加入某些考虑因素,以理解由法国、德国以及若干英属殖民地(新南威尔士、南澳大利亚、维多利亚、新西兰和印度)所提供的领先状况[17],借此而把外观设计当作美术作品对待,但是,在外观设计和著作权这两大范畴之间最终还是作出了区分。这样做的前提是基于如下理念,即这两类作品之间能够而且应当作出区分。[18] 一方面,确实存在这样的物

---

[14] 对此的一个可能解释是,著作权保护之于外观设计所提供的保护,并没有那么大的相对优势。例如,为了获得在图画上的著作权,就必须要出版商公会将之进行登记。即使已经登记,一个作品所受到的保护也只是反对就该作品制作多个复制件。考虑到是否涉及对一件制造品进行复制这一点并不清楚,看起来就很少有理由来为两次登记而付费。

[15] 一个著名的例外,就是雕塑作品的著作权。

[16] 纺织品外观设计委员会在报告中说明了这种可能性,即"以工业目的对待外观设计,与以艺术和文学产品待之是相同的":"New Textiles Designs Committee" (1910) 21 (19) *The Manchester Chamber of Commerce Monthly Record* 265。

[17] Board of Trade Notes on Memorandum of Artistic Copyright Society, 1910 年 11 月 28 日, BT/209/477。例如,根据新西兰 1877 年《艺术作品法》(Works of Art Act),艺术作品在绘画、素描、雕塑等等之外,还包括"实用的或者装饰性外观设计"。参见 *Correspondence Respecting the International Copyright Conference at Berne*, vol. II, no. 60 (1887) FO/544/1。

[18] 虽然很明显地,艺术作品包括了美术作品,但并不明确的是,比如是否包括像韦奇伍德(Wedgwood)茶杯这样的东西。参见,例如 E. Culter, 1899 *Report from the Select Committee of the House of Lords on the Copyright Bill* (HL) *and the Copyright* (Artistic) *Bill* (HL) 150。库尔特称,他无法提出任何定义,来确定和调整那些处于界线上的情形(第 185 页)。这种情况又由于 1883 年装饰性和非装饰性外观设计的熔合而变得愈加严重了。

品,它们被认为是"独一无二的样本,[其]与另外美术作品的区别仅在于它们具有一种明显的实际用途;典型的例子就是一个本韦努托·切利尼(Benvenuto Cellini)杯子*"。另一方面,又存在着那样一些更具功能性的物品,人们对它们是"意图无限倍增其数量的,比如那些在今天被划归到外观设计法名下的东西"。[19] 虽然许多人相信在纯艺术和实用艺术之间存在着一个根本性差别,[20]但那些在登记处的工作人员,那些将不得不实施这一计划的人,他们很清楚地意识到在作出这一"理论区分"时所将产生的难题。[21] 尽管美术作品—外观设计二分法存在着疑难和争议,但这些难题最终都将被商业性因素所压倒。[22] 更具体而言,决定把外观设计和艺术作品当作各自单独体系的,是基于这样的担心,即对实用艺术作品的著作权保护,最好的情况下是会对外观设计登记造成严重影响,而最坏的情况则将使该登记在很大程

---

* 1500—1571年,意大利文艺复兴时期雕塑家、金银雕饰家,样式主义的代表。——译注

[19] BT/209/835."一个'外观设计'和一件纯粹的'艺术作品'之间的根本区别,被人认为是在于前者对其他产品的可适用性上;也就是说,人们购买一件艺术作品,纯粹或者完全是为了它的艺术特征;而人们购买一件采用了某一外观设计的产品,则不完全是因为该外观设计的艺术品质,而是因为与该外观设计相分离的产品的实用性": *Copinger On Copyright* (1915), 97。

[20] 例如,参见"The Law of Copyright and Designs"(1911年1月31日) 22 (1) *The Manchester Chamber of Commerce Monthly Record* 4。

[21] (专利局长)坦普尔·弗兰克斯公开承认,"虽然在纯艺术作品和外观设计之间作出区分是有争议的……但最终,'商业性'因素的影响将超越这些问题": L. Temple Franks, 1910年3月4日, BT/209/835。

[22] "The Protection Afforded to Artistic Designs"(1910年6月30日) *The Manchester Chamber of Commerce Monthly Record* 165 (致坦普尔·弗兰克斯的信)。也有人认为,对外观设计给予著作权保护,"对于制造业来说将是灾难性的,而对外观设计者也极为不利": "New Textile Designs Committee"(1910), 265。关于1912年《外观设计规则》(*Designs Rules*)(*Thirtieth Report of the Comptroller General of Patents, Designs and Trade Marks for the year 1912*, 见《报告》第17页),它确保了将外观设计排除在1911年《著作权法》之外,曼彻斯特商会干事斯皮克曼在致贸易委员会的一封公开信中称,该规则"似乎完全执行了本会的意图,亦即,纺织品外观设计不应当落入1911年《著作权法》的范围或者受其控制": W. Speakman, "Copyright Act: Designs"(1912年5月31日) 23 (5) *The Manchester Chamber of Commerce Monthly Record* 142。

度上无法发挥作用。[23] 这些考虑因素被1911年《著作权法》所吸收,该法对以下两者予以区分,一些是人们意图"保持其独一无二性"和"不予倍增的",从而对之给予完全的著作权保护的外观设计,另一些则是诸如批量生产的门饰、钟钮和炉栅之类受到外观设计法保护的制造品。[24]

在许多方面,外观设计和著作权之间的重叠就类似于外观设计和专利之间的重叠,但是,这里还存在着一个重大差别:在外观设计和专利之间发生重叠的潜在可能性,是通过政府管理的方式解决的,但考虑到著作权保护应当自作品创作完成时自动取得且无须履行任何手续,所以,这样的选择方案就无法应用到管理著作权和外观设计之间的界线上。由于面临这样的困难,为了在这两个范畴之间划定一条切实可行的界线,法律就选择了一个行政规则和法律规则的混合体。在这一领域,许多评论者的当务之急是关于(艺术作品)著作权和工业品外观设计保护之间的重叠问题,但该领域后来发展的历史,不仅证明了这些技巧的相对失败,而且证明专利局长坦普尔·弗兰克斯(Temple Franks)的警告是正确的,他认为引入这样一种区分将带来许多困难。

三、商标成为知识财产的一个种类

当现代知识产权法于19世纪50年代前后首次形成时,商标

---

[23] "对于以某种工业化方式大量复制的外观设计而意图授予全部的著作权,这被认为将破坏《专利和外观设计法》(Patents and Designs Acts)的功效,而该法律在那些利用外观设计的生产者(例如,白棉布印工)看来,是很有价值的。所以,人们就决定,如果该外观设计可以在《专利和外观设计法》的名下进行登记,即将其排除在《法案》之外": Board of Trade Notes on Memorandum of Artistic Copyright Society, 1910年11月28日, BT/209/477。纺织品外观设计委员会在报告中称,"由于商会的陈情,其结果就是在[1911年著作权]《法案》中插入这么一条,即:'本法不适用于可在1907年《专利和外观设计法》名下登记的外观设计'": "The Copyright Bill" (1911年9月30日) 22 (9) The Manchester Chamber of Commerce Monthly Record 259。

[24] Board of Trade Notes on Memorandum of Artistic Copyright Society, 1910年11月28日, BT/209/477。

法并未受人承认,或者它在事实上甚至不被认为是可以将之纳入其中的对象。考虑到像我们今天所理解的现代商标法在那时实际上并不存在,这一点也就不足为奇了。[25] 毋宁说,该法律——它包括了比如1863年《展览奖章法》(Exhibitions Medal Act)[26],并且为诸如缝衣针标签和餐具用途标志之类的东西提供保护[27]——仍然保持着按对象具体化和极端的保守性;简言之,它还是前现代的。而且,在19世纪中叶,该法律还是拖沓和杂乱不堪的。事实上,正如那时一位杰出的商标律师约瑟夫·特拉弗·史密斯(Joseph Travers Smith)所言,"商标并未被承认具有任何法律上的有效性或者效力。……在商标的对象上并没有任何成文法,我们因此就没有任何定义可资说明什么是商标,也因此无法确定哪些特定标记构成一个商标,并且……现有法律对于一个实际的盗版行为未给予任何救济,而只能反对那些欺诈性使用商标的人"。[28]

尽管这个领域的法律具有不确定性和(至少从我们现代的眼光看来)某种程度的不相容性,但是,商标法还是在19世纪下半叶开始变成了一个独特和受到承认的法律领域。有许多因素为现代商标法的形成提供了推动力。就部分因素而言,标记在商业实践中得到了越来越多的承认和使用,从而导致该领域更高的专

---

[25] 尽管法院确实为"普通法标记"提供过保护。

[26] 在由W. 怀布罗·罗伯逊(W. Wybrow Robertson)的一篇论文所引起的讨论中,该法"在某种程度上就被描述为一个商标法案":"On Trade Marks"(1869年4月23日) 17 *Journal of the Society of Arts* 418。

[27] 其他具有前现代特征的法律例,包括:《修改与假冒、欺诈性使用或者盗用商标相关之法律,以在某些案件中保护商标所有人之国际保护利益的法案》(1862);《强制亚麻布印花工在其印制亚麻布上标示其名字法案》(1831年3月24日)。关于"控制标记"(police marks)或者"责任标记"(liability marks),参见 F. Schechter, *The Historical Foundations of the Law Relating to Trade Marks*(纽约:哥伦比亚大学出版社,1925),38—77。

[28] Joseph Travers Smith, 1826 *Select Committee on Trade Marks* 119(Q. 2619)。

业化。反过来,这就提高了承认商标为一个独立法律领域的呼声[29],也增强了将登记制度引入商标的需求[30]。这些变化又由于如下事实而得到了强化,即在普通法上慢慢地为商标开辟了一个独特的领域[31]。

由于外国市场对于英国的某些产业部门具有日益增强的重要性,促使英国与欧洲国家缔结双边条约[32],这一动向对于它从按对象具体化的、地方化的法律向着一个抽象的、前瞻性法律的转变,也发挥了一种重要作用。虽然对于普通法而言,这些双边条约被认为只是宣言性的[33],但这些条约常常导致现有法律的改变。这是因为,虽然现有法律混乱不堪,而且使用不便,但仅为准备和进行谈判这样的行为,就得把该法律说明得更具体一些[34]。诚如赖兰(Ryland)所言,"这将被认为更加令人满意,无论对于受命与外国谈判以缔结某一公约的英国大臣,还是对于外国的部长而言,他们都能够引用关于我们法律的一个简单、明确和完整的陈述,它就被包含在某个议会法律中,而不是引用一大

---

[29] "根据商标法所裁判的案件……数量很多,而且增长速度很快,从而该法律部门很快就变成了一个占有很大比例的部门":"The Law of Trade Marks"(1879 年 1 月 18 日)2 *The Legal News* 25。

[30] 虽然商标注册是 1875 年之后才引入的,但向着这样一种制度的转变却是在此之前几十年就已经开始了的。

[31] 例如,*Batt and Co. v. Dunnett* (1899) 16 RPC 413,在该案中,霍尔斯伯里(Halsbury)勋爵提到,"商标法并不是指在商标上的著作权;它们是为了保护商标"。还有人提出,"借助于一系列对于目前商业世界中的做法予以权威性认可的司法判决,该法律得到了缓步发展":H. Ludlow 与 H. Jenkins, *A Treatise on the Law of Trade-Marks and Trade Names*(伦敦:William Maxwell and Son, 1877),1。

[32] "除非我们与普鲁士达成了某种协议,否则我们不可能在那个国家获得任何保护。我们需要最宽松和最全面的贸易自由":John Jobson Smith, 1862 *Select Committee on Trade Marks* 55(Q. 1138)。

[33] 同上揭,54(Q. 1132)。

[34] 由于瑞士就英国法的特征提出疑问,因此,贸易委员会被迫"就有关在制造业和商标、单一的外观设计或者式样,或者任何类别制品上的财产权的各方面内容"作出概述:1877 年 5 月,BT/22/18/9。实施商标协定时的一个难题,被认为是出于如下事实,即在联合王国并不存在任何一个关于何谓商标的共同定义:1888 *Patent Office Inquiry*,第 xiv 页,第 40 段。

堆的判例报道"。[35] 鉴于双边条约是以互惠原则为基础的,所以在条约达成之前,必须确保该条约各成员国的法律制度之间存在着某种程度的相同性。[36] 这些条约对于英国阐明其法律的特征和范围构成了压力[37],并且也导致了具体的变化:也许最重要的是引入了商标注册。诚如颇具影响力的设菲尔德商会(Sheffield Chamber of Commerce)所称,"应当采取措施以消除现存的障碍,以使英国国民可以因制造者的商号与标记受到盗用而在欧洲大陆的法院获得救济,这对于销售商和制造者都具有重要意义"。[38] 用一种比迄今为止的情形更为精确的方式来划清法律的界线,1862年《商品标记法》(Merchandise Marks Act)[39]认识到了这种需求,该法针对"标记"下了一个具体的定义。虽然这个定义被证明存在问题(它也未被后来的立法所采纳),但就其开始对何谓标记作出定义这一事实本身而言,它对于构筑现代商标法的界限发挥了某种重要作用。[40]

随着商标法开始呈现出它现在为人们所熟悉的形态,与此同时,如何容纳到知识产权法的架构中去,这一问题就对它构成了越来越大的压力。[41] 这种容纳的压力有许多不同的来源。对许

---

[35] A. Ryland, "The Fraudulent Imitation of Trade Marks" (1859) *TNAPSS* 230.

[36] 在许多情况下,商标注册是有益和"极为宝贵的,假如该外国制造者的商标在英国市场并不为人所知;以及对于相对新出现的制造者而言":John Jobson Smith, 1862 *Select Committee on Trade Marks* 121 (Q. 2655)。

[37] 英国和俄罗斯之间达成了一项通商航海条约,其结果之一就是,英国被认为承担着一项修改其商标法的义务。"我们的理解是,[该条约第20条]要求[英国]修改我们的法律,使之对商标的保护比现在的更加有效":T. Gibson 提供的证据,1862 *Select Committee on Trade Marks* 151 (Q. 3119)。

[38] John Jobson Smith(对设菲尔德商会1860年年会备忘录的解释),1862 *Select Committee on Trade Marks* 54 (Q. 1132)。

[39] An Act to Amend the Law Relating to the Fraudulent marking of Merchandise 25 & 26 Vict. c. 88 (1862).

[40] 1859年,赖兰进行了一项比较商标法的研究(在那时存在商标注册制的有法国、俄罗斯、比利时和普鲁士),并且建议成立一个注册机构:A. Ryland, "The Fraudulent Imitation of Trade Marks" (1859), 235。

[41] E. Lloyd, "On the Law of Trade Marks" (1861年5月11日) 5 *Solicitors' Journal* 486。

第 8 章 架构的变化 **201**

多人来说,诸如共同的职业团体(专利和商标的代理人)[42],国际条约的本质特征和形式[43],以及工业产权的逻辑,这些因素都要求就商标和外观设计、专利之间的关系作出一个明显的选择。[44] 事实上,因为商标法正处于一个形成过程中,专利法、外观设计法和著作权法就提供了重要的类比点:证明该权利的存在[45];作为解释商标规则的一种帮助[46];说明登记制度所应当采取的样态[47];以及在商标立法中所采用的语言和结构。在商标和著作权、外观设计之间所存在的另一个连接点是,它们所调整的对象是相似的。在极端的情形中,有人甚至提议,商标就像由著作权和外观设计权所调整的作品那样,也体现了商标创始者的人格。诚如约翰·史密斯(John Smith)向 1862 年商标特别委员会所报告的,"我把一个商标就视为等同于某人在一封信函上的签名。

---

[42] 来自一家"广告代理机构"的詹姆斯·沃恩(James Wann)提供证据,他本人就既从事商标也从事专利工作。这两项业务是类似的,因为"它们由相同的法律来调整,即《专利、外观设计和商标法》,而且两者常常是重叠的":J. Wann, 1894 *Special Report from the Select Committee on the Patent Agents' Bill* 247 (Q. 2221)。"该法律的合并就在公众的脑子里形成了这样的效果,即他们无法很好识别出专利代理人和商标代理人之间的区别":同揭。另参见专利局长拉克(Lack)的证据:同揭,142 (Q. 2515)。关于职业关系与商标注册之间的联系,参见 J. Bougon, *The Inventor's Vade Mecum*:*Memorandum on the Laws Effecting the Patents of every Country* (伦敦:Reeves 与 Turner, 1870), 27。

[43] 在国际双边协定或者商业条约中,通常的做法是将商标、外观设计和新式样联结在一起。参见,例如,Foreign Office, *Treaty Stipulation between Great Britain and Foreign Powers on the Subject of Trade Marks* (伦敦:Harrison and Sons, 1872), C 633。大多数国家对商标和外观设计是区别对待的。一个例外是 1852 年 10 月 10 日葡萄牙法,该法既调整商标(第 296—297 条),也调整外观设计和新式样(第 298 条)。对此,参见 Foreign Office, *Treaty Stipulation between Great Britain and Foreign Powers on the Subject of Trade Marks* (伦敦:Harrison and Sons, 1872), C 596,57。

[44] H. Trueman Wood, "The Registration of Trade Marks" (1875 年 11 月 26 日) 24 *Journal of the Society of Arts* 17—18。

[45] A. Ryland, 1862 *Select Committee on Trade Marks* 36 (Q. 754—756)。

[46] L. Edmunds, *The Law of Copyright in Designs* (1895), 11。另参见 C. Drewry, *The Law of Trade Marks* (伦敦:Knight 公司, 1878), 35。

[47] 外观设计登记簿以及用来调整外观设计的法律,就被当成了商标注册的模型。参见,例如,1862 *Select Committee on Trade Marks* 38 (Q. 787—789)。

可能有成百上千个约翰·史密斯,但每个人的签名将是各具特色的,从而你就能从所有人中将之识别出来。我认为,当一个人对任何由他所生产的物品打上某个标记,以确定就是他生产的,那么该标记就等同于他的名字"。[48]

170　　有助于强化商标与知识产权法联系的另一个实践,产生于商标所有人的务实性做法,他在还没有一个具体、特制的商标注册簿时,就利用了先行存在的为著作权和外观设计所作的制度安排。与把报纸名称和标签作为图书而在出版商公会进行准官方登记一样[49],制造者也利用外观设计登记簿,例如将标签登记为外观设计,从而使其商标作为外观设计获得保护。[50] 商标的图画性特征暗示着它与美术作品著作权存在着某种联系,这一事实也强化了商标和著作权之间的关系。[51]

虽然商标与那时已存在的知识产权法范畴之间有着许多共同之处,但也有很多人反对把商标承认为知识产权法的组成部分。事实上,为什么商标不应当而且在一段时期内确实并未被容纳在知识产权法的范围之内,对此有两个主要的原因。

---

[48] J. J. Smith, 1862 *Select Committee on Trade Marks* 58 (Q. 1210). 一个商标就是"某个人的签名在商业上的替代品"; *Leidersdorf v. Flint* (1878) F Cas 260,引自 H. Toulmin, "Protection of Industrial Property: Monopolies Granted by Governments" (1915) 3 *Virginia Law Review* 172。

[49] 参见 *Maxwell v. Hogg* (1867) 2 Ch App 307; *Kelly v. Hutton* (1868) LR 3 Ch 708; *Chappell v. Sheard* (1855) 69 ER 717; *Chappell v. Davidson* (1855) 69 ER 719; C. Drewry, *The Law of Trade Marks* (1878); R. Bartlet, 1862 *Select Committee on Trade Marks* 48 (Q. 1037)。大量的商标所有人通过他们在出版商公会的准官方登记来寻求保护其标记,"根据其中占主导性的图案或者文字要素而作为艺术设计或者印刷品": H. Trueman Wood, "The Registration of Trade Marks" (1875), 21—22。伍德的报告称,自1862年《商标法》通过以来,出版商公会的机构就拒绝再对任何表面上就是商标的对象予以登记了。

[50] 关于将标签作为外观设计进行登记,参见1843年《实用性外观设计法》第9条。关于根据1839年法而将标签作为外观设计进行登记的例子,参见 Reg. Nos. 455、577、607、645、682、686、700、706。

[51] 早期商标法案包含了这样的条文,即禁止以故意欺诈之目的而假冒、仿冒和虚假应用艺术家的名字或者标记。参见,例如,1862年《商品标记法》(Merchandise Marks Act)第7条。

将商标看做某种知识财产的第一个反对意见,起始于创造性问题。[52] 外观设计、专利和著作权所授予的权利之所以有道理(并被证明是正当的),就是因为它们仅仅授权给新的创造(并因此而没有从公共领域中拿走任何东西),但这对于商标而言却并非如此,在很多情况下,商标所调整的就是先行存在的对象。[53] 欣德马什(Hindmarch)在1862年起草了《政府法案》(Government Bill),并且一直反对允许商标与商誉相分离而转让,也反对将商标当作财产,他就抓住了这些论调,因为他说:

> 我听说有人把专利法、外观设计法当作是相似的情形;但它们之间并不存在任何相似之处。一个人如果前来取得一项专利,他就为他所获得的专利授权给付了一个对价,同样地,对于一个前来登记一项外观设计的人来说,他就在一个限定的特征上取得了著作权,但不超过3年期限;他也给付了某种对价;这里也有某种不为世人所知的新东西,并以之作为授予著作权的对价;但是在这样的情形中,如果提议对某个商标给予一个著作权,则并不存在任何对价。……它将创设一种……完全不为法律所知的垄断……并且正如我所构想的,这有悖于那些反对垄断的制定法的精神。[54]

正如欣德马什在另一处所言,这样的结果就是,"在图书和外观设计上的著作权是[与商标上的著作权]完全不同的东西,因为在

---

[52] 英国评论家知道了美国人对 *Leidersdorf v. Flint* (1878) (15 F Cas 260)案的判决,该案认定美国宪法并未授权由国会对商标进行立法(除非该商标用于与外国或者印第安人部落之间的商业活动中),这主要是因为商标的非创造性特征。诚如巴格比就该案判决所说的,"专利和著作权的对象就因此而必须涉及一种比有关商标的更高的独创性,它们带给公众的,是比单纯确定商品出处所带来的更大的利益":B. Bugbee, *The Genesis of American Patent and Copyright Law*(哥伦比亚特区,华盛顿:Public Affairs Press, 1967), 6。似乎,这并不是支持如下观念的一个推动力,即在英国,商标应当落在知识产权法的范围之外。

[53] H. Dirck, *Statistics of Inventions Illustrating the Policy of a Patent Law*(伦敦:E. and F. Spon, 1869), 16。

[54] W. Hindmarch, 1862 *Select Committee on Trade Marks* 129 (Q. 2772)。

前者那里存在着一个被创造出来的财产"。但是,对于商标而言,"我们没有创造任何新东西,只是提供了一种维护我们所承认权利的新模式"。[55]

为什么商标被认为应当落于知识财产的标题之外,其第二个理由在于,著作权、专利和外观设计主要涉及财产的创造与保护,而商标则更多地关注伪造与欺诈。[56] 虽然也存在着相反的主张[57],但人们达成共识的意见是,"在该法律的现状上,很明显,商标根本就不是任何财产"。[58] 毋宁说,诚如麦克菲所言,商标立法的目的"是为了阻止对某一名称或者显著标识的违法性使用,事实上是为了抵制弄虚作假和伪造行为,而这些行为将不仅

---

[55] M. Gibson 对 Hindmarch 的疑问,1862 *Select Committee on Trade Marks* 129（Q. 2984）。一个商标"尽管在某种程度上分享着垄断的特征,但它实质上是与著作权存在区别的。著作权所指的或者意图保护的是某一作品的实体,无论该作品具有文学的抑或艺术的特征,而一个商标所保护的是对某个产品确认来源,其本身无论如何都不会影响到第三人就相同产品的生产或者销售": J. Slater, *The Law Relating to Copyright*（1884）, 230; L. Sebastian, *The Law of Trade Marks and their Registration, and Matters Connected therewith*（伦敦:Steven and Sons, 1878）, 10—11。

[56] 参见,例如 A. Ryland, "The Fraudulent Imitation of Trade Marks"（1859）, 229; J. Travers Smith, 1862 *Select Committee on Trade Marks* 126（Q. 2727）。另参见 *Chappell v. Sheard*（1855）2 69 ER 717; *Chappell v. Davidson*（1855）69 ER 719。1860 年,商标被结合到了《标题为合并、修改英格兰和爱尔兰可指控仿冒罪制定法之法律的法案》。对此,参见 "Forgery of Trade Marks"（1860 年 5 月 11 日）158 Hansard col. 1086。

[57] 克利称,*Millington v. Fox*（1838）40 ER 956 案（其中判决可以获得一项关于禁止侵犯商标的禁制令）引导出"明显的推论,即在商标上存在着一种财产权": D. Kerly, *The Law of Trade Marks, Trade Names, and Merchandise Marks*（第 2 版）（伦敦:Sweet and Maxwell, 1901）, 4。另参见 J. Smith, 1862 *Select Committee on Trade Marks* 56（Q. 1156）。

[58] "在专利和著作权的情形中,存在着一种受到制定法限制的财产;而在商标的情形中,这样的定义却只能在我们的普通法和衡平法法院的判决中找到,而且,即使它们承认共同的干预原则,在调和随时在这些法院所提出的各种主张时,也存在着某种困难": E. Lloyd, "On the Law of Trade Marks"（1861 年 5 月 11 日）, 486。另参见 Joseph Travers Smith, 1862 *Select Committee on Trade Marks* 122（Q. 2655）。

剥夺商人们所辛辛苦苦建立起来的声誉,而且将对公众构成误导"。[59] 坎平(Campin)对这种区别更加清楚,他说:"应当记住,在专利和商标之间存在着这样的重大差别,即对后者的复制或者侵犯在事实上就类似于伪造,而对一项专利的侵犯则纯粹是对一项作为私权的财产权的干涉"。[60] 综上所述,商标所调整的是先行存在的对象,而非新东西的创造,并且它们更多关注的是对欺诈行为而非财产权的调整,这些事实就意味着,商标是被认为落于知识产权法范围之外的。

---

[59] R. Macfie 编,*Copyright and Patents for Inventions*, vol. II (1883), 52。"当你赋予任何人以针对他人的诽谤而提起诉讼的权力,就几乎不是给予一种权利;这只是一种救济":W. Hindmarch, 1862 *Select Committee on Trade Marks* 129(Q. 2987)。

[60] 在讨论 H. 特鲁曼·伍德(H. Trueman Wood)所提交的一篇论文"The Registration of Trade Marks"(1875),28 时,坎平(Campin)指出,"保护在商标使用上的普通法权利,其起源和特征是从对违法行为的救济种类中加以确定的。这种救济是在欺诈案件中的一种诉讼,因此,未经授权而使用某一商标很明显就被认为是一种欺诈行为":E. Llyod,"On the Law of Trade Marks"(1861 年 5 月 11 日), 486。另参见 L. Sebastian, *The Law of Trade Marks and their Registration and Matters Connected therewith*(第 2 版)(伦敦:Stevens and Sons, 1884), 15。

第9章 从创造到对象

　　正如我们在本书的不同部分所见,在18世纪和19世纪上半叶,知识产权法的定义性特征,就是它对智力劳动或者创造性的关注。法律上的范畴是中立运行的,该中立地带就在行为与物之间振荡,但是,该法律的主要关注焦点还是创造的过程。前现代知识产权法的一个关键性特点,就是它假定作者、发明人或者设计人是具有某种天生的、自治意志的承受者,其在某种程度上是先于社会(pre-social)或者先于法律(pre-legal)的。该法律所保护和促进的,正是这种意志或者智力劳动。智力(或者创造性)劳动不仅形成了各个范畴的组织方法、界线划定,还影响到该财产的保护期限、范畴以及本质特征。若说智力劳动就是前现代知识产权法最具影响力的组织原则,这也差不多实际上就是如此。

　　虽然智力劳动在前现代知识产权法中发挥了如此突出的作用,但自19世纪下半叶以来,该法律就已经将其注意力从智力劳动和创造性上转移开了,而是更多地集中于其对象本身。19世纪 60 年代最先开始于专利法,而后这种将注意力从创造性上转移的运动逐渐蔓延开来,并且在知识产权法各个领域中占据了主导地位,至此,那些在 18 世纪和 19 世纪流行一时的主张,就开始让人产生怀疑了。法律的关注焦点与其集中于体现在,比如说一个作品或者一项发明的智力劳动上,毋宁说落在作为它们自身权利实体的作品或者发明上了。更具体而言,法律的焦点不再集中于在对象中所体现知识的质量,或者正如以往的情形那样,集中于这些对象中所包含智力劳动的数量上,而是开始更多地落到了作为一个闭合和可靠实体(closed and secure entity)的对象上。也就是说,法律将其关注焦点从那些用以创造比如说一本图书或者一台机器的劳动上转移开来,相反地,将注意力集中于图书或者机器本身。更准确地说,法律将其注意力从在保护对象上所体现的劳动价值那里,转移到了该对象本身的价值上:转移到了该特定对象为读者公众、经济等所作出的贡献上。

前现代知识产权法在处理无体财产时使用了古典法理学的语言,而现代知识产权法则趋向于更加依赖于使用政治经济学和功利主义的话语和概念。[1] 因此,法律不再试图再现(或者定位)在作品中所存在的创造性痕迹,而是开始将关注焦点集中于作品在其自身背后所留下的踪迹。[2] 在此情况下,具有重要意义的并不是在一个作品中所体现的劳动或者创造,而是该作品所作出的贡献,通常以经济学或者准经济学术语加以判断。[3] 亦即,法律不再评价在某一特定对象中所体现的劳动,而是开始集

---

[1] 贝尔珀(Belper)勋爵总结了这一变化的性质,他主张:"一个发明人对于其发明并不拥有自然的或者原始的一种垄断权……专利的存在只可能以公共效用为依据而获得辩护":"Patents for Inventions Bill"(1875 年 2 月 26 日)122 Hansard col. 926。
[2] 比较 S. Dentith, "Political Economy, Fiction and the Language of Practical Ideology in Nineteenth-century England"(1983)8 Social History 186。
[3] 这方面最显著之处在于,人们把越来越多的注意力落在有关专利强制实施的问题上(特别是由外国人取得的专利),它在 19 世纪下半叶的争论中占据了主导地位。

中于该对象的宏观经济价值；集中于它对于知识和进步，或者正如我们现在所说的，对于国民生产总值（GNP）或者生产力的贡献。詹姆斯·菲茨詹姆斯·斯蒂芬爵士（Sir James Fitzjames Stephen）则走得更远，他向1878年王室著作权委员会（Royal Commission on Copyright）建议，应该利用市场来确定无体财产是否应最终得到承认。如果某个独创性作品具有一种合理的市场价值（比如对于一幅画、一尊雕像或者一座建筑而言），那么，他建议在此情况下就不应引用著作权保护。但是，如果某个独创性作品并无市场价值（比如一本书），他就主张这是应当有著作权的。[4] 随着经济学主张变得更加地位突出，也随着评论者日益把知识财产说成是让发明人获得回报的一种方式，作为一种刺激创新和鼓励个人贡献其才智的方法，投资论（investment theory）这种现在为人所熟知的理论就开始在有关知识产权法的讨论中占据主导地位了。

托马斯·斯克鲁顿（Thomas Scrutton）在其1883年所写的著作权法经典著作的导言中，就突出说明了这些变化的实质。谈到直至19世纪中叶的这段时期，他提出，任何意图"简化为调整著作权的法律或者类似的专利法和商标法原则的……自然都将着手对该财产的本质进行一番探究"。这样一种探究将"立刻就把研究者带入了所谓的'法的形而上学王国'（realm of legal metaphysics）"。虽然这种探究方式一度在实际上是必需的，但是，根据其中所体现的智力劳动而来探求无体财产的本质，现在则被认为"与另一领域一样，争议多多而成果寥寥；在那个有关现象（Phaenomena）和本体（Noumena）*、神意和自由意志的争议不断的领域，处处是无知的军队在黑夜里冲突"。[5] 尽管无体财产的

---

[4] 1878 Report of the Royal Commissioners on Copyright of 1878 vii—lvii. 另参见 T. Farrer, "The Principle of Copyright" (1878) 851.

* 语出康德《纯粹理性批判》，在"先验逻辑"篇中对该两词加以区分。——译注

[5] T. Scrutton, The Laws of Copyright (1883), 2—3.

本质以及其中所体现出来的智力劳动,长期以来在知识产权法中发挥着一种核心作用,就像斯克鲁顿在那时认为可以从这些调查形式中获得辩解的许多其他东西一样;他在这里所暗示的是,那些曾经在知识产权法中具有关键性重要意义的东西(亦即无体财产的本质),现在已被认为是含糊、无聊和不相干的了。[6]

斯克鲁顿还强调了这个受到日益广泛传播的相关信念,即无体财产的地位已经得到了明确,而且法律已经解决了文学财产的反对者们就对于无体物授予财产权地位所提出的那些问题。正如他所说的,"不过,幸运的是,这种一般性基础调查的必要性由于如下事实而被消解了,即相对于所需获得的答案,现代法学家之间所盛行的是实际的共识"。[7] 由于遵从政治经济学和功利主义的权威[8],这些权威"几乎受到了普遍承认,不仅是作为立法的检验标准,而且也为立法技术提供了一个科学的基础",这样,在无体财产的本质和意义上就不必再进行形而上学的调查了。

随着对象在19世纪下半叶的闭合,无体财产就得到了重新定义,从而与它的自然主义解释分开了,也与关于对象的本质、神

---

[6] 以同样的方式,法勒表示,*Millar v. Taylor* 案、*Donaldson v. Becket* 案和 *Jeffery v. Boose* 案是"纯粹历史性的",是"牵强附会的法律类推":T. Farrer, "The Principle of Copyright"(1878), 842—843。

[7] T. Scrutton, *The Laws of Copyright* (1883), 2—3. 格兰维尔(Granville)勋爵对于该变化的本质、财产的最终形成甚至有着更明确的看法,他说,"布拉梅尔(Bramell)先生是对专利权维护最力者,尽管他没有明确地放弃财产权依据,但在他的论据中已经完全将之搁置了":"Patents for Inventions Bill"(1875年2月26日)122 Hansard col. 916。

[8] 引用梅因是为了达到这样的效果,即效用原则将是唯一明确的改革规则,斯克鲁顿称,"功利主义规则几乎受到了普遍的接受,既把它作为立法的检验,也被用作立法技术的一个科学基础"。功利主义还被人认为提供了"立法的科学和技术基础,并且……因此为任何特定的法律提供了合理性,解释了据以说明该立法合理性的原因":T. Scrutton, *The Laws of Copyright* (1883), 3—4。在这段上下文中,有意思的是请注意边沁就文学财产争论所发表的评论(该评论并未以功利主义的利益为引导)。参见上揭,第9页,注2。

性和形而上学相分离了。[9] 随着古典法理学的语言被政治经济学和功利主义的语言所替代,智力劳动,这个在之前一个世纪左右时间里对于定义无体财产具有如此重要意义的术语,就从相关视野中消失了(尽管正如我们将要指出的,并非以某些主张所提及之方式)。[10] 创造物——作品、外观设计和发明——就因此不仅从根本上与其创造者相分离,而且它们还获得了某种程度的司法自治,这是它们前所未曾经历过的。[11] 随着智力劳动和创造性从法律视野中消失,旧制度(ancient régime)最后保留下来的特征之一就这样烟消云散了:知识产权法迈出了更加接近其现代形式的一步。

除了由于那时所发生的朝着法律科学和实证主义的转换而受到强化之外[12],无体财产的闭合以及与之相联系的在19世纪下半叶所发生的与智力劳动和创造性的分离,同时还受到以下两个具体因素的影响:对判断力的日益担忧和现代登记制度的广布。现在我们就来依次考察这两个因素。

---

[9] A. Pottage, "Autonomy of Property" (1991), 14.

[10] 比较, B. Edelman, "Une loi substantiellement internationale. La Loi du 3 juillet sur les droits d'auteur et droits voisins" (1987) 114 *Journal de droit international* 567—568;J. Bergeron, "From Property to Contract: Political Economy and the Transformation of Value in English Common Law" (1993) 2 *Social and Legal Studies* 13。

[11] 科里顿在解释他用来组织其专利法文集的方法时指出,虽然在过去的专利法中,发明人扮演了一个核心角色,但在他当下的作品中,"专利权人与[发明]相比较而言变成了一种次要观念";J. Coryton, *A Treatise on the Law of Letters-Patent* (1855), iv。科里顿的作品包括了从主要的政治经济学作家那里选出来的评论,他认为这些评论导致在对那些作为立法基本原则的信仰上发生了一种变化。从创造人向创造物的转换,不仅反映在那些被认为问题重重从而需要改革的方面,而且对于实体法产生了一种直接的影响。例如,在反映从"创造人"(men of ingenuity)到"资本人"(men of capital)的转换中,1883年《专利、外观设计和商标法》允许不仅发明人而且投资人都可以成为专利权人。参见 W. Lawson, *Patents, Designs and Trade Marks Practice* (伦敦:Butterworths, 1884), ix。

[12] 斯克鲁顿明确引用奥斯汀的作品,来主张所有的权利"从其词语的严格意义上来讲,都是主权者的命令,而在该命令之前什么都不存在";T. Scrutton, *The Laws of Copyright* (1883), 4。

一、对判断力的担忧

无体财产的命运变化,部分地是法律在 19 世纪的进程中所发生的、向着判断的本质转移的结果。在其前现代形态中,法律更愿意根据它们的品质而在不同作品之间作出区分,以便排除那些它所认为琐细的或者不值得保护的对象,但愈到后来,法律对于这样的评价过程变得越来越警觉。我们以专利为例,在 18 世纪和 19 世纪上半叶存在着许多这样的情况,其中,法律明显对发明的质量提出了判断,并且试图把那些被它看做不值得保护的创造物,比如万花筒之类排除在其范围之外。例如,为了使某一专利的保护期限得到延长,根据《枢密院规则》(Privy Council Rules),专利申请人就必须表明,该发明是有价值的,而又未获回报。[13] 对受专利保护之发明的品质的关注,也许随着专利授权条件的引入而达到了它的顶峰,即在授予一项专利之前,申请人必须能够提出一项关于该发明具有"极高的公共实用性"的声明。[14] 接下来,那时对专利法改革的大部分讨论,就意在确保只对那些具有相应质量的发明授予专利。虽然今天的评论者倾向于对已登记为专利(外观设计或者商标)的数量感到着迷,但在 19 世纪的大部分时间里,最为人们关注的却是所登记对象的质

---

[13] 1835 年之前,延长专利的保护期限还只是作为特殊议会法的一个结果。不过,在 1835 年《布鲁厄姆勋爵法》之后,这一程序就从议会中被取消了,转而根据《枢密院规则》操作:John Waggett, *The Law and Practice Relating to the Prolongation of the Terms of Letters Patent for Inventions* (伦敦:Butterworths, 1887)。

[14] 参见,例如《1852 年专利法修订法规划》(Schedule of 1852 Patent Law Amendment Act)。关于将一种效用标准(a test of utility)作为确保那些有用的,而不是荒诞或者琐细的发明受到专利法保护的一种方法,参见检察总长(1851 年 8 月 5 日) 118 *Hansard* col. 1876。更一般的情况,参见 G. Armstrong, "From the Fetishism of Commodities to the Regulated Market: The Rise and Decline of Property" (1987) 82 *Northwestern University Law Review* 79。

量。事实上，人们视专利的成倍增长为一种有必要加以避免的恶。[15] 为此，人们的注意力集中于提高登记成本[16]以及引入审查制度作为手段，确保对琐细的或者不值得的发明不授予专利。[17] 对于著作权和外观设计而言，也存在着同样大量的例子，来说明该法律致力于这样的质量评价。

虽然法律在评价其保护对象时是自觉自愿的，但在19世纪中叶还是开始提出了这样的问题，即对于法律来说，从事这样的推测性行为是否合适。随着时间的过去，最初对这些行为的适当性所提出的怀疑，就变为更加一般性的对判断力的担忧以及在质量方面作出决定的一种担忧。该法律与其说是企图决定某一式样是否具有美学上的愉悦感或者某一特定发明是否有价值，正像法律在以往自愿所做的那样，毋宁说，人们主张该法律应当完全推迟作出这样的决定。知识产权法就因此而开始与现代主义发生共鸣了，后者亦担心受到政治、道德和判断的感染。[18]

在前现代知识产权法中，被认为属于普通法思维之完整组成

---

[15] 由专利（而不是发明）的增加所产生的麻烦，被认为是双重性的。首先，"在那些琐细的所谓发明上存在着许多的专利；其次，对那些要么陈旧，要么不具有实用性的发明授予专利，而专利权人利用该专利的目的只在于阻碍竞争对手的生产"：1864 Report on Letters Patent for Inventions i。

[16] "授予专利证书应当附带这样的条件，其严格程度足以让那些没有价值或者不实用的方案打消念头。……不可能指望政府的司法官员来对任何发明的原创性或者实用性进行一番检索性调查，因为他们的时间完全被那些专业和或者官方的职责所占据了。现在对专利权人实行适度收费，该数额加起来，在14年的全部期限内拥有该专利的话，就是150至200英镑，但[如果没有收费，我国就将淹没在一片假劣的发明中，这将比取消在发明上的全部独占性财产权而对人们的利益造成更大的损害"：Society for Promoting Amendment of the Law: Annual Report 1860—1861 (1861), 8—9。诚如韦伯斯特所言，"取得专利的高成本就担当着控制专利增长的作用"：T. Webster, 1851 Select Committee on Patents 23。另参见 1864 Report on Letters Patent for Inventions v; W. Fairburn, 1851 Select Committee on Patents 433。

[17] 参见 T. Webster, 同上揭，第23页。

[18] A. Huyssen, After the Great Divide（布卢明顿：印第安纳大学出版社,1986）, vii。对这种感染的担忧仍然是当代知识产权法的一个重要特征。例如,参见澳大利亚法律改革委员会, Designs: Issues Paper 11（悉尼：ALRC, 1993）, 35。

部分的智慧和经验,就赋予法官和律师以对被保护对象作出评价和宣判之信任。[19] 不过,在 19 世纪下半叶,人们对于法律从事该种调查模式的能力产生了某种信任危机。掌卷法官朗戴尔(Langdale)勋爵总结了这些变化,他在 1851 年说道,

> 我无法想象有任何方法,能够使你区分好的发明和坏的发明;我曾听过许多发明,它们一度被看做是相当疯狂和荒唐的,事后却被证明对公众是最有益的;相反,我也知道有许多看起来似乎将要作出重大奇迹并且将对公众带来最大好处的发明,却被证明是空洞的幻想;因此,我真的认为,对于任何法庭来说,要想区别一个好的发明跟一个坏的发明几乎是不可能的。[20]

之所以发生这种态度上的转变,其中的一个原因是这种日益强烈的信念,认为法律并没有准备好就质量方面作出主观性决定。法律所面临的一个特定困难,在于它并没有处于这样的立场上,以事先判断比如说一本书、一台机器或者一件装饰的价值或者是否值得保护,至少在根据这些东西的质量而对其作出判断之时。[21]

---

[19] 这还影响到了有关保护期限的评估方法。"一个合理的著作权法所给予的保护期限,对于各类最优秀作品的保护将是充分的;只需考虑最优秀的作品,因为任何其他作品的生命将不会超过最短的著作权保护期限……另一方面,它不应当在各个不同种类之间有所差异;因为谁有那么大胆,会对文学、艺术和戏剧作品的相对价值作出裁断?":"Copyright Law Reform"(1910),489—490。

[20] 向掌卷法官和副检察总长(Master of the Rolls and Solicitor-General)朗戴尔勋爵提出的问题,1851 Select Committee on Patents 655。这种对判断力的担忧,就是为什么在 20 世纪早期之前,人们并不认真对待审查的原因之一,而在那时之后,专家型审查员被认为能够胜任就发明、外观设计或者商标的本质特征作出决定。参见 J. Greene(1851 年 8 月 4 日)118 Hansard cols. 1848—1850。

[21] 这些难题由于如下事实而变得更严重了,即"要在某一发明的早期阶段,即预见到其最终呈现为某一实际有用的状态时的品质和界线,这即使对于最敏锐的头脑来说",也是不可能的:C. Drewry, Observations on Points Relating to the Amendment of the Law of Letters Patent(伦敦:John Richards 公司,1839),7。正如肯里克很早以前所指出的,"如果我没有弄错的话,在艾萨克·牛顿爵士的《原理》(Principia)开始出现第 2 版时,就已经过去了不少于 7 年和 20 年的时间;……当培根勋爵发表其哲学论著时,它们极少为人所理解,而是被当成一堆无用的文字":W. Kenrick, An Address(1774),8—9。假如这样的作品在首次发表时,其品质并不为人所承认的话,这样的法律又有什么希望呢?

这些难题受到了自由放任主义(laissez-faire)主张的支持,该主张攻击了质量判断背后的理念:亦即,法律所应当干预并且意图调整的是行为。[22] 在此时期,该法律因为比如说麦考利(Macaulay)和狄更斯的喜好而受到了攻击,所以,人们所能做的事情,就是确保它不致更加声名狼藉。

考虑到对一本书或者一台机器作出价值判断时,唯一可靠的方法就是回顾性的[23],而这对于法律来说通常并不是一个公开的选择方案,所以,该法律一开始的反应就是避免这样的提问方式。也就是说,该法律与其因为它以某一作品没有价值为由而对之予以拒绝,但事后又证明它是错误的,从而使自己易于遭受指摘,还不如说它对于所面临困难的回应,就是企图让自己远离这样的判断。简而言之,它选择了某种美学上和技术上的不可知论(agnosticism)。而且,替代法律就特定对象的质量作出判断的,是把这样的评价性决定留给诸如公众和市场之类的实体。[24]

以一种更加稳定和闭合的方式来表现知识产权法的对象,这些要求又由于如下日趋强烈的需求而受到了强化,即把知识财产置于一种可计算的形式中。不过,与之相关的难题在于,劳动和创造并不容易量化。法律在使前现代的知识财产变得可计算时所面临的特定困难在于,一个处于保护期内的作品可以被浓缩成一张写有数学符号的纸,但没有任何方法来计算劳动的量。[25] 不过,由于发生了从创造物所体现的劳动向该对象本身的转换,

---

[22] 法律在早前的意图——这是以政治经济学家所支持的自由放任原则为依据的——是想调整品味、道德、勤劳、诚实和舆论,但这些意图终成笑柄: J. Coryton, *A Treatise on the Law of Letters-Patent* (1855), 17。

[23] "除了后来的经验,没有任何东西能够充当检验某一发明是否具备实用性的标准": Overstone 勋爵, 1864 *Report on Letters Patent for Inventions* 85。

[24] "我们制度的精神就是留给公众最大范围的自由,让他们自己判断有关价值的问题;因此,也许可以得出这样的结论,即没有任何充分的理由,可以价值问题为由而拒绝承认发明上的权利……就某一发明的固有价值而言,普通大众是最好,也是唯一的裁判者": Society of Arts ; *Extracts from the First Report on the Right of Inventors*, 1851 *Select Committee on Patents*, 附录 C。

[25] T. Turner, *On Copyright in Design* (1849), 32.

这些困难也就随之得到了克服:虽然难以把劳动置于某种可计算的形式之中,但闭合的作品及其对经济所作出的贡献却是可以计算的。[26]

二、登记和无体财产的闭合

从创造性和智力劳动向一个闭合对象的转换,这个变化最重要的一个解释可以追溯到现代登记制度向各种知识财产的逐渐扩张:这一过程不仅导致了知识财产的闭合,以及与之相关的把创造性从法律的直接考虑因素中排除出去,而且在对无体财产所呈现形态的影响上起到了积极作用。注意到以下这一点具有重要意义,即虽然登记对于著作权对象所起的作用,不如在外观设计、商标和专利上所起的作用那么持续,但是,无论从哪一方面的可能性看,登记都是大多数著作权种类受到完全保护的先决条件。[27] 而且,以登记作为所有种类著作权保护的先决条件,这种观点还受到了广泛一致的支持[28]——至少是在1911年废除形式要件之前如此。

随着登记制度延伸至新的领域,它就带上了许多我们在前面

---

[26] 参见 J. Waggett, *Law and Practice Relating to the Prolongation* (1887)。
[27] 把这种情况概括起来,从而:"对于有关著作权登记的法律,就存在着其他独有的区别。任何的登记制度都不面向戏剧作品的著作权,或者在版画、演讲上的著作权。这一制度只是提供给在书籍和图画上的著作权的,但其效果有所不同。在这两种情况下,都必须在对某一侵犯著作权的行为采取法律诉讼之前进行登记,但在登记之后,在任何书籍上的著作权所有人均得向侵犯其著作权的人起诉,而在图画上的著作权所有人则未必":1878 *Report of the Royal Commissioners on Copyright*,第11段。
[28] 社会科学学会法学部委员会(Committee of the Jurisprudence Department of the Social Science Association)报告称,"在联合王国发表的所有各类作品的著作权,以及在联合王国首次表演的戏剧作品和音乐作品上的著作权,其登记应当是强制性的"。委员会还推荐由政府部门来实施该登记:"Copyright" (1881年3月25日) 29 *Journal of the Society of Arts* 418。

所确认的登记制财产的主要特征。[29] 例如,由于邮政和交通的改进以及向着政府集中化的趋势,这就促成了一个从地区性机构向位于伦敦的集中登记机构的转变。[30] 这在专利的情形中尤其明显,它见证了从地方登记机构,比如位于爱丁堡和都柏林的登记处[31],向着地处伦敦的单一登记机构的转换。新登记制度所共有的另一个特征,则是出具证据的方式和情形。证据的出具由白棉布印工转移到了外观设计局,同样地,在19世纪下半叶产生了一种越来越强烈的期望,要求证据以及更一般而言的登记制财产都应当成为由官方而非私人控制的事务。这样,就产生了一种从私人的、行会式调整证据问题的模式——比如在出版商公会(Stationers' Hall)[32]和设菲尔德的刀匠公会(Cutlers' Company)所存在的模式——向着官方予以财政支持和组织的机构转换。

19世纪下半叶所形成的现代登记制度,对于无体财产的闭合以及相关的把创造性从法律中移走,起到了一种重要作用:扩张后的登记制度,其特点之一就是确保无体财产被置于一种既稳定又可无限重复的格式。对此予以补充的是这样的事实,即登记,特别是更为精致和合理化的登记,就导致了更加明确的标准

---

[29] 参见第2章。

[30] 就有关登记官和法院是否应当集中设置的问题,有人认为:"……如果每个特定行业都得有[一个登记官或者]像在设菲尔德的刀匠公会那样的委员会,那么,将之设在伦敦大都会将有很多好处;我认为它们最好能够就标记而不是一个普通登记官作出决定":G. Wilkinson, 1862 *Select Committee on Trade Marks* 85 (Q. 1769)。

[31] 不过也存在着诸多例外。例如,除了在伦敦的登记处之外,还有另一个外观设计登记处于1907年在曼彻斯特成立了,它受棉布标记管理员(Keeper of Cotton Marks)的监督;1907年《专利和外观设计法》第62(4)条,《外观设计规则》第80—88条。对此,参见 25*th Report of the Comptroller-General of Patents, Designs and Trade Marks for the year* 1907 (1908) 25 PP 13。

[32] 关于登记官作为一个公共官员的地位,参见 A. Moffat, "The Copyright Bill" (1898) 10 *Juridical Review*, 166。就如同著作权委员会在1878年所做的那样,1898年《著作权法案》提议设立新的登记机关(不过,出版商公会被认为对于该法案来说是足够的)。逐步采纳一个集中化登记程序,这标志着在商标上的一个重大变化。特别是,它见证了一个转变,即从对具体行业(或者地区)的保护到对更抽象的法律范畴的保护。

化模式,并因此确保它所产生的文件能够受得人们的信赖。[33] 一旦登记制度及其代理人能够确定下来,而且最重要的是它所出具的文件能够受人信任,那么,人们就不必再去调查文件表面之外的东西了:该纸面记载本身就是最终结果。正如专利说明书、商标和外观设计文件开始以其本身而被人们当作最终结果,发明、商标和外观设计就从它们所由产生的环境中去背景化(de-contextualised)了。在人造物的生产中起着如此重要作用的智力劳动,就因此靠边站了。通过引入在实际上不可能取消的事实形式(de facto form),登记就从根本上改变了法律调整无体财产之方法的本质特征。在从以创造性和智力劳动为考虑因素到以财产登记为新的考虑因素的转变过程中,法律就这样发挥了重要作用。[34] 同时,把无体财产简化为一张以所谓的表述性登记(representative registration)为基础的书面记载[35],这就有助于克服空间上的困难(这是由登记机关所在的建筑物大小产生的)[36]和距离(这是由登记机关的集中而引起的)上的困难。

---

[33] 对于一个封闭的登记程序,其好处就被概括在土地登记官布里克戴尔的评论中,"如果你看看[一个钟的]表面,你就能一眼看到时间。如果你打开它的后盖来看这部机器,它会让一个聪明人都会困惑于猜测它是如何运转的,并且他会转而叹服于对计时沙漏的替换":Registrar Brickdale,引自 A. Pottage, "The Originality of Registration" (1995) 15 *Oxford Journal of Legal Studies* 378。

[34] 例如,有人提出,"可能存在着这样的外观设计,其美观和实用是不可分离的,从而可能根据实用性外观设计法或者装饰性外观设计法而获得登记,但是,当该登记生效,而在外观设计上的权利在诉讼中受到质疑时,法院只能够看该外观设计登记时所依据的法律":掌卷法官 J. Romilly 爵士,*Windoverv. Smith* (1863) 11 WR 324,引自 C. Phillips, *The Law of Copyright in Works of Art and in the Application of Designs* (伦敦:Stevens and Haynes, 1863), 238。

[35] 我们使用该术语,不同于它被用于商标时所采用的方式,在那里引入表述性登记,是为了允许那些使用了许多不相同但相似的各类商标的生产者,可以注册某个作为整体类别的代表性商标(representative mark)。对此,参见 *In re Burrows* (1877) 36 LT NS 780; 5 Ch Div 364; "The Government Patents Bill in its Relation to Trade Marks" (1883 年 4 月 7 日) 74 *The Law Times* 405。

[36] 在登记处的存贮问题,是其中一个最有说服力且前后一致的论据,被用来反对以提供模型作为获得保护的一个前提条件。

三、无体财产的管理

登记制度的扩张和精细化,不仅导致了无体财产的闭合:它们也在该财产界线范围的管理和形成上发挥了一种重要作用。现代登记制度就因此在解决许多由法律对无体物授予财产权地位而面临的难题时起到了一种关键性作用;这些难题也是文学财产的反对者们在近乎一个世纪前的文学财产争论中所强调的。

为了评估由现代登记制度在无体财产的形成上所起的积极作用,我们有必要转而更加具体地考察这个扩张后的登记制度所处理的原材料。尽管存在着一些显著的例外,其中关注的不是无体财产所体现的物质对象——机器和纺织品,但知识产权法还是开始越来越依赖于在这些物品上所体现的无体财产的书面或者图示性表述了。[37] 也就是说,申请人不再解释比如说在一匹布上所装饰的一个外观设计(正如根据《白棉布印工法》所必须做的那样),相反地,他们受到鼓励(在某些情况下是必须)提供有关该对象的书面或者图示性描述以及接下来所主张的财产权。

---

[37] 对于外观设计,存在着某种混淆。例如,虽然根据 1850 年《外观设计法》第 11 条,申请人能够提交代表外观设计的图画或者印刷品,但是,欣德马什举了一个例子,用来说明他所涉及的这样一种情形,其中,一个外观设计获得了登记,"而如果利用任何图画来说明的话,它是不可能这样做的;因为在登记外观设计的情形中发现有太多这样的问题,所以有必要通过一部议会法律……来消除困难;这就是 21 & 22 Vict. c. 70, s. 5 [1858 年《外观设计著作权修订法》(Copyright of Designs Amendment Act)]。既然通过了这样一部法律,人们就可以到登记机关,交存一块布或者一条围巾,而这就是要登记的对象,它们都产生于我刚刚提到的情形。正如该制定法最先所指出的,在登记中,外观设计所指的就是一个图画性说明,而不是其他任何东西。通常,一个外观设计的效果必须通过一个以某种特定方式所形成的色彩组合才能产生出来,而这种色彩组合几乎不可能由任何图画来表示,要把它表示出来是极为困难的":W. Hindmarch, 1862 *Select Committee on Trade Marks* 143 (Q. 2997)。1883 年《专利、外观设计和商标法》允许某个原创性外观设计的所有人交给登记机关"一个足以表示该外观设计的说明,而像现在所要求的是该外观设计的一个复制件":Chamberlain (1883 年 4 月 16 日) 278 *Hansard* col. 350。

虽然登记成为几乎所有种类知识财产获得保护的一个先决条件,但著作权作品还是与知识财产其他领域的对象区别对待的。其原因在于这样的信念,即著作权法的调整对象在其所存在的物质载体之外是不可能进行简化的。[38] 更具体而言,著作权作品的非简化(non-reductive)特征就意味着,对该无体财产进行描述或者把它从所表现出来的物质形式那里进行简化都是不可能的。考虑到无体物只能以其完全的物质表现才能够被复制,这种信念就意味着,著作权与专利、外观设计和商标的情况是不同的,在后者的情形中,申请人必须描述所保护的对象是什么以及所主张的权利要求为何,而在著作权的情形中,在出版商公会所交存的就是剧本、曲谱或者图书之类该对象本身,而不是它的描述。[39]

尽管这些变化具有广泛性,但是这个朝着表述性登记的变动以及它对于知识产权法所产生的影响还是趋向于被人忽视了。其部分原因在于,知识产权法吸收了一种鼓励采用自然主义方式的描述模式;例如,它导致行为人得出结论,认为对一个外观设计的描述就是外观设计本身。而且,循着先前所建立的模式,登记这种方式倾向于主要被看做用以证明所有权的证据。[40] 登记在证据上的当务之急,可以从 1862 年《美术作品著作权法案》(Fine Art Copyright Bill)的上下文中看出来,该法案除了把著作权保护引入美术作品外,还宣布免除在提起诉讼之前必须登记的做法。

---

[38] 在登记上还存在着其他的问题。例如,对于音乐作品,思林勋爵说:"我就忽略了有关登记的条款。强制登记对我来说,似乎是不可能的。一位主要的音乐作品销售商告诉我,他有 20000 个著作权,显然,这是指有许多书,尤其是有许多的乐谱,它们并不包括在书籍的定义中,并且就此进行登记没有什么价值":引用于 Monkswell 勋爵(1899 年 4 月 24 日) 70 Hansard col. 359。

[39] 不过,根据 1862 年《美术作品著作权法》第 4 条,在美术作品的情形中,必须"对于该作品的特征和主题作出一个简短说明"。对此的讨论,参见 Beal; ex Parte (1868) 3 QB 387。

[40] "[对作品著作权的]登记就只是对所有权的记录":1878 Report of the Royal Commissioners on Copyright xxvi, 第 157 段。另参见 W. Smith, 1862 Select Committee on Trade Marks 26 (Q. 592)。

替代登记做法的,是它提议"以一个简单的条件而授予美术作品的作者以著作权,即只需在作品上签名或者由其姓名的首字母组成的花押字"。[41] 很明显,由于把签名与登记视作相同,1862年法案的起草者就只是以其在表明证据和真实性上所起的作用来看待登记:登记所做的一切就是让艺术家们能够说,"对,这就是我的作品"。[42]

如果我们把注意力从登记在提供所有权证据方面的作用,转移到登记得以进行的方法上,我们就跟着来到了从许多方面来说更有成效的另一个方向:我们开始认识到,至少是在有关专利、商标和外观设计上,登记不仅导致了无体财产的闭合,而且它还成为我们在先前所描述的排解无体财产难题的场所。就此意义而言,那时在知识产权法中所发生的变化遵循了福柯(Foucault)的评论,即司法制度随时间过去而日益被结合到一个(医疗、行政等等)机构的统一体(continuum)中,该统一体的功能大部分是管理性的。[43]

19世纪所形成的现代登记制度,对于克服法律在证明无体

---

[41] 1861 Bill for Amending Law Relating to Copyright in Works of Fine Art (1861) 1 PP 519; 1862 Bill for Amending Law Relating to Copyright in Works of Fine Art (1862) 1 PP 485; 1862 Bill for Amending Law Relating to Copyright in Works of Fine Act (业经特别委员会修订) 1 PP 493, 第5、6条。参见 D. Robertson Blaine, *Suggestions on the Copyright (Works of Art) Bill* (伦敦:Robert Hardwicke, 1861), 6。

[42] 以其特有的敏锐风格,欣德马什成为19世纪少数几位承认由于向表述性登记转变而正在发生变化的评论家之一。在谈到商标注册时,他说:"你所能登记的,或者能够记载在登记簿上的,就只是该商标所指的一个图画性说明;而不是商标本身,因为十有八九,该商标就是一个实质上不同于(materially different)图画说明的东西。大量的标记是浮雕的、钻孔的或者压印的……它们有几百种制作方法;无论如何你都必须把商标所指的内容简化成一个图画的外形"。这样做的结果,"就不是使该权利更加明确……而是使之更不明确,或者至少不会更加明确":W. Hindmarch, 1862 *Select Committee on Trade Marks* 143 (Q. 2997)(着重号是后加的)。虽然欣德马什对于由表述性登记而对无体财产所造成的影响表示赞赏,但用消极用语来看待它——正如他所做的那样——就忽视了它对知识产权法所起的积极作用。

[43] M. Foucault, *History of Sexuality*, vol. I (R. Hurley 译)(纽约:Pantheon, 1978), 144。

财产身份(identity)方面所面临的困难,也发挥了一种重要的作用。更具体而言,因为登记提供了一个程序,它将产生"一个最有价值的、不受时间限制的记录,记录着被盗版作品的身份、作品首次发表的时间以及作者的姓名"[44],所以,它对于解决如何确定创作者,以及更为疑难的如何确定该财产的边界等这些持续存在的难题,都起到了主要的作用。[45] 为做到这一点,它的方法就是把关注焦点以及相应的调查模式由该财产的本质转移到该文件的表面上。[46] 这是因为,与其被认为是对"真正"财产的一种蹩脚模仿——它被两次从无体财产的本质上移开——不如把已登记的描述就当作结果本身。从大量的案例看,在专利权利要求书、外观设计文件和商标申请书中所包含的记载内容都是确实如此或者有必要如此的。而且,对它来说,要紧的并不是它们对其他东西的描述,或者它们远逊于它们所描述的东西。由于发生了把登记作为结果本身的转换,它促进并且强化了无体财产的闭合,所以,作为这一转换的结果,就不存在任何有待追溯的拟制创立的财产权,或者有待重新定位的本质了。反过来这又意味着,虽然在对无体物授予财产权地位时,法律长期以来纠缠于抓住财产本质的方法,但这种做法突然变得无足轻重了。确定财产的本质以及确定该财产的边界位于何处,这个任务在以往被证明是很成问题的,但它现在已经不再是法律所必须处理的难题了:它们现在通过政府管理的方式获得了解决。相反地,重要的问题是用来解释专利、外观设计和商标文件的方法。事实上,正如韦伯斯特向1851年专利特别委员会所提出的报告那样,在那时的知识

---

[44] D. Robertson Blaine, *Suggestions on the Copyright (Works of Art) Bill* (1861), 17。

[45] "另一个困难,几乎是[在智力劳动的财产上]特有的困难,在于确认其身份。所谓的制造品、书籍或者图画的无体性或者非物质性要素,必须要用不同的有体性或者物质性要素的形式将之确定,以解决有关它们两者之间的差别问题": T. Webster, "On the Protection of Property in Intellectual Labour" (1859) *TNAPSS* 238—239。

[46] 参见 I. Brunel, 1851 *Select Committee on Patents* 510。

产权案件中,十分之九取决于专利说明书或者书面文件的内容。[47]

由于把关注焦点从无体财产的本质这个阴影世界中转移开来,并且从创造性和智力劳动中转移开来,转到了解释书面文件的方法上,因而,至少与以往的情形相比,登记也提供了一个稳定的参考点,以使无体物的身份能够更容易地得到确定。而且,由于其所有人的名字必须列于申请文件上,这一事实就使得确定财产所有人身份的任务变得相对直截了当了。

19 世纪下半叶发展起来的表述性登记制度,不仅导致了无体财产以及与之相关的对创造性的排除,而且,它除了在确立无体财产所呈现形态方面发挥了一种重要作用之外,还起到了确定该财产范围和所有人的作用。在此过程中,它就给知识产权法带来了一种重要的变化:随着以往在法律上起作用的创造性被登记程序所取代,知识产权法的模仿性方面,亦即该法律在"创造"无体财产方面所发挥的积极作用,现在就几乎完全发生在管理层面上——即对文件进行起草、登记和解释的方法。

该法除了对那些权利要求书的起草者加以直接或者间接的控制外[48],还对那些写入登记文件中的内容进行密切监督。尽管在一项专利的权利要求、外观设计或者商标的有效期内,无时无刻不受管理,但是,管制的范围还是因所涉及的对象而有所不同。例如,对于一个外观设计说明书或者一个商标而言,就不如对一份专利说明书所要求的那么精细和精确。[49] 不同领域要求不同程度的管理,这一事实是与所涉及对象的复杂性相对应的,

---

[47] T. Webster,同上揭,第23页。因此,越来越多的注意力放在说明书的解释方法上了。这对于专利法的情形尤其如此。在涉及外观设计和商标的情形中,法院偶尔仍然会在阅读该说明之外,还看看该外观设计或者商标在行业中所适用的商品。

[48] 专利代理人的专业化导致了有关行为规则和教育标准的引入,这就有助于监督专利说明书的起草,并进而监督专利财产权的特征。参见 F. Campin, 1851 *Select Committee on Patents* 379; W. Spence,同上揭,第 400 页。

[49] 参见 Cranworth 勋爵,*Holdworth v. McCrea* (1867) LR 2 HL 385。

因此,许多专利就比在商标和外观设计的情形中而要求更具体的说明。之所以采取不同程度的管理,其另一个解释是描述与被描述对象之间的差距。虽然装饰性外观设计在相当程度上被认为是天才的产物,就像诗句一样是创作的结果,但是,外观设计被当成了(至少在此处的上下文中)最纯粹的一种知识财产:对于专利和非装饰性外观设计而言,在书面文件和无体财产之间总是存在着一道间隙,然而对于外观设计来说(正如它们的图示性说明一样),"它们的形式"就被认为是"它们的本质,它们的目标就是要产生出愉悦感。这就是它们的最终目的"。[50]

随着引入这样的要求,即一发明一申请、专利说明书应当清楚说明权利主张的内容、对于特定申请标题的作用施以更大的控制(这些标题通常被用作说明创造物本身的一种速记手段)。[51]而且,人们的注意力还集中到了申请文件的起草方法上——如果你愿意,还集中到它们的可理解性上。例如,就专利的情形而言,1852年所形成的规则声称,"说明书应当具体说明在一个专利中所意图包含的发明,以使任何具有普通技能和知识的人在阅读之后,就能够毫不困难地确定由该专利所授予权利的特征和范围"。[52]

被承认为知识产权法一部分的无体财产,也受到了一系列具

---

[50] Baker v. Selden (1879) 101 US 103—104. 这似乎是,当我们与作为仲裁者的眼光离得越远,就需要越多的规则。

[51] 参见,例如1852年《专利法修订法》第8条。发明的标题是用来"清晰而具体地指出该发明的本质特征和对象的":规则 I、II,根据 15 & 16 Vict. c. 83, 1852年12月12日法而制定的第三套规则。有人声称,1829年使用的标题是最早发生的情形之一,其中,有一人出具保证书,给涉案的专利这样一个标题:"这是一种改进的桨轮";B. Rotch, 1829 Select Committee on Patents 116。标题在此后成为编制专利目录和解释专利的依据。

[52] 虽然在1852年就引入了有关说明书应当只包含一项发明的观念,但很显然并没有被司法官员所执行,而人们认为这种情况已经根据1883年法发生了变化。参见"New Patents Act"(1884年1月4日)32 Journal of the Society of Arts 121; W. Hindmarch, 1864 Report on Letters Patents for Inventions x。在外观设计法中形成了这样的规则,要求每一说明书必须仅限于一件外观设计,而不能是多重的外观设计。参见,例如 Holdsworth v. McCrea (1867) LR 2 HL 381。

体规则的约束,这些规则的关注焦点在于申请时所提交文件的细节上。例如,根据1852年《专利法修订法》,专利局长在1876年所制定的规则中这样规定:

> 所提交的图纸必须画在白纸上。图纸上的全部线条须完全为黑色,使用最优质之印度墨水,且须在全部图纸中保持相同之力度与墨色。任何阴影部分必须以清晰、明显之线条显示,并且与所必须之效果保持一致。截面线条不应画得过于接近。不得为任何目的而在该图纸上着色。所有字母和参考数据必须为粗体字并且清楚。图纸的界线只能用某种细线。

……以及诸如此类。

通过对权利要求的起草方法施加更多的控制,以及通过控制纸张的大小、边宽以及图纸的格式、大小和比例[53],法律就限制了用来说明该发明的方法,而这样一来,就限制了所保护无体财产的范围。[54] 由那时的申请人所发出的抱怨,就足资证明这些限制对于权利要求的起草方法所产生的影响。[55]

---

[53] 例如,1843年《实用性外观设计法》要求外观设计的所有人提供两个与该外观设计非常相似的图画或者印刷品,"以一个适当的几何尺寸"画在不超过24乘以15厘米的纸上,并以提供同样可理解之内容所必须的方式进行书面描述,阐明该外观设计中非新颖性或者非独创性部分。一般性参见 M. Rudwick, "The Emergence of a Visual Language for Geological Sciences: 1760—1840" (1976) 14 *History of Science* 148。

[54] 关于在撰写说明书和专利权人权利要求书时需要符合更严格的要求,参见1864 *Report on Letters Patent for Inventions* vii。

[55] "根据[外观设计]局所发布的指示,我们只被允许显示物品的两个外观图。现在,我以这个墨水瓶为例。这个墨水瓶的每个面都可能是一件装饰,或者一个不同的外观设计。如果我只被限于两个外观图,我又如何能够显示该外观设计呢。如果我用透视法来显示它,你知道在某种程度上它就对一个物体造成了扭曲。墨水瓶那个离我较远的部位就会比处于前景的部位显得更小": E. de Pass,专利代理人学会研究员,1888 *Patent Office Inquiry* 81 (Q. 1375)。该问题本来可以通过允许外观设计者以两个以上的外观图来显示而得到解决,但还是会存在问题,即设计者"在空间上是大受限制的。我们有时必须把外观设计画得非常小,因为我们被允许的只是滑稽圆锥帽一般大小":同揭,(Q. 1378)。

约束无体财产的另一个方法,是随着申请人"被施以一项义务,即具体说明其所主张的内容"而带来的结果。[56] 在以往,法律承担了艰巨的任务,必须提炼出无体财产的本质;而现在,随着申请人的责任变成了说明他们所主张的权利要求,法律在确定无体财产范围和界线时的作用就获得了极大的简化。卡普梅尔(Carpmael)则走得更远,他向1851年专利特别委员会提出建议,称"法律要求专利权人必须具体描述其发明所延伸的边界,否则法官无法据此而对该专利作出一个解释"。[57] 为防止申请人或者其代理人借此便利而作为扩展其财产范围的机会,法律就在登记程序中设置了许多自动调节(self-regulatory)的装置,从而进一步限制了所登记对象的范围。无论是外观设计法具体规定申请人必须说明外观设计所保护的对象是什么(式样、外形或者形状)[58],以及所采取外形或者形状的目的,还是专利法要求专利权人明确表述所实施发明的特定目的或者有用性,这些要求都限制了该财产的范围。对申请人所施加的自动调节的控制,还由于如下事实得到了强化,即审查员越来越多地在申请文件的监管方面起着更加突出的作用。[59]

由于如下事实,无体财产得到了进一步限制,即当申请文件被递交给相关登记机关时,它们必须在某一特定的种类或者范畴之内提出。虽然登记种类对于财产范围所起的作用在不同的知识财产之间有所不同(它们在外观设计和商标上较之于在专利的

---

[56] 例如,1883年《专利、外观设计和商标法》引入了这样的要求,即除非在申请中包含一段就该外观设计的本质特征所作的声明,否则任何登记都属无效。"在实践中,专利局官员并不对权利要求作出干涉,而只是让申请人甘愿自担风险":H. Cunynghame, *English Patent Practice* (1894), 195。另参见 J. Imray, "Claims" (1887—1888), 6 *Proceedings of the Institute of Patent Agents* 203。

[57] 1851 *Select Committee on Patents* 312.

[58] 1853 *First Report of the Comptroller-General of Patents, Designs and Trade Marks* 28 PP 33 (1883 Design Rules), no. 9. 这样做的结果,就是让申请人来决定其外观设计登记的意图或者目标,并以此来限制无体财产的特征。

[59] 参见,例如 W. Carpmael, 1864 *Report on Letters Patent for Inventions* 6 (Q. 168)。

情形中,尤显重要),但是在许多情况下,财产范围是受到它所登记种类的限制的。[60] 这就意味着,如果一个外观设计是在玻璃类外观设计中登记的,则在陶器上是可以对它进行复制的。虽然从许多方面看,新登记簿中所采用的登记种类就是对行业组织结构的复制[61],但我们还是应当承认,在建立分类规划上还是付出了大量努力的,并且它们对于无体财产范围的形成起到了某种作用。[62]

登记制度还以许多意想不到的方式影响了无体财产。例如,把颜色从可注册商标的范围中排除出去,这个决定就不是出于什么理论争论的结果,而是由于在商标注册上的实际困难。[63] 虽然1875年《商标法》[64]并未提及任何有关颜色的注册问题,但这些规则还是按如下方式得到了解释,即颜色是被排除在那些可作为商标受保护的范围之外的。这样做的原因在于,注册规则第8项要求申请人向登记官提供一份有关其商标的书面描述,在实践

---

[60] 1883年《专利、外观设计和商标法》第58条规定,侵权行为应当根据外观设计所登记的种类而加以考虑。由贸易委员会根据该法所确立的分类规则,可见于1883 First Report of the Comptroller General of Patents, Designs and Trade Marks 28 PP,附录B,第33页及以下。

[61] 随着法律范畴从具体向抽象转换,各种不同行业的特定需求都被保留在登记簿中了。以往由专门的登记簿(亦即用来处理特定种类的商标和外观设计的登记簿)所发挥的作用,都被结合到了登记类别之中了。

[62] 将这些种类组织起来的方法以不同的方式影响着不同的群体。例如,在外观设计登记处所采用的种类,趋向于以设计者为代价而使制造商受益,因为在实践中,设计者通常向制造商提供大量不同的外观设计,而制造商则倾向于只为某一特定种类的商品选定一个外观设计。对于设计者而言,外观设计是一个抽象实体,可以适用于许多种类的商品;只为某个具体种类进行登记,就太受限制了。参见 H. Trueman Wood, "The Registration of Trade Marks" (1875), 25;以及 "Trade Marks: Classification" (1913年9月30日) 24 (9) The Manchester Chamber of Commerce Monthly Record 253。

[63] 这对于棉布标记尤其具有重要意义,"其全部的显著性就存在于它们所呈现出来的颜色中,[因此]颜色的登记就是根本性的……对于该种标记而言,就很容易看到,以任何其他方式进行登记都比交存实物更加没有效果,因为商标的全部本质就存在于颜色之中": "Registration of Trade Marks in Colour: Part I" (1881年2月5日) 25 Solicitors' Journal 255。

[64] 1875年《设立商标登记簿法》。

中还须附带提供该商标的复制件。它随后会被登载在《商标杂志》中公告。不过，正如掌卷法官在 in re Robinson 一案[65]中所解释的，因为申请人必须向印刷商提供该商标的木刻版或者电铸版，"发布公告的困难是如此之大，而且用彩色平版印刷来获得颜色的深浅也困难极大，所以，人们就只是出于这样的实际目的而放弃了颜色"。[66]

一旦某个权利要求成功地通过了注册程序，则它对无体财产所施加的控制还将继续。正如受到 1852 年《普通法程序法》（Common Law Procedure Act）[67]所规定之程序规则的约束，解释权利要求的方法也对于确定无体财产所呈现之形态起到了某种作用。虽然对权利要求作扩张性解释将扩大其保护范围，但至少在一开始，法院就试图把该财产控制在登记文件的表面上。在专利领域，人们通过把专利限制在字面语义而非说明书的等同物上，从而做到这一点。[68] 作为一项外观设计，其保护范围则受

---

[65] (1880) 29 WR 31. 同时注意 Drewhurst's Application for a Trademark (1896) 2 Ch 137, 13 RPC 288（文字和图画）; In re Worthington & Co's Trademark (1880) 14 Ch D 8; Hanson (1887) 37 Ch D 112。

[66] "Registration of Trade Marks in Colour: Part I" (1881), 255.

[67] 1852 年《修改在威斯敏斯特普通法高级法院和在兰开斯特、达勒姆伯爵领地高级法院之程序、惯例和诉讼模式法》。该法规定，在诉讼开始的令状中，原告无需提及任何诉因。1873 年《司法法》规定，诉状中应当包含一份就当事人诉讼请求所依赖的重要事实而作出的简易声明。原告必须以此方式具体指明诉因，这种要求就包含着财产权的限制。对此，参见 W. Carpmael, Report on Letters Patent for Inventions 16 (Q. 364)。

[68] 评论者要达到这一目标是有难度的。例如，弗罗斯特称，"过去曾经存在这样一种观念，认为要违反一个制定法上的衡平法是有可能的。如果不能表明该制定法的词句受到了违反，还可以主张衡平法受到了侵犯；同样地，由于这样一个混淆性观念，也导致了一种概念的流行，即可能存在着对专利衡平法的侵害行为。不过，在专利法中并不存在任何此类合理原则；它所保护的是那些具体指明的东西。"虽然弗罗斯特意图把财产利益限制在说明书的表面，但果不其然，他失败了。正如他所说的，"被认定属于侵权行为的，必定是一种具体指明的侵权行为，尽管它可能是一种较轻的侵权行为，因为它由于或增或删而有所变化或者掩饰"：R. Frost, Patent Law and Practice (1891), 401。

到如下事实的约束,即外观设计总是从正确的判断、鉴赏力[69],而不是通过任何其他意义得到解释的。不过,对于商标而言,正如对于著作权中的音乐作品那样,它们同样考虑的不仅有声音上的相似性,而且有视觉上的相似性。[70]

虽然表述性登记在这些受到专利、外观设计和商标法保护的无体财产的形成上起到了重要作用,但对于著作权来说,人们却无法得出同样的结论。其原因在于,虽然在调整专利、外观设计和商标时,人们向法律呈现了对所保护对象的一种描述,然而,在著作权的情形中,法律所面对的就是该对象本身,而非对该对象的一种描述。这样的结果就是,在专利、外观设计和商标的情形中,无体财产的范围和同一性在很大程度上是通过表述性登记加以确定的,但与之不同的是,当法律考察跟著作权相关的问题时,却发现自己必须努力克服那些有关无体财产本质以及范围的形而上学难题,这就类似于在文学财产争论中所讨论过的那些难题。这些问题被认为"不值得立法机关重视而应当留给行政机关"。[71] 一旦在行政层面可能的少数几个选择方案都被用尽了[72],则那些借以确定著作权作品的表述技巧的艰难任务就落

---

[69] 诚如韦斯特伯里(Westbury)勋爵所言,"在这些情形中,如果发明物的主要内容存在于图画之中,或者存在于那些可以被复制的形式中,则需诉诸眼睛,而眼睛本身就成了确定两个事物是否相同的裁判。因此,在判断是否构成盗版时,人们就立即求诸于一位不会出错的裁判,亦即眼睛,它看看这个的外形,再看看另一个的外形,然后确定它们是相同的,抑或并不相同":*Holdsworth v. McCrea* (1867) LR 2 HL 381。

[70] 参见,例如 *Ouvah Ceylon Estates v. Uva Ceylon Rubber Estates* (1910) 27 RPC 645;(1910) RPC 753 *Pianost's Application* (1906) 23 RPC 777。这不仅形成了财产的范围,而且,以某一特定方法来解释该文件的预期,还影响着最初起草这些权利要求的方法。

[71] T. Turner, *Remarks on the Amendment of the Law of Patents* (1851), 16.

[72] 在向出版商公会交存文学作品的情况下,交存图书的人还必须在一份有人见证的表格上签字,该表格如果签错的话,还可能导致特定的罚款。参见 C. Rivington (出版商公会的书记官以及依据著作权法而设立的登记官),1898 *Report from the Select Committee of the House of Lords on the Copyright Bill (HL) and the Copyright Amendment Bill (HL)* 194 ff。

到了立法机关和法院的身上。[73] 何谓作品？它又是如何转换的？作为确实此类问题之方法的具体规则得到了发展[74]，并随之产生了这样的意图，即通过运用法律协议和格言式推理（aphoristic reasoning），来划清著作权作品的界线。虽然人们致力于确立这些技巧，但它们只是提供了有限的帮助。因此，在处理著作权的对象时，法律还是常常发现自己处于一种并不惬意的情形中，即它必须首先提炼出无体财产的本质特征：就此意义而言，著作权法还是不同于知识产权法的其他领域，它仍然是前现代的。承认这一点不仅凸显了法律范畴之间一个重大的不同点，而且它还有助于我们理解今天著作权法的方方面面。著作权法的前现代性（我们并不意图对此作贬义性解读）部分地可以有助于解释，为什么著作权法有着错综复杂的推理和既冗长又常常笨拙不堪的制定法，却可以博得合理性的名声。而且，如果承认著作权法所面临的主要任务之一仍然是确认和划分财产的范围，这就有助于我们更好地理解该法律在处理诸如数字技术和多媒体之类的对象时所经受的难题。[75] 它还解释了为什么就是著作权法，它与知识产权法的其他任何领域相比，常常被新的对象种类抓住问题。

---

[73] 1928 年有人就提出，因为"著作权是与生俱来的，并不依赖于手续要件，而且由于有关著作权的争议并不是通过行政机制而是通过法院解决的，所以，现行作品中向[贸易委员会的]工业产权部提出申请的，就相对少了"：H. Llewellyn Smity 爵士，*The Board of Trade*（伦敦：Puttnams, 1928），207—208。

[74] 例如，从二维到三维的转换。1881 年《著作权法案》提议，如果有一本书是一部小说，那么，从该书中攫取对话、情节或者相关事件，并且将之用于或者使之转换或者改编为一部戏剧作品，这就是一种侵权行为（第 56 条）；在某一风景画上的著作权并不能禁止他人作出同样的图画（第 59 条）；将某一有著作权的作品作为某一布景的一部分而加以复制，并不构成对该著作权的侵权（第 61 条）。在音乐作品和美术作品上也有类似的条文。另参见 1911 年《著作权法》。

[75] 对此，参见 *Sega Enterprises v. Galaxy Electronics* (1996) 35 *Intellectual Property Reports* 161。该案利用了 *Millar v. Taylor* 案和 *Jefferys v. Boosey* 案，考虑到了有关数字化作品的物质形式的本质特征。

第 10 章　闭合及其后果

　　这些变化导致无体财产呈现为一个单一的、闭合的对象,以及与之相关的,智力劳动被取代了,这都可以看做是一个更深入的阶段,人们在此阶段把那个长期以来被视作知识产权法特征之一的创造性进行具体化,并且如果你愿意,也可以将之看做是一个从自然法到实在法的转换,但是,如果你只是从以下方面来看待它们,则将是错误的:19 世纪下半叶所发生的从行为到物,或者说从劳动到作品的转换,带来了无体财产的闭合,并标志着知识产权法逻辑上的一个重大变化。

　　知识产权法对象的闭合给它带来了一个转换,即从所谓的知识产权法的形而上学,或者我们今天称之为原理的那些东西,转向政治经济学和政策的问题。从创造到产品的变动,也对于我们之前描述为法律创造性或者模仿性的功能具有一种深刻影响。我们在后面还将回来更具体地讨论这个问题,不过,在此很有必要指出,无体财产的闭合对于创造性从知识产权法中(明显地)

消失,发挥了一种重要的作用。

无体财产的变动性还影响到知识产权法的范畴。从某种程度上看,这些变化起到了重启专利与实用新型(或者非装饰性设计)之间界线的作用:在以往,法律愿意对某个发明或者某个机械装置的内在本质作出判断,这就意味着法律持有这样一种立场,它能够据此来决定哪些属于专利法是恰当的,哪些又不属此。以此方式,它就提供了管理这两个范畴之间分界线的一个有用的方法。但随着人们从那些被明确视为定性决定(qualitative decisions)的东西上转移开来,它们所起的监管作用也就消失了。[1]

从智力劳动上转移开来,这也影响到对各个范畴的解释方法。在以往,外观设计、专利和著作权是根据在争议作品上所体现劳动的数量,而后是根据其质量加以区别的,但是,随着智力劳动从法律视野中消失,这样做就变得不再可能了。这一变动再次肯定了无体财产在把知识产权法各个范畴组织起来的过程中所发挥的关键作用,但各个范畴之间还是根据它们的相对"价值"来加以区别的。其主要差别在于,这个价值现在趋向于意指财产的宏观经济价值,而非同以往的情形那样,是指在所争议财产中体现的智力劳动的数量。由于这一变化,现在具有重要意义的并不是在作品中所包含的劳动或者创造性,而是该对象(对外)所作出的贡献(这通常根据经济学或者准经济学术语加以判断)。

---

[1] 1912年,后来出任专利局长的坦普尔·弗兰克斯这样写道,"从专利方面来说,我们并不拒绝任何产品,不管它是多么不起眼或者无关紧要,只要它是未曾被人预见的,并且可以被称作一种'新的制造方法'的形式"。因此,"举凡圣诞贺卡的装饰、玩具、窗户扣件的外观设计等等都可以成为专利的对象。应当注意的是,在德国就不是这么回事,在那里,这些无关紧要的或者并不重要的物品就不享有专利权,而只能作为实用新型受到保护。……[就在]德国,这种[实用新型]制度就不大可能与他们在专利方面的实践发生冲突,因为专利法的利益被限制在那些更重要的发明种类上。不过,在我国……实践中的做法就是把专利权扩展至每一种发明,无论其大小如何,而一般说来,发明的实用性和重要性是不作任何考虑的。因此得出的结论就是,如果一个实用新型制度与我们的专利制度并存,就像它现在德国那样,则必然不存在任何明确的划分界线":W. Temple Franks, 1912年10月1日, BT/209/480, 2。

亦即,按照各个财产权益所作出的贡献来解释知识产权法各个范畴之间的差异。同样的理由也被用来解释为什么在知识产权的各个种类之间以及有时它们内部,在某些特征(比如保护期限)上是互不相同的。

因为还有其他因素被用来区分外观设计、著作权和专利,所以,在典型对象上所存在的价值是随时间而起伏波动的。而且,用以确定这个等式的方法——选择什么作为某一特定法律领域的代表;该对象所作出的贡献是如何确定的,这个特定的贡献是如何评价的——受到更大范围因素的影响。但是很明显,由各个范畴所提供的相对贡献在解释现代知识产权法的形态上起着一种关键性作用。[2] 这可以在19世纪下半叶看出来,那时人们开始相信,虽然专利和著作权都以其各自的方式对公共产品有所贡献,对社会福利和进步有所贡献,但根据它们对于"公共利益"的相对意义,却可以将它们彼此之间区别开来。[3] 具体而言,著作权的作用在于提升理解和知识,而专利则对产业的发展具有实用性、重要性和必要性。同样的方法也被用来将外观设计法与专利和著作权区别开来。例如,这可以从1840年詹姆斯·汤姆森(James Thomson)(皇家学会会员)写给贸易委员会副主席的关于外观设计法主题的信中看出来。在刻画了著作权和专利所作出的贡献之后,汤姆森把关注焦点转到了由外观设计所作出贡献的本质特征上来。为此目的,他提出:

> 如果某个式样就是一件最终产品,比如一台发动机或者一本图书,那么对于公众而言,它的归复利益(reversionary interest)将是正当的、合于人们愿望的;但是,式样在很大程度上却像飘动在阳光下的肥皂泡;闪闪发光,色彩斑斓,但它们几乎在产生的那一刻就爆破了,而且不在身后留下任何痕

---

[2] M. Leverson, *Copyright and Patents*; *or*, *Property in Thought* (1854), 9.
[3] L. Playfair, "On Patents and the New Patents Bill" (1877), 318.

迹。新颖性是时髦的婢女,有时也是有品味的婢女,它只是享受了一个短暂即逝的存在——迅速地凋谢与逝去,这就是它的本质特征。虽有若干例外,但并不足以影响以上陈述的基本正确性。[4]

虽然汤姆森提出的有利于对外观设计给予更长期限保护的主张最终失败了,但它以举例的方式,说明了外观设计法之所以区别于专利和著作权的基础:专利和著作权所保护的对象都提供了一种很有价值的归复利益,而外观设计则被看做是较少留下烙印或者痕迹的。

处于变动中的无体财产状况对知识产权法范畴产生影响的第三种情形是,商标成为知识财产的一个种类。在商标法开始采用一种现代形式,而不是其前现代形式时,人们一般并不承认它属于知识产权法的范围,虽然它与专利、外观设计和著作权存在着许多方面的共同之处。这是因为,首先,知识财产所调整的是创造,而商标关注的却是先行存在的东西;其次,知识产权法所涉及的是财产问题,而商标法则否。尽管存在这些困难,但在1876年,丹尼尔还是能够这样写道,商标法类似于或者属于著作权、专利和外观设计这一类别或者家族。[5] 从某些方面看,丹尼尔的评论尚未成熟,但他正确地提出,那些针对将商标结合到知识财产中而提出的反对意见,正在开始得到克服。[6]

关于把商标法归为知识产权法的一个次范畴而引起的第一

---

[4] J. Thomson, *A Letter to the Vice President of the Board of Trade on Protection on Original Designs and Patterns, Printed upon Woven Fabrics*(第2版)(Clitheroe: H. Whalley, 1840), 18—20。

[5] E. Daniel, *The Trade Marks Registration Act* 1875(伦敦: Stevens and Haynes, 1876), 3。"为了清楚地理解该主题,很重要的是要在发明或者专利的财产权、商标的财产权以及著作财产权之间作出区分。它们无论在实体上还是在理论上都是各具特色的": Daniel, *A Complete Treatise upon the New Law of Patents, Designs and Trade Marks*(伦敦: Stevens, 1884), 75。

[6] 虽然难以确切地指出发生该变化的日期,但是很显然,到了19世纪80年代,商标法就被接纳为知识产权法的一名完全缴费会员(fully paid-up member)了。

个反对意见,其之所以得到克服,更多的是由于知识产权法本身的变化,而不是在商标上的变化所致。正如我们在此前所见,为什么有人主张应当将商标范畴放在知识产权的范围之外,其原因之一就是它并不涉及对创造性的调整。但随着知识产权法上的变化,它目睹了创造性的消失,而是支持已经完成的作品,就这样,这块绊脚石被搬走了。鉴于现代知识产权法不再直接涉及创造性(或者智力劳动),而是把无体财产作为一个本身自有其权利的对象,人们就不能再以商标的非创造性,而主张商标法并不属于知识产权法的范围了。

虽然以商标不具有创造性而认为它们并不属于知识产权法范围的这种主张,由于知识产权法本身的变化而发生了转向,但是,以商标作为一种财产而造成的难题,其之所以得到克服,却是由于人们认识商标的方式发生变化所导致的一个结果。更具体而言,破解这些难题的是这样的事实,即商标逐渐开始被人们看做一种财产了。[7] 正如爱德华·劳埃德(Edward Lloyd)在1861年所称的,虽然"这一观点毫无疑问仍然受到人们的强烈主张,即在商标的情形中并不存在任何财产",但根据最近以来的判决[8],以下主张亦已变得相当明确了:

> 使用这样一个名称或者标记,就会对任何使用该名称或标记以区别其所生产商品从而已经确立其权利的人造成有害的影响……这样就产生了一种对财产的损害。假如因此而确定该财产种类的概念,那么根据我的意见,在[著作权和专利]与……商标之间的类比,更恰当地说,就不再是遥不可

---

[7] 参见 E. Daniel, *The Trade Marks Registration Act* 1875 (1876), 1; C. Drewry, *The Law of Trade Marks* (1878); *Chappell v. Sheard* (1855) 69 ER 717; *Chappell v. Davidson* (1855) 69 ER 719。

[8] 1862年,韦斯特伯里勋爵称,法院管辖的真正依据就是财产:*Hall v. Burrows* (1863) 46 ER 719。

及或者是虚幻的了。[9]

在司法上承认商标作为财产,这对于授予商标以财产权的地位起到了一种重要作用,不过同样重要的,是1875年所作出的把登记制度引入商标的决定[10]:商标注册意在简化证据问题[11],但"实际上也是对于所有权的官方承认"。[12] 注册提供了一种表面的(prima facie),而非不可争议的优先性证据[13];普通法亦对商标给予救济,但与之立场不同的是,注册行为授予申请人以一种权利。[14] 更为重要的是,人们认为它意味着,如果商标获得注册,则"自发出商标注册证的那一刻起,它就当然成为该注册证上列名者的财产了"。[15] 由于注册而在商标上确立了一种登记制财

---

[9] E. Lloyd, "On the Law of Trade Marks:No. VIII"(1861年7月27日)5 *Solicitors' Journal* 666。商标作为财产的一种得到了司法承认,这也是由如下事实促成的,即在19世纪下半叶,确证该标记为财产具有十分重要的意义,因为这样就能够让司法机关授予禁制令,以阻止仿冒。诚如弗雷德里克·波洛克所指出的,"对商标和商号的保护,最初是由法院承担的,其依据是防止欺诈。此后由于商标上的权利越来越多地被比做财产权,它就变成了与专利权和著作权类似的一种制定法上的特许权(franchise)":F. Pollock, *On Torts*(第12版)(伦敦:Stevens and Sons, 1923), 312—313。

[10] 参见 M. Gibson(1862年2月18日)165 *Hansard* col. 415。有人提出这样的呼吁,要求为商标引入一种现代化的专门的登记簿,而不是"在出版商公会的把各类混杂在一起的登记簿,其中,图书的名称、报纸以及商标被乱放在一起,没有系统、说明或者分类,从而最终无法用作参考、比较,甚至不能作为法律证据":紧随 W. Wybrow Robertson 的论文"In Trade Marks"(1869), 420 而进行的讨论。1862年提出的《政府法案》(Government Bill)未能成功地提供一套注册体系,这一事实就意味着,商标不可能有"关于它的个别财产",该法案没有给它们留下"可以凭借的财产":John Jobson Smith, 1862 *Select Committee on Trade Marks* 54(Q. 1136)。

[11] E. Potter, 同上揭,99(Q. 2181)。

[12] "Trade Marks"(1912年7月31日)*Manchester Chamber of Commerce Monthly Record* 198。

[13] 注册就把否定所有权的举证责任转移到了被告头上(如果必须证明所有权,则将是一件非常困难的事情)。参见 W. Wybrow Robertson, "On Trade Marks"(1869), 414。

[14] 虽然普通法上的商标只是为申请人提供了法律救济,但有人认为,根据提议中的《商标法案》(Trade Marks Bill),就能获得一种使用某一特定商标的权利:W. Hindmarch(与 Roebuck), 1862 *Select Committee on Trade Marks* 142(Q. 2987 ff)。

[15] R. Jackson, 1862 *Select Committee on Trade Marks* 3(Q. 38)。

产,随着这一点获得承认,把商标纳入知识产权法标题之下的第二个障碍也得到了克服。

虽然商标法在今天被人们看做已经具备了使其落户知识产权法大家庭的必要特征,并且人们也广泛承认,商标对著作权、外观设计和专利是欠了人情债的[16],但它仍然被当作知识产权法中一个独立的范畴,而不是像我们有时所暗示的那样,是现有范畴的一个附属部分。利用在那时流传的财产的定义,商标法就与知识产权法的其他范畴区别开来了,其区别方式类似于被用来区分外观设计、专利和著作权的方式。[17] 例如,我们以商标与外观设计为例,区分这两个范畴的根据,是它们所提供的社会、经济和商业性利益以及它们取得价值的方式。更具体而言,虽然商标和外观设计有着许多共同的特征,但它们所要达到的目的却是相互区别的:商标表示商品的来源和出处,而外观设计是为了美化商品,其自身具有美学上的愉悦感。另一个区别在于,外观设计是越新颖则价值越大,而商标则是越老越值钱。重申一下外观设计的次等地位(second-rate status),即人们认为,"一项外观设计就是一个暂时性的东西;一个纯粹的时髦产品。它在今天风行一时,但到来年它就完全湮没无闻了。……那些必须登记的、不断

---

[16] 相对于知识财产的其他种类,这又产生了另外的问题,比如保护范围(类似于著作权中的思想/表达二分)。"已经表明,任何人均不应就某一用来描述产品质量或者特征的词语而被授予独占使用权。这样的描述性词语是属于全人类的财产,如果允许任何个人加以垄断,排除他人对之进行使用,则都是不正确的": 1888 Patent Office Inquiry xi。"用来调整和登记专利授权、外观设计和商标注册的制度,其具体内容几乎是完全相同的。……为了确保新成立的商标注册局拥有一套高效率的管理体制,只需将专利局作为样板采纳即可": H. Trueman Wood, "The Registration of Trade Marks" (1875), 18。

[17] 对于商标所给予的保护,有人提出,"就刚刚提及的其他垄断权[即专利和著作权]而言,这是对一种普通利益的唯一考虑因素,即能够解释某一特殊权利的正当性。……我们相信,对发明的保护促进和鼓励了行业发展,因此我们就发明人的思想而授予其专利权;我们主张,对文学艺术财产的保护有助于我们在文学艺术上的发展,因此我们就作家和艺术家的作品而授予其著作权;经验告诉我们,通过给予商人每一个可能的帮助,来保护其已经建立的事业,我们就促进了商业的增长": H. Trueman Wood, "The Registration of Trade Marks" (1875), 18—19。

产生出来的新外观设计或者新式样常常前赴后继"。这就与商标的价值形成了鲜明的对比,"它与时俱存,而且历时愈久,商标存在时间越长,由该商标所标示的该商品的优越性就保持得越久——商标就是历久弥贵"。[18]

创造性和本质的回归

19 世纪发展起来的现代知识产权法,其显著特征之一,就是它目睹了无体财产的闭合,以及相应地将创造性和智力劳动从该法律的直接视野中清除出去。在整个 19 世纪下半叶,该法律的关注焦点,是以一个新找到的概念来替代智力劳动和创造性,这个概念关乎一种与创造性相分离的、中立的和闭合的无体财产,但是,这一进程并不像我们看起来所暗示的那般纯粹或者全面:由于可能存在着强调重点的变化,这并不意味着创造性就完全从知识产权法当中消失了,比如说,作者与其作品之间就完全脱离了,或者说法律现在就到了不再需要担心无体财产的本质这样的地步了。这其中的原因在于,虽然它已经为之竭尽全力,但现代知识产权法还是不可能把无体财产限制在其所登记的文件上,或者尤其是在著作权的情形中,将之限制在它借以表达的直接的物质形式上。

在现代法中,创造性可能并不像其曾经那样发挥着关键性作用,但是,这个被认为从知识产权法中消除了的创造性,又以新的外表出现了。[19] 特别是,当它从实体名词转换为形容词词性时,

---

[18] W. Smith, 1862 *Select Committee on Trade Marks* 27 (Q. 598).
[19] 例如,在现代知识产权法中,美术作品常常是与工业品外观设计相区别的,其根据就是作者对于最终产品的贡献所具有的相对贡献(与价值)。法律所采用的创造逻辑(logic of creation)——它联结着创造人、创造物和创造物的使用人——在将原则排除在可专利主题之外时,仍然可以看到它在起作用。现代专利法做到这一点,是要求申请人表明技术效果(或者物质变化):表明该个性化过程的痕迹或者标记(这表示在自然和发明之间存在着一道间隔)。专利法的非显而易见性和独创性审查以及著作权法,都可以看做是要求申请人表明,他们所寻求保护的对象,是作为创造逻辑的一个结果而产生的。

创造性就重新显现为独创性要件和非显而易见性要件的形式,对此,申请人实际上必须表明他们各自的作品是具有创造性的。[20] 此外,虽然现代知识产权法的一个重要特征是它逃避或者担心就特定创造物的质量作出判断,但是,它还是致力于这样的行为,尽管是以一种与以往情形所不同的方式,即采用一种愈加间接的方式。例如,现代法可能并不愿意对特定对象的质量加以判断,然而它更愿意就某类对象的质量作出判断:例如,考察照片是否具有创造性,或者澳大利亚土著人的艺术品是否具有独创性。此外,虽然对于诸如某一作品是否可能构成淫秽品或者有伤风化之类的问题,通常并不允许其影响到关于该作品上是否存在财产这样的根本性问题,但是,当使用该财产时,还是要考虑这些因素的。[21]

另外,虽然无体财产的闭合以及表述性登记的广泛流行(至少是在专利、外观设计和商标上),把人们的注意力从财产的本质转移到了所登记的文件上,但这并不意味着法律不再需要搜寻作为无体财产基础的那些虚构出来的本质。尽管知识产权法已经竭尽全力,但它还是无法把无体财产权益限制在书面记载上,也未能将它限制为该财产所采用的直接的物质形式。虽然在许多情况下,无需在该财产所体现的对象之外再作观察,但是(这对于著作权的情形尤然)法律还是常常会发现自己处于这样一种情形中,它必须确定(或者正如我们在此前所提出的,帮助创造出)财产的本质。尽管有登记制度的成功,以及更为一般性的向着无体财产闭合的转换,但法院还是经常发现自己在推开财产的表面而

---

[20] 毫不奇怪的是,在我们见证无体财产闭合的同时,也看到有更正式的新颖性和非显而易见性条件被引入到知识产权法中。最早以一种我们现在认为很有意义的方式来讨论新颖性和独创性的情形发生于1894年。坎宁安在考察新颖性问题时提到,在那时,对新颖性的"阐明方式是提出这样两个问题:(1)该发明是创造的(亦即非显而易见的)吗?(2)它是否已经先行有人作出?……这两部分都被包含于对'新颖性'一语的使用中":H. Cunynghame, *English Patent Practice* (1894), 77。另参见 Willes 法官, *Tathham v. Dania* (1869) Giff 213。

[21] *Glyn v. Weston Feature Film Co.* [1916] 2 Ch D 261.

深入其本质。正如人们在文学财产争论中所承认的,把文学财产限定为印刷文字是不可行的,同样地,为了使知识产权可行,人们承认有必要把它扩展至其所表现的直接形式之外。这样做的理由之一,是当法院在考察侵权问题时,那些被考察的对象恰好完全相同的情形并不常见。毋宁说,尽管它们常常存在着某种程度的相似性,但对于被裁判的对象而言,也可能存在着充分的差异。例如,就专利而言,为了确保该财产权不因对权利要求作严格的文义解释而受到损害,有鉴于此,就导致法院在该文字之外扩张其保护范围。[22] 这样做的结果,诚如科里顿(Coryton)所言,就是侵犯专利的行为"必然涉及关于确定哪些构成该发明之本质的一种知识"。[23] 在有关外观设计和商标的情形中,也发生了类似的变化。[24]

无论称之为本质、人格、创造性抑或智力劳动,这一点都是明确的,即现代法不可能抑制知识产权法的创造性或者模仿性。[25] 而且,虽然到19世纪下半叶产生了一种表象,即由文学财产的反

---

[22] 关于对侵犯专利权行为的一种考察,参见 R. Frost, *Patent Law and Practice* (1891), 403; R. Wallace 与 J. Williamson, *The Law and Practice Relating to Letters Patent for Inventions* (伦敦: William Clowns and Sons, 1900), 第221页及以下; J. Norman, *A Treatise on the Law and Practice Relating to Letters Patent for Inventions* (1853), 第133页及以下。

[23] J. Coryton, *A Treatise on the Law of Letters-Patent* (1855), 257. "如果被告已经模仿并且采纳了该发明的实质内容,那么他就不得因为没有采纳用以表达该发明之实质内容的形式或者言词,而容许其逃脱法律责任"; *Thorn v. Worthing Skating Rink Co.* (1876) 6 Ch D 415。

[24] 例如,有人告诉我们,"一个外观设计的本质,并不存在于单个的构成元素中,也不在于编排的方法中,而是在于其总体效果(tout ensemble)——在于从观察者眼中唤起某种感觉的那个难以确切表达的整体中。……因此所透露出来的印象可能是复杂的,抑或简单的……但无论该印象如何,在观察者的头脑中,就存在着一种与被观察的客体相附的关于印象和特征的感觉": L. Edmunds 和 H. Bentwich, *The Law of Copyright in Designs* (1908), 19。同样地,有人认为,实用新型保护所授予权利的范围,"不是通过具体的、活生生的'模型'来确定的,该模型以某种诸如附随申请书之图案的方式而呈现,而是通过观念,从作为该模型基础的空间这方面来确定的": H. Hatfield(局长), 1912年3月23日, BT/209/479, 5。

[25] S. Stewart, *Crimes of Writing* (1991), 280.

对者所提出来的、在对无体财产授予产权地位的法律中的种类问题已经不复存在了,但它也就只是:一个表象。由于回避了判断,表述性登记的广泛采用以及无体财产的闭合,这些都导致了法律上的重大变化,但是,我们之前所确定的、在对无体财产授予产权地位的法律中的模仿性问题,仍然是一个关键性的、并且在许多方面无法协调的现代知识产权法的特征。尽管该法律付出了持续的努力——无论是在确定何谓一项发明时对技术效果的依赖,把专利法中的非显而易见性条件简化为诸如商业成功之类的更加可量化的标准[26],还是在确定某一有著作权的作品是否受到侵犯时规定更加具体细致的规则——但是,它依然面临着在文学财产争论期间所提出来的那类问题,虽然今天它是以一种更加间接和不确定的方式呈现出来的。

在其前现代状态时,该法律就形成了许多复杂的技巧,以使之能够处理这样的问题,但是,当现代知识产权法必须追问无体财产的本质时,它所采纳的通常回答却较少获得成功。由于面临着那些我们在之前称为无体财产的形而上学本质的东西,所以,当它没有求诸陈腐、无用的评论而依赖于每个案件的事实时[27],现代法最好的情形不过就是循环推理[28],而最坏的情形则是保

---

[26] 关于在确定某一发明究竟是否微不足道时所产生的困难,总检察长这样说,"我对它的判断,就像我对任何其他事实问题的判断一样;一个陪审团怎么判断关于断了一条腿应当给予多少赔偿金呢?":1871 *Report from the Select Committee on Letters Patent* 624。

[27] 例如,作为从19世纪以来仍然在出版的少数几部知识产权著述之一,特雷尔的专利著作中这样说,"关于何者构成侵权行为的问题,就像许多其他从专利法中所产生的问题一样,必须依据个案的特定事实":T. Terrell, *Law and Practice Relating to Letters Patent for Inventions*(第3版)(W. Rylands 修订)(伦敦:Sweet and Maxwell, 1895), 222。

[28] "如果你要我就某一专利的侵权行为给出定义,我无法做到。对于此类案件,法官说,若构成对某一项专利的侵权,你必须以实质相同的方式达到实质相同的结果;但是,这只是说你侵犯了一项专利;一种用法几乎存在着与另一种同样多的信息":W. R. Grove, 1871 *Report from the Select Committee on Letters Patent* 632。

持沉默。[29] 托马斯·特纳(Thomas Turner)对此所作的评论特别生动。诚如他在论及专利对象的脆弱性时所言,"一个普通的动产可以为其所有人实际地回复占有,但[一项专利的对象]却不可能像《天方夜谭》里的魔鬼那样被重新装回瓶子里,再重新成为商业秘密"。[30] 科里顿重申了这些观点,尽管在某种程度上较少富有诗意,但他解释了在专利法中正在发生的难题,是由于就何谓一项发明这个问题缺乏明确的理解所致,而这又可以追溯到"这样的事实,即《专利法》中关于'发明'的观念在某种程度上是形而上学的,它变成了一个为保持法律和谐而作出的传统安排,而且在少数情况下并没有相应地表达出事实"。[31]

现代法与作为一个闭合和稳定实体的知识产权之间保持着相对的平静,不过,在将财产整合为一体之前,该法律却很少有什么指望:因为该法律未能将财产闭合,从而它就经常处于这样的困境中,必须来确定被保护对象的本质。为什么评论者、法学家和法官在必须确定无体财产的本质时要经历这么多的难题,其原因在于,这项任务所要求的创造性或者模仿性技巧取决于那些在本质上保持沉默的知识,这些知识本身既未被形式化也没有被说出来。虽然知识产权法的许多方面能够根据规则和原则而得到解释,但当其在确定无体财产的本质时,却常常提供不了什么指导。正如哈奇森(Hutcheson)在探讨本世纪*早期所撰法律判决中的困难——其中,他引用了有关侵犯专利权的主要例子——时

---

[29] 是否可能在纸上作出这样一种定义,说明哪些发明种类应当授予专利,哪些发明种类不应当授予专利,在回答这一问题时,格罗夫称,"我觉得无法对任何东西在纸上进行定义;这是自柏拉图时代至今一直困扰世界的问题"。同上揭。
[30] T. Turner, *Remarks on the Amendment of the Law of Patents* (1851), 23.
[31] J. Coryton, *A Treatise on the Law of Letters- Patent* (1855), 65. 最近以来有人提出,从专利的角度考虑,"'发明'一直是难以定义的。企图用文字来驾驭这个概念,被证明与企图用文字来约束'美'这个概念一样都是不成功的。……对于那些漫不经心的观察者而言,有关专利的司法判决不过是法官的心灵在发明中的冒险。因为就某一物是否属于一项发明而作出的判决,就是一种价值判断":Frank 法官,*Picard v. United Aircraft Corporation* (1942) 128F (2d) 632, 639。

* 指20世纪。——译注

所言,一个人在审理一起专利案件时,必须显示出"他对某个思想具有同样富有想象力的反应,具有那种在发明人身上天才般闪光的某种东西,而这正是所有伟大的专利法官所具备的,还有着直觉性鲜明的想象力、思维的闪亮品质,并且哪里一有发明,就可以迅速机智地作出回应"。[32] 除了突出知识产权法在创设财产权益上的模仿能力,哈奇森还提醒我们注意,推测、直觉和见识对于知识产权法所发挥的重要作用;这些正是在现代法中受到抑制和被边缘化的问题。哈奇森提醒我们,推测、直觉和见识不仅被剥夺了它们可以为人听到的声音,而且被剥夺了它们在其中运行的一种观念性架构,他以此强调了现代分析的局限性。更具体而言,他提醒我们,虽然推测和直觉仍然保持作为现代知识产权法的重要特征,但是,该法律无法以一种恰当的或者令人满意的方式来处理或者调整这些问题,因为它在进行处理时所拥有的资源,都是被用来调整闭合和稳定的实体的。

---

[32] J. Hutcheson, "The Judgement Intuitive: The Function of the 'Hunch' in Judicial Decision" (1928) 16 *Cornell Law Quarterly* 284.

第 11 章　回忆与遗忘

虽然是逐步、偶然并且在某种程度上尚未完成的,但是,由前现代向着现代知识产权法的运动,还是标志着在对智力劳动授予财产权的法律上所发生的一个重大转变。我们在本章集中探讨这样的事实,即随着知识产权法显露为一个独特的范畴,该法律也开始形成了一系列的叙述,以使这个新形成的实体得到解释和合理性说明。我们所希望突出强调的,是该法律关于其自身讲述的故事对于知识产权法的演进和重构所发挥的作用。这些解释性叙述的出现,部分是因为如下事实,即诸如由现代知识产权法的形成而引起的意识上的深刻变化,"给它们带来了典型的遗忘症。由于这样的健忘,在特定的历史情形中就会突然出现这样的叙述"[1] 19世纪下半叶所发展起来的叙述,在传达现代知识产权法的信息方面发挥并且继续发挥着一种重要作用,而与该叙述相关的最令人感兴趣的一件事情,是它们在许多方面与我们在这里所简要概括的历史不相一致。例如,现代知识产权法的解释性叙述的一个中心主题,是创造性在这一法律领域所发挥的作用,该作用最好也不过是含糊不定的,而最坏则是作用极为有限的:这个意见与我们表述前现代知识产权法以及(在较低程度上的)现代知识产权法的方法形成了鲜明的对比。[2] 尽管解释性叙述可能常常与我们在这里所呈现的知识产权法历史不尽一致,但这不应被认为暗示着这些叙述是错误的,从而应当将之忽略。同样地,虽然我们希望对人们所认识的关于该主题的历史提出疑问,但是我们并不否定这样一种历史。毋宁说,如果我们暂缓推行我们的现实主义假定,我们就会看到,作为"真实的拟制"(real fictions),这些叙述在建构与强化该法律本身的身份和自我形象时起到了一种重要的作用。而且我们也看到,该法律过去的形象对于其形成现在的和将来的形象有着某种重要的作用。

该叙述包括了一系列内容广泛的主题,但我们希望在此将注意力集中于如下互有关联的三组问题上。第一组涉及人们所讲述和重述的关于知识产权法起源的故事:例如,著作权开始于1710年《安妮法》,而专利法始自1624年《垄断法》。然后,我们接着探讨有关把英国法表述为内生的和本土生产的叙述。我们

---

[1] B. Anderson, *Imagined Communities* (1983), 204. "在经历青春期的心理和情感变化之后,不可能再'记得'儿童意识。……需要他人的帮助才能知道在发黄的照片上这个赤身露体的婴儿就是你,这是多么奇怪的事情。这样年纪的小孩的照片是机械复制的,但它是大量现代书面证据收集(出生证、日记、成绩单、书信、医疗记录以及诸如此类)中唯一最具有优先性的,这些文件既记录了某些表面上的连续性,同时强调了它的记忆缺失。出于这种脱离状态,就产生了人格(personhood)、身份(identity)(对,你和这个赤身露体的婴儿就是同一个人)的概念,由于它不可能被'记得'(remembered),因此必须将之讲述出来(narrated)":同揭,第205页。

[2] 有意思的是,在美国 Feist 案(*Feist Publications v. Rural Telephone* (1991) 111 S Ct 1282)判决之后,在著作权法中似乎存在着一种对创造性关注的复苏。然而,在英国和澳大利亚却没有产生类似的模式。

以此突出了这样的事实,即为了把英国法表述为纯粹的和没有掺杂的,就必须忽略外国法律制度对于英国法的影响。最后,我们把原则和理论的兴起,表示为意图解释现代知识产权法形态的一个组成部分。我们认为,与今天许多评论者所相信的相反,财产权的产生方法(无论是通过登记、发表还是创造)或者该权利所采取的形态(绝对的垄断权或者阻止他人复制的权利)即便说在这些范畴的历史发展中有任何作用,也是作用甚微的。同样,我们所谓的理论在对智力劳动授予财产权的合法化过程中所起到的,至多也就是一种事后的(ex post facto)作用。

一、知识产权法的起源

19世纪所形成的叙述在解释该法律时所采用的最重要的一个方法,就是它们提供了知识产权法的一段历史和一部传记。注意到下述这一点很重要,即随着现代知识产权法的出现,在该主题历史的书写方法上所发生的变化,并不如在最初正史的写作方法上那么多。[3] 19世纪中叶发展起来的正史,其显著特征之一,就是假定在那时所显现的抽象性、前瞻性法律已经存在于法律之中了(尽管它还是一种初生的形式)。例如,这可以从蒙克斯韦尔勋爵(Lord Monkswell)那里看到,他意图解释19世纪著作权法的"光荣的混乱"(glorious muddle):他把这种状况归因于1710年的《安妮法》。[4] 诚如其所言:"我已经说过,这种混乱始自《安

---

[3] 正如安德唐所说,随着1862年《美术作品著作权法》的通过,其结果之一就是,"现在能够写关于艺术作品著作权法的历史了";E. Underdown, *The Law of Artistic Copyright* (1863), 5。欣德马什关于专利的著作,在1849 *Report of the Committee on the Signet and Privy Seal Office* i 中被用作专利历史的依据。

[4] "自第一部关于著作权的制定法于安妮女王时期通过以来,著作权法看起来就好象成了某个凶魔恶鬼的猎物,而且我们发现,当前的《著作权法》是由18个议会法律所组成,还有另一些含义不明的普通法原则……[该法律处于]光荣的混乱之中":蒙克斯韦尔勋爵(1891年5月11日)353 *Hansard* col. 438。

妮法》。有人可能认为它不容易以一种混乱的状况开场,因为它毕竟是第一部通过的制定法,但混乱就是以这种方式开始的"。无论它可能如何地与事实相反,蒙克斯韦尔勋爵对于知识产权法永恒性和进化性特点的信念,致使其认为"《安妮法》显然由这样一个立法机关通过的,而该立法机关显然并不认为在那时竟然存在着任何著作权法的"。[5]

虽然知识产权法偶尔也被人认为是一个永恒的、近乎本质主义的概念,但对于19世纪下半叶所出现的知识产权法正史来说,其大部分却是以狂热方式写就的;也就是说,人们假定该法律的特定领域都可以追溯到某个孤立的时刻或者事件。它反映了法律日益增强的自我指涉特征以及法律实证主义愈来愈大的影响力[6],从而,人们常常把知识产权的根基追溯到法律(立法)源渊上去。更具体而言,1710年《安妮法》和1624年《垄断法》开始被人分别看做著作权法和专利法的起源或者原点。值得注意的是,这种考察知识产权法的方式在很大程度上是在19世纪下半叶才首次出现的;在此之前,《垄断法》和《安妮法》并未被人认为标志着专利法或者著作权法的开端。例如,在其前现代形态中,1710年《安妮法》(或者它在那时为人所知的《在所规定时间内将已印刷图书之复制件授予作者或者该复制件购买者以鼓励学术法》)被当作一部按对象而具体化的制定法,它对于作者及其受让人规定了有限的复制权。但是,随着现代知识产权法的出现,《安妮法》就不仅从一部文学财产的法律转变为第一部著作权制定法,它还开始被看做现代法的渊源。[7] 有鉴于此,至少根

---

〔5〕蒙克斯韦尔勋爵继续说道,"在律师们能够判断有关著作权的普通法是否已经被《安妮法》所替代的至少60年之前,它就是那样了。……但是我们发现,维多利亚女王时代的法律起草者的的确确表现出与安妮女王时期的起草者同样的疏忽,而且犯了与前朝起草者完全相同的错误":同揭,col. 439。

〔6〕参见,例如 T. Scrutton, *The Laws of Copyright* (1883), 4。W. Briggs, *The Law of International Copyright* (1906)。

〔7〕参见,例如 S. Stewart, *International Copyright and Neighbouring Right Law and Practice*(伦敦:Butterworths, 1989), 8。

据我们的阅读所见,在19世纪中叶之前并没有任何(现代)著作权法(按今人所理解的那种法律),所以,《安妮法》没有(也不可能)被看做在那时尚未存在之法律的基础,这一点也就不足为怪了。

作为形成这些解释性叙述的一个结果,这些变化在有关专利的情形中甚至更加引人注目。1624年《垄断法》虽然现已被广泛承认为专利法奠定了基础[8],然而在前现代法中,专利却具有一种不同的谱系。例如,这可以从《1829年专利特别委员会报告》对专利的表述方式中看出来,该委员会的设立就是为了调查有关对发明授予专利之法律与实践状况。该项调查中最令人奇怪之处在于,虽然当代的评论者常常称《垄断法》为专利法提供了基础,但这与特别委员会的看法存在相当大的出入。更具体而言,虽然现代法为《垄断法》赋予如此尊荣之地位,但1829年特别委员会只是将之纳为如下法律的同侪,并且视为大体相同,这些法律是:《议会针对弗朗西斯·米切尔爵士、英格兰衡平法官弗朗西斯·怀康特·圣奥尔本和爱德华·弗勒德而通过之公开谴责法》(An Act Containing the Censure Given in Parliament against Sir Francis Mitchell, Francis Viscount Saint Albane Lord Chancellor of England and Edward Flood)[9],以及《确认枢密院所作之关于废止授予亨利·赫伦以在德文郡和康沃尔郡诸县从事鱼类腌制、晾晒和包装特权的特许证之判决法》(An Act to Confirm a Judgement given in Chancery for Annulling Certain Letters Patent Granted to Henry Heron, for the Sole Privilege of Salting, Drying and Packing of Fish within the Countries of Devon and Cornwall)。[10] 同时,它与由英国王室所授予的其他法律(或者特许证)是受到同等对待的,《垄断

---

[8] 专利法的根源偶尔还被追溯到威尼斯。此种思维方式的一个显著的例外是由巴格比提供的,他暗示着,1852年《专利法》才为专门授予发明的专利证书提供了制定法依据:B. Bugbee, *The Genesis of American Patent and Copyright Law* (1967), 40。

[9] 18 Jac. I c. 1 of Private Acts (1621).

[10] 21 Jac. I c. 11 (1623).

法》(或者正如它在那时所称的《关于垄断以及摒弃刑法和由此产生之没收的法律》)也因为如下事实而受到嘲笑,即在它具体提及的那些极为罕见的情形中,它被认为"主要就是宣布了那些已经被法官认定为法律的东西"。[11]

1624年《垄断法》所缺乏的突出地位,向我们揭示了什么呢? 如果我们像蒙克斯韦尔勋爵那样对于所调查对象具有敏感性的话,我们就能够回答,特别委员会(而且也包括许多抱有同样信念的评论者、法官与专门著述的作者)完全误解了该法律:他们对它的理解是错误的。如果我们抵御住以我们自己的观念来重写历史的诱惑,那么这就变得很清楚了,即《垄断法》至多在前现代专利法中起到了一种最低限度的作用。毋宁说,专利法的根基或者基础是在于王室特许状(Royal Characters)和王室的开封特许证(Royal Letters Patent)[12];而不是像今天的历史所常常暗示的那样,是《垄断法》。[13] 这一变化的本质特征表现在如下事实中,即在1835年,代表Lymington的议会议员威廉·麦金农(William Mackinnon)能够说"并不存在任何据以授予专利的明示的制定法……专利授权并非依赖于制定法基础"[14],然而到1891年,罗伯

---

[11] 1829 *Select Committee on Patents* 的附录这样记载:"英国发明专利法。包括一系列不同的议会法律,通过它们,使王室特许状和王室开封特许证所授予的排他性特权受到了限制和约束,还包括另外一些法律,通过它们,授予王室开封特许证的行为得到了授权和调整。"

[12] 有一些法律使得外来的商人能够在英国进行购销活动而不受干扰(9 Ed. III s. 1 c. 1 (1335)),也有一些法律鼓励从玉米中蒸馏出白兰地和酒精(2 W. & M. c. 9 (1690)),而把这些法律联合在一起的因素,就是它们都是由王室所授予的。参见 L. Playfair, "On Patents and the New Patents Bill" (1877), 316。

[13] 这并非表明1624年《垄断法》或者1710年《安妮法》在知识产权历史上不起任何作用,因为很明显它们是发挥了作用的。毋宁说,它是主张,这些(以及相关)事件的认识方式随着现代知识产权法的显现而发生了变化,有时甚至是剧烈的变化。

[14] W. Mackinnon, "Patent Laws" (1837年2月14日) 36 *Hansard* col. 555。强调以制定法渊源而非以王室作为专利法的基础,这种转变与在宪法阐述上的更为广阔的发展形成呼应。在19世纪下半叶,宪法的辉格党解释,以及戴雪(Dicey)和白哲特(Bagehot)对之的好评,获得了广泛的流行。英国王室开始从宪法的"威严"部分中被分离了,而议会则成为"官方"权力的来源。

特·弗罗斯特(Robert Frost)却可以在其专利法教材中毫不犹豫地声称,《垄断法》是现代专利法的制定法基础。[15]

采纳正史,就为观察知识产权法的方法带来了许多后果。假定在 19 世纪中叶形成的抽象性、前瞻性法律就已经存在了,尽管它还是一种初生的形式,那么这样做的后果之一,就是必须对 18 世纪的法律重新进行解释。特别是,由于将知识产权法领域追溯到孤立的法律事件这样的趋势,知识产权法的历史通常就从 1624 年(《垄断法》)或者 1710 年(《安妮法》)直接跳到了 20 世纪,而在此进程中只是伴有偶尔的迂回。文学财产争论现在已经获得了某种注意,但从大部分内容看,它就如同后来的 18、19 世纪是完全不存在的那般。而且,为了以此方式书写法律史,就必然忽略了这样的事实,即在 18、19 世纪开始凸显出来的知识产权法观念,还只是借以将法律组织起来的诸多方法中的一个。例如,在 19 世纪,专利就可能被废除了,它要么以外观设计制度为基础进行改革(这在某种程度上确实已经发生),要么被结合到一部关于技术和制造品的法律中。同样地,如果 *Millar v. Taylor* 案的判决没有被 *Donaldson v. Becker* 案所推翻,《安妮法》就可能被人认为是毫不相关的。这样所营造出来的一种确定和不可避免的感觉,就与我们在这里所述的开放、非固定和偶然性的历史不相一致了,与此同时,采纳那些在实际上构成知识产权法正史之内容的另一个后果,就是虽然它同意对某些观点予以认真对待,但另一些观点则被边缘化,受到嘲笑、排斥,甚至被禁止。因为只有那些确认、支持知识产权正史的观点才得以保留,所以,像托马斯·特纳(Thomas Turner)与威廉·肯里克(William

---

[15] R. Frost, *Patent Law and Practice* (1891), 23. "正如最早由枢密院而后由法院所解释的,今天的现代专利法所凭借的依据正是 1624 年法":W. Holdsworth, *A History of English Law*, vol. XI (1938), 430。《垄断法》第 6 条被提升至"小心翼翼的地步……没有人有勇气对之加以干预":Lord Chancellor, "Patents for Invention Bill" (1875 年 2 月 12 日) 222 Hansard col. 265。

Kenrick)之类的作者就从该历史中被清除出去了。[16]

那些随着现代知识产权法的出现而形成的叙述,对于外观设计法产生了一种尤为重要的影响。虽然外观设计法被认为是知识产权法中最早出现的现代领域,但在 19 世纪下半叶所形成的基本叙述,在实际上却起着将外观设计法从知识产权法历史中排除出去的作用。其原因在于,人们为著作权和专利赋予了一种历史,并且更为重要的是为之提供了基础,但没有向外观设计法提供可以追溯其历史遗产的任何新的传统、任何新的起源。这样的结果就是,外观设计法的历史,最好也就被描述成是模糊不清的[17],而最坏的情形则称之为历史性偶然事件的产物。[18]

由于一种把专利和著作权的优先次序排在其他知识产权种类之上的趋势,外观设计法的地位受到了进一步的贬低。这种体现在《伯尔尼公约》和《巴黎公约》上的两极化模式,既形成了理解现代法的方法,也形成了知识产权历史的书写方法。[19] 事实上,出于某种原因,知识产权法的本体性现实(ontological reality)只有通过这种单独的、特权式的表述体系才可以让人想象出

---

[16] 应当承认,在现代知识产权法的哲学与理论上颂扬之声一片,而这在某种程度上被人们对洛克和黑格尔的偏好所替代了。参见,例如 P. Drahos, *A Philosophy of Intellectual Property Law* (Aldersthot: Dartmouth, 1996)。

[17] W. Cornish, *Intellectual Property: Patents, Copyright, Trademarks and Allied Rights* (第 3 版) (伦敦:Sweet and Maxwell, 1996), 487, n. 25。

[18] "看起来似乎没有任何理由,来解释《著作权法》之外调整外观设计的某个独立法律分支的发展或者停滞,除了历史的偶然和这样的事实,即随着第一个外观设计立法的通过,著作权法律就没有得到发展,而只是对范围相当狭窄的知识作品提供了保护,毕竟与那时辛勤劳作的工匠的工作不相称": J. Lahore, "Art and Function in the Law of Copyright and Designs" (1971) 4 *Adelaide Law Review* 189。

[19] 例如,有人提出:"在所有欧洲国家都存在着两种哲学之间的持续斗争,其支持者常常就是著作权抑或工业产权的专家": H. Cohen Jehoram, "Design Laws in Continental Europe and their Relation to Copyright Law" (1981) 8 *EIPR* 235。"[澳大利亚]《著作权法》的基本原则源于澳大利亚在《保护文学艺术作品伯尔尼公约》所承担的义务":司法部,向众议院的原住民与托雷斯海峡岛民事务常设委员会提交的报告:Culture and Heritage Inquiry (1995 年 5 月 1 日), 26—27。

来。[20] 当外观设计法的无根基性与"专利—著作权"二分法日益强烈的影响相结合,下面这一点就不足为奇了,即依据相关评论者的不同倾向,外观设计法要么被包含于著作权或者专利的范围之内[21],要么被认为是这两大领域相互结合的产物[22]:从而就有了这样为人所熟悉(但在历史上并不准确)的暗示,即外观设计法是专利和著作权的"拖油瓶"。[23]

二、本土的知识产权法

19世纪下半叶所形成的解释性叙述,其另一个重要而持久

---

[20] 对此最明显的例子之一,就是赖克曼对法律混合体(比如外观设计和计算机程序)在当前法律中的地位和状态的考察。赖克曼不仅设想专利和著作权是相反事物,他还想当然地认为所谓的"经典模式"(它是以工业产权为一方,以文学和艺术作品著作权为另一方所组成的)提供了20世纪法律的基础:J. Reichman, "Legal Hybrids between the Copyright and Patent Paradigms" (1992); J. Reichman, "Electronic Information Tools-The Outer Edge of World Intellectual Property Law" (1992) 17 *University of Dayton Law Review* 797。

[21] 例如,有人曾就1878年《白棉布印花工法》提出,"它所提出的基本问题是:为什么外观设计和新式样应当最终成为工业产权的一个独立分支?……在本法中的外观设计制度就类似于艺术作品产权,但是,以发明和新颖性为参考又具有混淆性":J. Lahore, *Intellectual Property Law in Australia: Patent, Designs and Trade Marks Law* (North Ryde: Butterworths, 1996), Service 36, para. 2.1.017。之所以说具有"混淆性",其原因在于外观设计法是服从于艺术作品著作权的(直到1862年它才被法律所承认)。就部分原因看,外观设计法的松散性可以由下列事实来解释,即它几乎总是用否定性术语来定义的:以其区别于专利和著作权的方式来定义。

[22] "随着[专利和著作权]这两种制度变得越来越专门化,并且逐渐地相互分离发展,一种无主土地的知识财产就不可避免地从它们当中分离出来了。在该无主土地上的主要占据者就是在工业上应用的外观设计":J. Philips 与 A. Firth, *Introduction to Intellectual Property Law* (第3版) (伦敦:Butterworths, 1995), 338。

[23] 对此,安妮特·库尔(Annette Kur)提供了一个很罕见的例外,她提到了"这个不合时宜的共同观点,即外观设计必须要么属于专利这一边,要么属于著作权那一边。……正是这种没有结果的'专利与著作权'两难问题,[欧盟关于外观设计]《绿皮书》的作者就竭力想要逃避就一个真正的外观设计方法作出选择"。参见 A. Kur, "The Green Paper's Design Approach—What's Wrong with it" (1993) 10 *EIPR* 376。

的特征是,知识产权法第一次以与其他国家的法律制度相对比的方式而获得定义:"我们的"法律与法国、美国和俄罗斯的都不同。[24] 英国式知识产权法在根本上不可避免地与在其他法域所采取的方法存在差异,这种信念(一种在今天已经成熟的观念,认为 copyright 与 droit d'auteur / Urheberrecht* 之争是没有结果的)与 18 世纪和 19 世纪初期的情况形成了鲜明的对比,在那时,我们看到不同法律文化之间是相互吸收营养的。事实上,在这一时期的报告、特别委员会、评论、传单和小册子中,常常会引用参考其他法律制度,说明它们是如何保护知识产权的,以及那些制度因素是否可以引入到英国来(灵感的主要来源,就著作权和外观设计法而言是法国,而在专利和商标方面则是美国——尽管这也是随时间而有所变化的)。[25] 非英语材料的译本以及外国使节的常规报告,就意味着贸易委员会和议会,以及更一般而言的评论者和批评家们都接触了大量内容广泛多样的材料,举凡萨克森著作权法的最新版本、普鲁士的专利适用和比利时纺织工业的特点,到有关圣彼得堡居民购书习惯的信息以及康德《什么是书籍?》(*Was ist ein Buch?*)的一个译本。[26] 这种相互交合(cross-fertilisation)又由于如下事实而得到强化,即外国当事人常常牵涉

---

[24] 英国法现在"与欧洲大陆国家的法律存在着重大"差异:W. Briggs, *The Law of International Copyright* (1906), v.

* "著作权"一词不同的语文,分别为英语、法语和德语。若按字面含义,英语义亦作"版权",法语和德语义为"作者权"。——译注

[25] 关于美国商标法对于英国的影响,参见 L. Sebastian, *The Law of Trade Marks*(第 2 版)(1884)。1911 年《著作权法》被认为紧紧追随了彼时存在的美国法:H. Llewellyn Smith 爵士,1910 年 12 月 12 日,BT/209/477。关于在英国专利法改革过程中由法国和美国所起的引导作用,参见 T. Turner, *Remarks on the Amendment of the Law of Patents* (1851), 7.

[26] 康德的思想自 19 世纪 40 年代以来还进入了英文杂志。参见 L. Cushing, "An Analysis of Kant's Doctrine of the Rights of Authors" (1840) 22 *American Jurist* 84。(康德关于书籍的论述,参见《法的形而上学原理——权利的科学》,沈叔平译,商务印书馆 1991 年版,第 112 页及以下。——译注)

到请求英国议会修改英国法律的事务中。[27]

为了使一部本土化的、国产的知识产权法变得体面一些,首先就必须对之予以净化。而要让这一理念得到实现,就必须消除由外国法律制度对英国知识产权法带来影响的各种情形。在某些情况下,这个净化的过程非常成功,从而所有外来影响的痕迹都从英国法的历史中被擦掉了,英国法也开始被看做外国知识产权法的来源了。比如在专利的情形中,戈登就声称,在本世纪*初期盛行一种国家沙文主义,"世界上的专利法,尽管数量众多,内容各异,但它们都直接或间接地源于我国的专利法",从而"我们专利法的细菌就随着[世界各国从]这个母国继承的普通法而传播开来"。[28] 在一个强化岛民法律制度观念的运动中,也有人提出,在专利法中所采用的财产制度,"很明显是按照我们普通法法学家来理解和一贯设计的。但是,在专利法向外国移植过程的早期,它却由于外国立法机关而非我国立法机关将之哲学化(philosophising)而变得模糊不清了"。换言之,专利法是英国人带给世人的礼物,但现在却受到了(并不领情的)外国人的污染。如果殖民地的野蛮知识产权法的形成还不算很糟糕的话,那么,(已如前述)曾经从英国人那里借鉴其专利制度的法国人甚至做得更为糟糕,他们"用那种更为民主的观点来替代将专利作为一

---

[27] 参见,例如丹尼尔·李(Dianel Lee)向外观设计著作权特别委员会提交的证据,前者被问到吁请改革者的起源国问题:1840 *Select Committee on Designs* 287(Q. 4966 ff)。这种相互交合还可见于有关取消专利的争论中。1870 年,由冯·俾斯麦伯爵(Count von Bismark)、普鲁士政府和荷兰内政大臣弗洛克(Flock)先生所提出的关于取消发明专利的建议书,在英国被当作议会文件出版了(1870)61 PP 1。在荷兰议会所提出的主张包括了对下议院争论的参考资料,详细地引用了斯坦利(Stanely)勋爵的言论(1870 年 5 月 29 日)。后来,德国政府决定改革而不是取消其专利法,这一事实被用作在英国循行相同做法的一条理由。

* 指 20 世纪。——译注

[28] J. Gordon,"Patent Law Reform"(1906 年 11 月 30 日)55 *Journal of the Society of Arts* 26。另参见 J. MacDonnell,*A Survey of Political Economy*(爱丁堡:Edmonston and Douglas, 1871),399;"British versus Foreign Patent Law"(1904 年 2 月 26 日)52 *Journal of the Society Arts* 323。

种王室施舍的理论","这种民主观点就认为,一个发明人对于其自己思想的创造物拥有一种固有的权利"——以适应于一种以共和为基础的法律制度。这些理念除了一路前行,进入美国法中,它们还"有力地影响着世界上其他国家的专利立法",也"对我们[英国]自己法院的观点和操作原理作出反应"。[29] 同样的变化也发生在著作权法中,在那里,1710年《安妮法》开始被称为不仅仅是英国法的起源,而且还是世界上最早的著作权法。[30] 知识产权法的历史以此就清除了外来的影响,同样地,知识产权法的各个范畴也受到了净化。虽然这些范畴的出现是知识产权法所有领域之间相互交合产生的伟大成果,但解释性叙述还是促进了关于知识产权法每一领域各具独特历史的观念:这种信念认为,在不同范畴之间即使存在任何的相互交合或者影响,也是极小的。

有关一种闭合、孤立和本土的法律观念继续对知识产权法起着某种重要作用。由于人们认识到科学、贸易和商业的中立性,使得专利更易于逃脱地方性文化的束缚[31],但是,关于著作权法(或者更准确地说,是它所保护的作品)无可避免地与各国文化的特质联系在一起的思想,在最近以来已经被看做调和欧洲各国

---

[29] J. Gordon, "The Patents and Designs Act, 1907" (1910年5月) 356 *The Law Magazine and Review* 289, 297—298。在向英国煤气工业协会就英国专利法某些可能的改进所作的一次演讲中,杜格尔德·克拉克(Dugald Clark)提到,"读一下一方当事人的书面材料,就可以想象到,在我们英国这里,有着可能是最坏的专利法,而美国、德国、法国等等国家的法律已经无法估量地超过了我们的法律……但不应忘记……英国专利法奠定了构筑整个世界的专利法的模式……在我看来,我们英国的专利法优于其他任何国家的专利法":BT/209/467。

[30] 参见,例如 V. de Sanctis, "The Development and the International Confirmation of Copyright" (1974) 79 *RIDA* 206。

[31] 这是由于这样的信念,即专利更容易被翻译成另一种语言或者能够跨越边境的形式。

著作权法的一块绊脚石。[32] 这种关于孤立的、本土产生法律的观念,还鼓励了如下的错误信念,认为许多概念因为出自外国,所以就不可能被移植到英国法中。本土著作权的观念还可以被看做促进(或者至少是影响)了最近发生的视知识产权为人权的运动,这样说并不算太玩世不恭。[33] 由于它同时利用了人权的感伤力和人们所认为的中立性、普适性,因此,这种方法可以视作一种逃脱地方性文化束缚的企图。为此目的所采用的另一个技巧,是用经济学术语来改造著作权。它所提供的不仅是以商业思维来谈论著作权的方法,而且还有一套标准化依据,可以借此将著作权和著作人身权转换成不同的法律文化。

三、组织性叙述

19世纪所形成的后本体性记忆(post-identity memory),其更为深入的一个显著特征是,该法律的解释方法也产生了某种变化。正如我们所看到的,在前现代知识产权法(以及在现代知识产权法的形成年代)中,体现在那些被视作典型对象当中的智力劳动,先是其数量继而其质量,都被用作把各个范畴组织起来的

---

[32] 欧洲委员会决定推迟著作权法中独创性条件的一体化进程,因为这是一个文化性和地方性事务:"独创性标准的一体化[将]证明是一件极度困难的任务,因为对该标准之所以有不同的应用,是以不同的法律,特别是以不同的文化传统为基础的":European Commission, *EC Green Paper on the Legal Protection of Industrial Designs*, Doc. III/F/513/91, 1991年6月, Para. 4.2.7。进一步参见 M. Moller, "On the Subject of the Green Paper"(M. Platt 译)(1989) 141 *RIDA* 22, 40; P. Legrand, "Comparative Legal Studies and Commitment to Theory"(1995) *Modern Law Review* 269, n. 35。

[33] 比较 *John Huston* 案的判决(Cour d'appel de Paris, 4 chambre, sect. B, 1989年7月6日)。对此,参见 B. Edelman, "Applicable Legislation Regarding Exploitation of Colourised US films in France: The John Huston Case"(1992) *IIC* 629。最近有把知识产权当作一项人权的意图,对此的考察,参见 M. Hilf 与 T. Oppermann, "International Protection of Intellectual Property: a German Proposal"载 S. Chowdhury, E. Denters 与 P. de Waart 编,*The Right to Development in International Law*(Dordecht: Kluwer, 1992)。

解释方法。我们同样看到,随着对象的闭合和与之相关的把创造性从该法律的直接视野中排除出去,人们把越来越多的注意力集中于典型作品对于读者大众、经济等等所作出的贡献上。伴随着这种对于调整对象宏观价值的日益关注,法律开始求诸那些我们现在称之为知识产权法原则和原理的东西,以便解释把知识产权法组织起来的方法——而它这样做的方法是前所未有的。[34]

无论它被称为原理(theory)还是原则(principle)——现在认为,这两者之间的主要区别在于,原则是从法律渊源中提取出来的,而原理则趋向于来自法律之外(通常来自于政治哲学)——解释性叙述均假定,知识产权法可以被简化为一些关键性理念或者概念。[35] 它还假定,这些理念提供了把知识产权法组织起来的基础。虽然较诸法国、德国这样的国家,英国法的哲学谱系常常被认为更加简陋(和实用主义),但是,随现代知识产权法的出现而形成的解释性叙述,其突出特点之一却在于,它们趋向于把知识因素优先于那些更加世俗的实用主义概念之上。

尽管该法律长久以来就已经把原则用作解释该法律所采取形式的一种方法[36],但它在19世纪下半叶却再未在同等程度上被人采用了。哲学家和理论家们并没有像他们现在那样赢得同样程度的威望(kudos),不过值得注意的是,在19世纪下半叶,像

---

[34] "专利保护的提高超过了实际所需;理论上的合理性解释出现得较晚,并且随着时间与思维方式而有变化":J. Vojacek, *A Survey of the Principal National Patent Systems* (纽约:Prentice Hall, 1936), 3.

[35] 帕特森和林德伯格主张"有七个相互关联的著作权原则,并可以合理的确定性的将之识别出来":L. Patterson 与 S. Lindberg, *The Nature of Copyright* (1991), 59. 此前也曾有人提到,"为什么像那些受《著作权法》保护的无体财产的权利应当被当作私人财产,解释这一问题的有三大主要理论。著作权可以被看做是(1)一种'自然'权利;(2)由立法者和司法者创设的一种人为权利;或者(3)构成一位艺术家人格整体的一种'人身'权":L. Lacey, "Of Bread and Roses and Copyrights" (1989) *Duke Law Journal* 1539。

[36] 正如我们在专利和外观设计的背景中已经看到,人们相信,一旦将原则确定下来,它就能够解释该法律的形态,同时确保相应的对象被登记在适当的类别之中。

约翰·奥斯丁(John Austin)*之类的法学家开始以一种前所未有的方式出现在教科书中了。[37]

知识产权法可以被简化为一个核心本质,这个信念继续在今天的知识产权法中发挥着强有力的控制作用。[38] 事实上,那些被名望——现在将此名望归因于理论——所吸引的评论者,常常对以下的问题发生争论,例如,知识产权法究竟是以自然权利(natural rights)为基础的,抑或是由立法机关所创设的一种人为权利(artificial right)。[39] 这些原则还提供了一种共同语言,使得不同法域的知识产权法能够进行对照,以此强化英国法的孤立

---

* 1790—1859年,英国法学家,分析法学派创始人,主要著作有《法理学的范围》、《法理学讲义》等。——译注
[37] 在考虑财产权的本质特征和解释财产权授予之合理性的方法时,虽然少量的引证表现出对普芬道夫和洛克的偏好,但19世纪后期开始出现了以所谓的理论来解释法律所呈现的形态。在某种程度上,对于常常被人提出的关于哲学对于法律理论发展的影响的主张,是能够进行评估的,但是,即使要有任何证据的话,也很少有证据表明是直接的相互交合。
[38] 帕特森和林德伯格主张,"只有一个统一的著作权理论才能确保与彼此以及整体相关的规则处于前后一致,这也就是说,只有一个统一的理论才能提供在著作权法中保持同一所需的基础":L. Patterson 与 S. Lindberg, *The Nature of Copyright* (1991),111。由于缺乏统一的著作权理论,就被认为导致了法律拟制的适用,"因为一个矛盾的理论基础就为解释提供了回旋余地,并因此导致了一个受制于机会主义修正的可延展的概念":同揭,第135页。
[39] 例如,帕特森说过,他称之为著作权过度扩张的原因,可以追溯到"那个模棱两可并且因此并不坚实的著作权概念,它是如下争论的产物,即著作权究竟是被授予的一种在制定法上受到限制的垄断权,抑或是作者的一种自然法上的财产权":L. Ray Patterson, "Copyright Overextended: A Preliminary Inquiry into the Need for a Federal Statute of Unfair Competition" (1992) 17 *University of Dayton Law Review* 386。虽然很早就提到了自然法的话语和概念,但是,只有发生了向着原则和理论的转换,自然法和实在法之间的争论才呈现出它目前在知识产权法中的状态。令人感兴趣的是,当自然法观点最先得到明确应用时(至少是以它们现在被人使用的方式),它是作为对殖民地(特别是加拿大)著作权进行管制和统治的一部分企图。例如,有人就曾提到,这样的观念"被国际协定所证实,即著作权法所涉及的,是文学艺术财产作为一种作者对其劳动果实的自然权利的保护",而该观念被用来支持这样的主张,即帝国所有成员(亦即加拿大)有义务承认"作者的自然权利":"Canadian Copyright" (1895年10月) 19 *The Chamber of Commerce Journal* 1。

性,并抚平不同法律文化之间的细微和精妙之处。[40]

虽然知识产权法的原则在确保该法律更具有可操作性方面发挥了重要作用,但在区分知识产权法的各个范畴时,它却采用了不同的逻辑。具体而言,当知识产权法开始呈现出现在为人所熟悉的形态时,与此同时也存在着一种运动,它与那些对各个范畴之间所存在差异进行解释的企图是相偏离的。人们一度把注意力集中于那些被人认为致使知识产权采取特定形式的先验性因素上,但随后替代它们的,是人们对这些范畴的逐步接受;这些范畴被视若当然。我们在这里所看到的,是对明显存在于各个范畴之间的外部差别而形成的一种日益增强的信赖。著作权区别于外观设计法,在于它是从创作中自动产生的,而不取决于登记。著作权区别于专利,则在于专利提供了一种绝对的垄断,而著作权保护则仅限于对作品的复制——以及诸如此类。逐渐地,这些外部差别就开始被人当作导致不同范畴的原因。著作权区别于外观设计法,是因为它基于创作而自动产生,并不取决于登记。[41] 著作权区别于专利,是因为专利提供了一种绝对的垄断,而著作权保护仅限于对作品的复制。在当代法中,这种分析模式已经成为解释和区分知识财产不同范畴的主要依据[42],人们常说,各种不同的知识财产之间存在着两个主要的区别性特征:是

---

[40] 为此我们经常读到,比如说,"'droit d'auteur'(作者权)制度强调的是自然正义原则,普通法制度所强调的则是经济论据,而社会主义制度是社会性论据":S. Stewart, *International Copyright* (1989),6。

[41] 参见,例如 H. MacQueen, *Copyright, Competition and Industrial Design* (第 2 版)(爱丁堡:爱丁堡大学出版社,1995),32。

[42] 例如,当解释为什么在布鲁塞尔召开的第三届工业产权条约大会上只取得了那么少的进步时,有人就提出,"当时实际上存在着两种不同的意见趋向。第一种是希望用有关复制权的法律来吸收保护外观设计的法律;第二种则相反,它要求维持一个交存制度的现状":*Industrial Property: Texts Adopted by the Third Congress of the Industrial Property*,布鲁塞尔,1925 年 6 月 7 日—21 日,第 11 页。

否存在登记制度[43]、所提供保护的特征(专利垄断型还是著作权保护型)。[44]

如果我们抵御住以这种方式重写历史的诱惑[45],那么很明显,垄断和登记至多不过在确定各个权利的区别性特征时起着一种次要作用。例如,很少有证据表明,所给予保护的范围对于各个范畴的影响起到过任何作用:事实上,迟至19世纪之前,人们对于财产的范围并不存在任何共识。同样地,考虑到至少在1911年之前,对于几乎所有的知识财产种类(包括著作权)来说,登记都是作为保护的前提条件而存在的,那么,它就不能作为解释该法律所采取形态的一种方法了。因此,登记和财产保护范围最好都被看做是差别的结果,而不是作为最初导致差别的原因。[46]

四、回忆的必要

19世纪所形成的知识产权法观念以及由此造成的本体性叙

---

[43] 在他对知识产权法的分类中,班布里奇提出,"可以用来细分各种[知识]产权的一个实际区分标准,在于是否存在着一个登记要件,亦即,是否该权利取决于手续要件的完成,抑或它在某一特定时间内从生活中自动产生"。这反过来受到了该权利本身特征的影响:"那些受到手续要件约束的权利,一般在其本质特征上具有垄断性": D. Bainbridge, *Intellectual Property Law*(第3版),(伦敦:Pitman, 1996), 4—5。

[44] 参见,例如 J. Lahore, *Intellectual Property Law in Australia* (1996), para. 2.1.005; Bridge 勋爵, *British Leyland v. Armstrong Patents Co.* (1986) 1 All ER 855。

[45] 例如,拉霍尔用现代的垄断问题来解读外观设计法的历史,他声称,1842年《外观设计法》"明确地对最先的外观设计所有人授予一种垄断权"。它的确如此,"尽管该法律所指的事实上是外观设计的'著作权'": J. Lahore, *Intellectual Property Law in Australian* (1996),第2.1.019段。

[46] 直到19世纪下叶,对于何谓侵犯专利、外观设计和著作权的行为,才在某种程度上具有了确定性。布莱克本(Blackburn)勋爵强调了与专利相关的此种状况,他说:"我并不认为,为了支持一起针对[原告]财产的侵权行为之诉,重要的是证明它属于故意侵权;无论该行为故意与否,都将同样是一种侵犯财产权的行为": *Nobel's Explosives Co. v. Jones, Scott and Co.* (1882) LR Ch D 721,引自 L. Edmunds, *The Law and Practice of Letters Patent for Inventions* (伦敦:Sweet and Maxwell, 1890), 220。

述,在我们思考和理解知识产权法时发挥了并且继续起着一种重要的作用。例如,在 19 世纪所设想的许多与著作权法相关的特征,还在继续影响着当代法律的塑造。又比如,一部著作权法在贸易和商业范围之外的浪漫主义观念,就在以下这些地方显示了它自己的存在,即关于应当如何保护实用艺术的讨论,以及关于如何处理著作权和外观设计法之间的重叠问题等。就计算机程序在知识产权法之适当位置而形成相关主张的过程中,它也起到了某种重要作用。正如围绕着 GATT/TRIPS 的谈判所表明的,著作权作品的本土性和地方化特征的观念还继续产生着某种重要的影响。著作权法的文化维度在涉及本土知识产权问题时,也变得愈加突出,这样的问题就比如是由澳大利亚高等法院在 *Mabo* 案判决中的某个结果所引起的。[47] 如果我们转而考虑专利法,那么,那些用来解释该法律的组织性叙述就有助于解释,为什么该法律在把道德问题纳入专利程序时经历了那么多的困难。[48]

19 世纪所形成的知识产权法模式,不仅严重影响了我们思考知识产权法的方法,而且还限制了我们对之所提出的问题。有一个叙述教导我们,在一种历史语境中,知识产权法是永恒、自然和不可避免的,并且它是从原则中推演出来的,但这样的叙述所带来的结果就是,它引导我们偏离了该法律在 19 世纪所发生的变化。也许,所有这些当中最重要的是,我们对法律的观念也限制了我们想象哪些是有可能的,并因此限制了我们对该主题的需求。在这一法律领域,虽然人们已将太多的精力投入到它的改革与一体化之中,因此,它常常关注的是未来,但是,还有许多原因,说明了为什么在考察知识产权法的形态——正是它造成和解释

---

[47] 参见 K. Puri, "Copyright Protection for Australian Aborigines in the Light of Mabo" 载 M. Stephenson 与 S. Ratnapala 编,*Mabo: A Judicial Revolution: The Aboriginal Land Rights Decision and Its Impact on Australian Law*(布里斯班:昆士兰大学出版社,1993)。

[48] 参见 L. Bently 与 B. Sherman, "The Ethics of Patenting: Towards a Transgenic Patent System"(1995)3 *Medical Law Review* 275。

了这些讨论——时，应当把时间因素考虑其中。而且，如果该法律的目的在于满足我们对它的需求，那么，不仅有必要承认各种叙述对于该法律所产生的影响，而且，我们着手创造出新的叙述也具有重要意义。当知识产权企图调整数字技术和有机计算（organic computing），以及本土的艺术和文化表达，而它又要解决由此所产生的问题时，这种必要性就显得紧迫而急需，如同它们过去曾经的那般。

参 考 文 献

'A Few Words on International Copyright' (1852) 95 *Edinburgh Review* 148.

A Vindication of the Exclusive Rights of Authors to their own Works: A Subject now under Consideration before the Twelve Judges of England (London: Griffiths, 1762).

Abrams, H. 'The Historic Foundation of American Copyright Law: Exploding the Myth of Common Law Copyright' (1983) 29 *Wayne Law Review* 1120.

Abrams, M. *The Mirror and the Lamp* (New York: Oxford University Press, 1953).

An Enquiry into the Nature and Origin of Literary Property (London: Printed for William Flexney, 1762).

Anderson, B. *Imagined Communities: Reflections on the Origin and Spread of Nationalism* (London: Verso, 1983).

Armstrong, G. 'From the Fetishism of Commodities to the Regulated Market: The Rise and Decline of Property' (1987) 82 *Northwestern University Law Review* 79.

'Art. V: Publications of the Honourable Commissioners of Patents' (Jan. 1859) 105 *Quarterly Review* 136.

'Art. XII: Report from Select Committee on the Law relative to Patents for Inventions' (1835) 22 *The Westminster Review* 172.

Attorney-General's Department, Submission to House of Representative Standing Committee on Aboriginal and Torres Strait Islander Affairs: Culture and Heritage Inquiry (1 May 1995).

Australian Law Reform Commission, *Designs: Issues Paper 11* (Sydney: ALRC, 1993).

Bainbridge, D. *Intellectual Property Law* (3rd edn) (London: Pitman, 1996).

Barthes, R. *Roland Barthes* (tr. R. Howard) (London: Macmillan, 1977).

Bastide, F. 'The Iconography of Scientific Texts: Principles of Analysis' (tr. G. Myers) in (eds.) M. Lynch and S. Woolgar, *Representations in Scientific Practice* (London: MIT Press, 1990), 187.

Batzel, V. 'Legal Monopoly in Liberal England: The Patent Controversy in the Mid-Nineteenth Century' (1980) 22 *Business History* 189.

Becker, L. *Property Rights: Philosophic Foundations* (London: Routledge, 1977).

Bell, Q. *The Schools of Designs* (London: Routledge and Kegan Paul, 1963).

Benjamin, W. 'The Work of Art in the Age of Mechanical Reproductions' (tr. H. Zohn) in (ed.) H. Arendt, *Illuminations* (New York: Harcourt, Brace and World, 1968).

Bentham, J. *Manual of Political Economy* (ed. W. Stark) (London: George Allen and Unwin, 1952).
Bently L. and B. Sherman, 'The Ethics of Patenting: Towards a Transgenic Patent System' (1995) 3 *Medical Law Review* 275.
Bergeron, J. 'From Property to Contract: Political Economy and the Transformation of Value in English Common Law' (1993) 2 *Social and Legal Studies* 5.
Billing, S. and A. Prince, *The Law and Practice of Patents and Registration of Designs with the Pleadings and all the Necessary Forms* (London: Benning, 1845).
Birrell, A. *Seven Essays on the Law and History of Copyright in Books* (London: Cassel and Co., 1899).
Bismark, V. 'Patents for Inventions' (1870) 61 *PP* 1.
Blackstone, W. *Commentaries on the Laws of England* (London: A. Strahan, 1809).
Blagden, C. *The Stationers' Company: A History, 1403–1959* (London: Allen and Unwin, 1960).
Blaine, D. Robertson *Suggestions on the Copyright (Works of Art) Bill* (London: Robert Hardwicke, 1861).
Bougon J. *The Inventor's Vade Mecum: Memorandum on the Laws Effecting the Patents of Every Country* (London: Reeves and Turner, 1870).
Bourdieu, P. 'Codification' in *In Other Words: Essays Towards a Reflexive Sociology* (tr. M. Adamson) (Cambridge: Polity Press, 1990), 76.
Bowen, J. 'Notice Issued by the Registrar: Copyright of Designs for Articles of Utility' (1843) 2 *Repertory of Patent Inventions* 251.
Brace, G. *Observations on Extension of Protection of Copyright of Design, with a View to the Improvement of British Taste* (London: Smith, Elder and Co., 1842).
Brewer, J. *Three Sinews of Power: War, Money and the English State, 1688–1783* (London: Century Hutchinson, 1988).
Bridge Adams, W. 'Patent Laws' (21 Jan. 1871) 19 *Journal of the Society of Arts* 186.
  'Proposed Bill for the Protection of Mental Property' (21 Oct. 1870) 18 *Journal of the Society of Arts* 186.
Briggs, W. *The Law of International Copyright (with Special Sections on the Colonies and the USA)* (London: Stevens and Haynes, 1906).
'British versus Foreign Patent Law' (26 Feb. 1904) 52 *Journal of the Society of Arts* 323.
Brown, L. 'The Board of Trade and the Tariff Problem, 1840–2' (1953) *English Historical Review* 394.
Bugbee, B. *The Genesis of American Patent and Copyright Law* (Washington, D.C.: Public Affairs Press, 1967).
Bulajic, M. 'International Protection of Intellectual Property in the Context of the Right to Development: Comment on the German Proposal' in (eds.) S. Chowdhury, E. Denters and P. de Waart, *The Right to Development in International Law* (Dordecht: Kluwer, 1992).
Burrow, J. *The Question Concerning Literary Property by the Court of Kings Bench*

on 20th April 1769, in the Case between Andrew Millar and Robert Taylor (London: W. Strahan and M. Woodfall, 1773).

Campin, F. *Law of Patents for Inventions with Explanatory Notes on the Law as to the Protection of Designs and Trade Marks* (London: Virtue and Co., 1869).

'Canadian Copyright' (Oct. 1895) 19 *The Chamber of Commerce Journal* 1.

Carpmael, W. 'Copyright of Designs' (1843) 2 *Repertory of Patent Inventions* 250.

'Introductory Observations on the Law of Patents for Inventions' (1835) 3 *Repertory of Patent Inventions* 67.

'Registration of Designs' (1842) 17 *Repertory of Patent Inventions* 37.

'The Law of Patents for Inventions: Part III' (1835) 3 *Repertory of Patent Inventions* 242.

Law Reports of Patent Cases (London: MacIntosh, 1843).

Registration of Designs in order to Secure Copyright (3rd edn) (London: MacIntosh, 1846).

The Law of Patents for Inventions Familiarly Explained for the Use of Inventors and Patentees (6th edn) (London: Stephens, 1860).

Chapman, S. *The Cotton Industry in the Industrial Revolution* (London: Macmillan, 1972).

Chapman, S. and S. Chassagne, *European Textile Printers in the Eighteenth Century: a Study of Peel and Oberkamps* (London: Heinemann Educational, 1981).

Chartier, R. 'Figures of the Author' in (eds.) B. Sherman and A. Strowel, *Of Authors and Origins: Essays on Copyright Law* (Oxford: Clarendon Press, 1994), 7.

Clay, J. 'The Copyright of Designs, as Applicable to Articles of Textile Manufacture' (1859) *TNAPSS* 244.

Cliffe Leslie, T. 'The Law of Patents' (April 1865) 121 *Edinburgh Review* 578.

Cohen, E. *The Growth of the British Civil Service: 1780–1939* (London: Allen and Unwin, 1941).

Collier, J. *An Essay on the Law of Patents for New Inventions* (London: A. Wilson, 1803).

'Considerations [by the late Dr Johnson] on the Case of Dr. Trapp's Sermons, Abridged by Mr Cave' (July 1787) 57 *Gentleman's Magazine* 555.

Considerations on the Nature and Origin of Literary Property (Edinburgh: Alexander Donaldson, 1767) (attributed to J. MacLaurin, Lord Dreghorn).

Coombe, R. 'Challenging Paternity: Histories of Copyright' (1994) 6 *Yale Journal of Law and the Humanities* 397.

Copinger on Copyright (5th edn) (ed. J. Easton) (London: Stevens, 1915).

Copinger, W. *The Law of Copyright in Works of Literature and Art, including that of Drama, Music, Engraving, Sculpture, Painting, Photography and Ornamental and Useful Design* (London: William Clowes and Sons, 1870).

'Copyright' (25 March 1881) 29 *Journal of Society of Arts* 418.

Copyright Convergence Group, *Highways to Change: Copyright in the New Communications Environment* (Canberra: Microdata, 1994).

'Copyright Law Reform' (1910) 216 *Quarterly Review* 483.

Cornish, W. *Intellectual Property: Patents, Copyright, Trade Marks and Allied Rights* (3rd edn) (London: Sweet and Maxwell, 1996).

Coryton, J. *A Treatise on the Law of Letters-Patent for the Sole Use of Inventions in the United Kingdom of England and Ireland: To which is Added a Summary of the Patent Laws in Force in the Principal Foreign States* (London: H. Sweet, 1855).

Coulter, M. *Property in Ideas: The Patent Question in Mid-Victorian Britain* (Kirksville, Mo.: Thomas Jefferson University Press, 1991).

Craig, A. *Patents, Trade Marks and Designs* (London: Bazaar Office, 1879).

Cunynghame, H. *English Patent Practice* (London: William Clowes and Sons, 1894).

L. Cushing, 'An Analysis of Kant's Doctrine of the Rights of Authors' (1840) 22 *American Jurist* 84.

Daniel, E. *A Complete Treatise upon the New Law of Patents, Designs and Trade Marks* (London: Stevens, 1884).

Daniel, E. *The Trade Marks Registration Act 1875* (London: Stevens and Haynes, 1876).

Davies, J. *A Collection of the Most Important Cases Respecting Patents of Inventions* (London: W. Reed, 1816).

A Pamphlet on Patents (London: Weale, Simpkin and Co, 1850).

Davison L. and T. Keirn, 'The Reactive State: English Governance and Society 1688–1750' in (eds.) L. Davison, T. Hitchcock and R. Shoemaker, *Stilling the Grumbling Hive: The Response to Social and Economic Problems in England, 1688–1750* (Stroud, Glos. and New York: Alan Sutton and St Martins Press, 1992).

Dentith, S. 'Political Economy, Fiction and the Language of Practical Ideology in Nineteenth-century England' (1983) 8 *Social History* 183.

Derrida, J. 'Psyche: Inventions of the Other' in (eds.) Lindsay Waters and Wlad Godzich, *Reading de Man Reading* (Minneapolis: University of Minnesota Press, 1989), 25.

Dieckmann, H. 'Diderot's Conception of Genius' (1941) 11 *Journal of the History of Ideas* 151.

Dircks, H. *Statistics of Inventions Illustrating the Policy of a Patent Law* (London: E. and F. Spon, 1869).

Drahos, P. *A Philosophy of Intellectual Property Law* (Aldershot: Dartmouth, 1996).

Drewry C. *Observations on the Defects of the Law of Patents* (London: V. and R. Stephens and Sons, 1863).

The Patent Law Amendment Act (London: John Richards and Co., 1838).

Observations on Points Relating to the Amendment of the Law of Letters Patent (London: John Richards and Co, 1839).

The Law of Trade Marks (London: Knight and Co, 1878).

Dutton, H. *The Patent System and Inventive Activity during the Industrial Revolution 1750–1852* (Manchester: Manchester University Press, 1984).

Dworkin, G. 'Why are Registered Designs so Unpopular?' (Feb. 1993) *Intellectual Property Newsletter: Special Report No. 8* 1.

Edelman, B. 'Applicable Legislation Regarding Exploitation of Colourised US Films in France: The John Huston Case' (1992) *IIC* 629.

'Une loi substantiellement internationale. La Loi du 3 juillet sur les droits d'auteur et droits voisins' (1987) 114 *Journal de droit international* 567.

Ownership of the Image (tr. E. Kingdom) (London: Routledge and Kegan Paul, 1979).

Edmunds, L. *The Law and Practice of Letters Patent for Inventions* (London: Sweet and Maxwell, 1890).

The Law of Copyright in Designs (London: Sweet and Maxwell, 1895).

Edmunds, L. and H. Bentwich, *The Law of Copyright in Designs* (London: Sweet and Maxwell, 1908).

Eisenstein, E. *The Printing Press as an Agent of Change* (New York: Cambridge University Press, 1979).

Enfield, W. *Observations on Literary Property* (London: Johnson, 1774).

European Commission, *EC Green Paper on the Legal Protection of Industrial Designs*, Doc. III/F/5131/91, June 1991.

Evans, J. 'Change in the Doctrine of Precedent during the Nineteenth Century' in (ed.) L. Goldstein, *Precedent in Law* (Oxford: Clarendon, 1991).

Farrer, T. 'The Principle of Copyright' (1878) 24 *Fortnightly Review* 836.

Feather, J. 'The Publishers and the Pirates: British Copyright Law in Theory and Practice, 1710–1775' (1987) 22 *Publishing History* 5.

A History of British Publishing (London: Croom Helm, 1988).

Foreign Office, *Reports Relating to the Foreign Countries on the Subject of Trade Marks* (C 596) (London: Harrison and Sons, 1872).

Treaty Stipulation between Great Britain and Foreign Powers on the Subject of Trade Marks (C 633) (London: Harrison and Sons, 1872).

Foucault, M. *History of Sexuality*, vol. I (tr. R. Hurley) (New York: Pantheon, 1978).

Fraser, J. *Handy-Book of Patent and Copyright Law* (London: Sampson and Co., 1860).

Frost, R. *Patent Law and Practice* (London: Stevens and Haynes, 1891).

Gebauer, G. and C. Wulf, *Mimesis: Culture, Art, Society* (tr. D. Reneau) (Berkeley, Calif.: University of California Press, 1993).

Geller, P. 'Legal Transplants in International Copyright: Some Problems of Method' (1994) 13 *University of California at Los Angeles Pacific Basin Law Journal* 200.

'General Notes: Patent Office' (27 May 1887) 35 *Journal of the Society of Arts* 435.

Ginsburg, J. 'Creation and Commercial Value: Copyright Protection for Works of Information' (1990) 90 *Columbia Law Review* 1865.

Ginzburg, C. 'Clues: Roots of an Evidential Paradigm' in *Clues, Myths and the Historical Method* (tr. J. and A. Tedeschi) (Baltimore, Md.: Johns Hopkins University Press, 1989), 96.

Godson, R. 'Law of Patents' (19 Feb. 1833) 15 *Hansard* col. 974.

A Practical Treatise on the Law of Patents for Inventions and of Copyright (London: J. Butterworth, 1840).

A Practical Treatise on the Law of Patents for Inventions and of Copyright with an Introductory Book of Monopolies (London: Joseph Butterworth, 1823).

A Practical Treatise on the Law of Patents for Invention and of Copyright: Supplement (London: Benning and Co., 1844).

A Practical Treatise on the Law of Patents for Invention and of Copyright: Supplement (ed. P. Burke) (London: Benning and Co, 1851).

A Practical Treatise on the Law of Patents: A Supplement (London: J. Butterworth, 1832).

Goodman, D. 'Epistolary Property: Michel de Servan and the Plight of Letters on the Eve of the French Revolution' in (eds.) J. Brewer and S. Staves, *Early Modern Conceptions of Property* (London: Routledge, 1995), 339.

Gordon, J. 'Patent Law Reform' (30 Nov. 1906) 55 *Journal of the Society of Arts* 26.

'The Patents and Designs Act, 1907' (May 1910) 356 *The Law Magazine and Review* 289.

Gordon, R. 'Paradoxical Property' in (eds.) J. Brewer and S. Staves, *Early Modern Conceptions of Property* (London: Routledge, 1995), 95.

Greysmith, D. 'Patterns, Piracy and Protection in the Textile Printing Industry, 1787–1850' (1983) 14 *Textile History* 165.

Hancox, J. *The Queens Chameleon: The Life of John Byrom* (London: Jonathan Cape, 1994).

Hands, W. *The Law and Practice of Patents for Inventions* (London: W. Clarke, 1808).

Hargrave, F. *An Argument in Defence of Literary Property* (London: Otridge, 1774).

Harrison, J. 'Some Patent Practitioners Associated with the Society of Arts, c. 1790–1840' (July 1982) *Journal of the Royal Society of Arts* 494.

Hawes, W. 'On the Economical Effects of the Patent Laws' (1863) *TNAPSS* 830.

Hennessy, P. *Whitehall* (London: Secker and Warburg, 1989).

Hewish, J. *The Indefatigable Mr Woodcroft: The Legacy of Invention* (London: British Library, 1983).

Hilf M. and T. Oppermann, 'International Protection of Intellectual Property: a German Proposal' in (eds.) S. Chowdhury, E. Denters and P. de Waart, *The Right to Development in International Law* (Dordecht: Kluwer, 1992).

Hindmarch, W. *Observations on the Defects of the Patents Laws of this Country: With Suggestions for the Reform of them* (London: W. M. Benning and Co, 1851).

A Treatise on the Law Relating to Patent Privileges (London: Stevens, 1846).

Law and Practice of Letters Patent for Inventions (London: Stevens, 1848).

Hinton v Donaldson (1773) in *The Decision of the Court of Session upon the Question of Literary Property in the Cause of John Hinton, London Bookseller, against Alexander Donaldson, Bookseller in Edinburgh* (Edinburgh: Boswell, 1774).

HMSO, *Subject List of Works on the Laws of Industrial Property (Patents, Design and Trademarks) and Copyright* (London: Darling and Son, 1900).

Holdsworth, W. *A History of English Law*, vol. XI (London: Sweet and Maxwell, 1938).

Hoppitt, J. 'Patterns of Parliamentary Legislation, 1660–1880' (1996) 39 *History Journal* 109.

Hugenholtz, P. 'Protection of Compilations of Facts in Germany and the Netherlands' in (eds.) E. Dommering and P. Hugenholtz, *Protecting Works of Fact: Copyright, Freedom of Expression and Information Law* (Deventer: Kluwer, 1991), 59.

Hulme, E. 'Privy Council Law and Practice of Letters Patent for Inventions from the Restoration to 1794' (1917) 33 *LQR* 180.

Hunter, D. 'Copyright Protection for Engravings and Maps in Eighteenth Century England' (1987) 8 *Library* 128.
Hutcheson, J. 'The Judgement Intuitive: The Function of the "Hunch" in Judicial Decision' (1928) 16 *Cornell Law Quarterly* 274.
Huyssen, A. *After the Great Divide* (Bloomington: Indiana University Press, 1986).
Imray, J. 'Claims' (1887–8) 6 *Proceedings of the Institute of Patent Agents* 203.
Industrial Property: Texts Adopted by the Third Congress of the Industrial Property Treaty, Brussels, 21–7 June 1925.
Information for John Mackenzie of Delvin, Writer of the Signet, and others, Trustees appointed by Mrs Anne Smith, Widow of Mr Thomas Ruddiman, Late Keeper of the Advocates' Library, Pursuers against John Robertson, Printer in Edinburgh, Defender (30 Nov. 1771), Lord Monboddo Reporter.
Information for John Robertson, Printer in Edinburgh (Defender) against John Mackenzie of Delvin (10 Dec. 1771), Lord Monboddo Reporter.
Inlow, E. Burke, *The Patent Grant* (Baltimore, Md.: The Johns Hopkins Press, 1950).
Innes, J. 'Parliament and the Shaping of Eighteenth-century English Social Policy' (1990) 5th series 40 *Transactions of the Royal Historical Society* 63.
'Is Copyright Perpetual? An Examination of the Origin and Nature of Literary Property' (1875–6) 10 *American Law Review* 16.
Iselin, J. 'The Protection of Industrial Property' (18 Feb. 1898) 46 *Journal of the Society of Arts* 293.
Jackson, E. 'The Law of Trade Marks' (19 May 1899) 47 *Journal of the Society of Arts* 563.
Jehoram, H. C. 'Design Laws in Continental Europe and their Relation to Copyright Law' (1981) 8 *EIPR* 235.
'The EC Green Paper on the Legal Protection of Industrial Design. Halfway down the Right Track – A View from the Benelux' (1992) 3 *EIPR* 75.
Johnson, E. 'The Mercantilist Concept of "Art" and "Ingenious Labour"' (1931) 6 *Economic History* 234.
Johnson, S. *A Dictionary of the English Language* (1755) (London: Times Books, 1983).
Jones, R. 'The Myth of the Idea/Expression Dichotomy in Copyright Law' (1990) *Pace Law Review* 551.
Kaufman, P. 'Heralds of Original Genius' in *Essays in Memory of Barrett Wendell* (Cambridge, Mass.: Harvard University Press, 1926).
Kellett, J. 'The Breakdown of Guild and Corporation Control over the Handicraft and Retail Trade in London' (1957–8) 10 *Economic History Review* 381.
Kenrick, W. *An Address to the Artists and Manufacturers of Great Britain: Respecting an Application to Parliament for the Further Encouragement of New Discoveries and Invention in the Useful Arts* (London: Domville, 1774).
Kerly, D. *The Law of Trade-Marks, Trade Name, and Merchandise Marks* (2nd edn) (London: Sweet and Maxwell, 1901).
Kohler, J. *Autorrecht, eine zivilistische Abhandlung* (1880). Quoted in P. Bernt Hugenholtz, 'Protection of Compilations of Facts in Germany and the Netherlands' in (eds.) E. Dommering and P. Hugenholtz, *Protecting Works*

of Fact: Copyright, Freedom of Expression and Information Law (Deventer: Kluwer, 1991), 59.
Kur, A. 'The Green Paper's Design Approach – What's Wrong With It' (1993) 10 *EIPR* 374.
Kusamitsu, T. 'The Industrial Revolution and Design' (PhD Thesis, Sheffield University, 1982).
Lacey, L. 'Of Bread and Roses and Copyrights' (1989) *Duke Law Journal* 1539
Ladas, S. *Patents, Trademarks, and Related Rights: National and International Protection*, vols. I–II (Cambridge, Mass.: Harvard University Press, 1975).
Lahore, J. 'Art and Function in the Law of Copyright and Designs' (1971) 4 *Adelaide Law Review* 182.
  Intellectual Property Law in Australia: Patent, Designs and Trade Marks Law (North Ryde: Butterworths, 1996) Service 36.
Latour, B. 'Drawing Things Together' in (eds.) M. Lynch and S. Woolgar, *Representation in Scientific Practice* (London: MIT Press, 1990), 19.
Law, J. 'On the Methods of Long-distance Control: Vessels, Navigation and the Portuguese Route to India' in (ed.) J. Law, *Power, Action, and Belief* (London: Routledge, 1986).
'Law of Literary Property and Patents' (1829) 10 *Westminster Review* 444.
Lawson, W. *Patents, Designs and Trade Marks Practice* (London: Butterworths, 1884).
Legrand, P. 'Comparative Legal Studies and Commitment to Theory' (1995) 158 *Modern Law Review* 262.
'Letters Patent' (27 Oct. 1871) 19 *Journal of the Society of Arts* 846.
Leverson, M. *Copyright and Patents; or, Property in Thought, Being an Investigation of the Principles of Legal Science Applicable to Property in Thought* (London: Wildy and Sons, 1854).
Lloyd Wise, W. 'Patent Law' (19 Nov. 1880) 29 *Journal of the Society of Arts* 17.
Lloyd, E. 'Consolidation of the Law of Copyright' (28 June 1862) 6 *The Solicitors' Journal and Reporter* 626.
'On the Law of Trade Marks' (11 May 1861) 5 *Solicitors' Journal* 486.
'On the Law of Trade Marks: No. VIII' (27 July 1861) 5 *The Solicitors' Journal* 665.
Locke, J. *Two Treatises of Government* (1690) (ed. P. Laslett) (Cambridge: Cambridge University Press, 1967).
Longfield, A. 'William Kilburn and the Earliest Copyright Acts for Cotton Printing Designs' (1953) 45 *Burlington Magazine* 230.
'Lord John Manners's Copyright Bill for Consolidating and Amending the Law Relating to Copyright 1879' (22 Aug. 1879) 27 *Journal of the Society of Arts* 879.
Ludlow, H. and H. Jenkins, *A Treatise on the Law of Trade-Marks and Trade Names* (London: William Maxwell and Son, 1877).
Lukes, S. *Individualism* (Oxford: Basil Blackwell, 1985).
Macaulay, C. *A Modest Plea for the Property of Copy Right* (London: Printed by R. Cruttwell in Bath for E. and C. Dilly, 1774).
MacDonnell, J. *A Survey of Political Economy* (Edinburgh: Edmonston and Douglas, 1871).
Macfie, R. 'Miscellaneous' (1865) *TNAPSS* 261.

'The Law of Patents for Inventions' (1858) *TNAPSS* 147.

'The Patent Question' (1863) *TNAPSS* 818.

The Patent Question under Free Trade: A Solution of Difficulties by Abolishing or Shortening the Invention Monopoly and Instituting National Recompense (2nd edn) (London: W. J. Johnson, 1863).

Macfie, R. (ed.) *Copyright and Patents for Inventions: Pleas and Plans*, vols. I and II (Edinburgh: T. and T. Clark, 1879–83).

Machlup, F. and E. Penrose, 'The Patent Controversy in the Nineteenth Century' (1950) 10 *Journal of Economic History* 1.

Macleod, C. 'The Paradoxes of Patenting: Invention and its Diffusion in 18th- and 19th-Century Britain, France and North America' (1991) *Technology and Culture* 885.

Inventing the Industrial Revolution: The English Patent System 1660–1800 (Cambridge: Cambridge University Press, 1988).

MacQueen, H. *Copyright, Competition and Industrial Design* (2nd edn) (Edinburgh: Edinburgh University Press, 1995).

Maine, H. *Ancient Law* (London: Dent, 1917).

McKendrick, N. 'Josiah Wedgewood and Factory Discipline' (1961) *Historical Journal* 30.

Memorial for the Booksellers of Edinburgh and Glasgow Relating to the Process against them by Some of the London Booksellers (1774); reprint *The Literary Property Debate* (ed. S. Parks) (New York: Garland, 1974).

Memorial for the Booksellers of Edinburgh and Glasgow. The Decision of the Court of Session upon the Question of Literary Property in the Cause John Hinton against Alexander Donaldson per Lord Auchinleck (1774); reprint *The Literary Property Debate* (ed. S. Parks) (New York: Garland, 1974).

Memorial from Manufacturers of Norwich to Board of Trade (2 March 1838) BT/1/338 25G.

Miller, D. 'Into the Valley of Darkness: Reflections on the Royal Society in the Eighteenth Century' (1989) 27 *History of Science* 155.

Minute Book of the Law Society.

Moffatt, A. 'The Copyright Bill' (1898) 10 *Juridical Review* 161.

'What is an Author?' (1900) 12 *Juridical Review* 217.

Moller, M. 'On the Subject of the Green Paper' (tr. M. Platt) (1989) 141 *RIDA* 22.

Morrell J. and A. Thackray, *Gentlemen of Science: Early Years of the British Association for the Advancement of Science* (Oxford: Clarendon Press, 1981).

'Mr Mackinnon's New Patent Law Bill' (1839) 32 *Mechanics' Magazine* 351.

Murdoch, H. *Information respecting British and Foreign Patents, and the Registration of Designs* (2nd edn) (London: G. Briggs, 1867).

'New Patents Act' (4 Jan. 1884) 32 *Journal of the Society of Arts* 120.

'New Textiles Designs Committee' (1910) 21 (19) *The Manchester Chamber of Commerce Monthly Record* 265.

Newton, W. 'Copyright of Designs' (1840) 16 *The London Journal of Arts and Sciences* 95.

Norman, J. *A Treatise on the Law and Practice Relating to Letters Patent for Invention* (London: Butterworths, 1853).

Nowell-Smith, S. *International Copyright Law and the Publisher in the Reign of Queen Victoria* (Oxford: Clarendon Press, 1968).

O'Brien, C. *The British Manufacturers' Companion and Calico Printers' Assistant; Being a Treatise on Callico Printing, in all its Branches, Theoretical and Practical; with an Essay on Genius, Invention and Designing* (London: Printed for the Author and Sold by Hamilton and Co., 1795) (first published in 1789 as *The Calico Printers' Assistant from the First Operation of Designing Patterns, to the Delivery of Works for Sale* (London: Charles O'Brien, 1789).

Ong, W. *Orality and Literacy: The Technologizing of the Word* (London: Methuen and Co., 1988).

Oyama, S. *The Ontogeny of Information: Developmental Systems and Evolution* (Cambridge: Cambridge University Press, 1985).

Palmer, J. (11 Dec. 1874) 23 *Journal of the Society of Arts* 76.

Panofsky, E. *Idea: A Concept in Art Theory* (tr. J. Peake) (Columbia, S.C.: University of South Carolina Press, 1968).

'Patent Laws' (17 Nov. 1876) 25 *Journal of the Society of Arts* 11.

'Patents' (Jan. 1859) 105 *Quarterly Review* 136.

'Patents, Designs and Trade Marks' (June 1898) *The Chamber of Commerce Journal* 125.

Patterson, L. *Copyright in Historical Perspective* (Nashville, Tenn.: Vanderbilt University Press, 1968).

'Copyright Overextended: A Preliminary Inquiry into the Need for a Federal Statute of Unfair Competition' (1992) 17 *University of Dayton Law Review* 385.

Patterson, L. and S. Lindberg, *The Nature of Copyright: A Law of Users' Rights* (Athens, Ga.: University of Georgia Press, 1991).

Pearsall Smith, L. 'Four Romantic Words' in *Words and Idioms: Studies on the English Language* (London: Constable and Co., 1925).

Peters, J. 'The Bank, the Press and the "Return of Nature": On Currency, Credit, and Literary Property in the 1690s' in (eds.) J. Brewer and S. Staves, *Early Modern Conceptions of Property* (London: Routledge, 1995), 365.

Phillips, C. *The Law of Copyright in Works of Art and in the Application of Designs* (London: Stevens and Haynes, 1863).

Phillips, J. and A. Firth, *Introduction to Intellectual Property Law* (3rd edn) (London: Butterworths, 1995).

Playfair, L. 'On Patents and the New Patents Bill' (1877) 1 *The Nineteenth Century* 315.

Pocock, J. *Virtue, Commerce and History* (Cambridge: Cambridge University Press, 1985).

Pollock, F. *On Torts* (12th edn) (London: Stevens and Sons, 1923).

Pottage, A. 'Autonomy of Property', paper presented to Hart Workshop, London, 1991.

'The Originality of Registration' (1995) 15 *Oxford Journal of Legal Studies* 371.

Potter, E. *A Letter to Mark Phillips Esq MP in Reply to his Speech in the House of Commons, Feb. 9th 1841, on the Designs Copyright Bill* (Manchester: T. Forrest, 1841).

'Proposed Bills for the Protection of Mental Property' (21 October 1870) *Journal of Society of Arts* 186.

Prosser, R. 'Use of the Word "Patent"' (1840) 32 *Mechanics' Magazine* 740.
Puri, K. 'Copyright Protection for Australian Aborigines in the Light of Mabo' in (eds.) M. Stephenson and S. Ratnapala, *Mabo: A Judicial Revolution: The Aboriginal Land Rights Decision and Its Impact on Australian Law* (Brisbane: University of Queensland Press, 1993).
Rae, D. *Information for Mess. John Hinton and Attorney against Mess. Alexander Donaldson and Others* (2 Jan. 1773), *Lord Coalston Reporter*.
'Registration of Trade Marks in Colour: Part I' (5 Feb. 1881) *The Solicitors' Journal* 254.
Reichman, J. 'Electronic Information Tools – The Outer Edge of World Intellectual Property Law' (1992) 17 *University of Dayton Law Review* 797.
  'Legal Hybrids between the Patent and Copyright Paradigms' in (eds.) W. Korthals *et al.*, *Information law Towards the 21st Century* (Deventer, Boston: Kluwer, 1992).
Remarkable Decisions of the Court of Session (1730–1752) (Edinburgh: A. Kincaid and J. Bell, 1766).
Report of Registrar of Designs to the Board of Trade Respecting the Origin, Nature and Tendency of the Designs Copyright Act (3 Nov. 1841), *Letters to the Board of Trade* BT/1/379.
'Review of Charles Babbage, *Reflexions on the Decline of Science in England, and on Some of its Causes*' (1830) 43 *Quarterly Review* 304.
Reynolds, J. *Discourses on Art* (1771) (ed. R. Wark) (New Haven: Yale University Press, 1959).
Rifkin, A. 'Success Disavowed: The Schools of Design in Mid-Nineteenth Century Britain' (1988) 1 *Design History* 89.
Riley M. 'Trade Marks' (31 July 1912) 23 *Manchester Chamber of Commerce Monthly Record* 198.
Robertson, J. 'Law Report of Registration' (1845) 5 *Repertory of Patent Inventions* 262.
  (1839–40) 32 *Mechanics' Magazine* 221.
Robertson, G. *The Law of Copyright* (Oxford: Clarendon, 1912).
Robertson, W. Wybrow, 'On Trade Marks' (23 April 1869) 17 *Journal of the Society of Arts* 414.
Robinson, A. 'The Evolution of Copyright, 1476–1776' (1991) *Cambrian Law Review*, 67.
Robinson, E. 'James Watt and the Law of Patents' (1971) 12 *Technology and Culture* 115.
  'The Early Diffusion of Steam Power' (1972) 34 *Journal of Economic History* 91.
Robinson, E. and A. Musson, *James Watt and the Steam Revolution: A Documentary History* (New York: A. M. Kelley, 1969).
Rogers, J. 'On the Rationale and Working of the Patent Laws' (1863) 26 (2) *Journal of the Statistics Society* 125.
Rose, M. 'The Author as Proprietor: *Donaldson* v *Becket* and the Genealogy of Modern Authorship' in (eds.) B. Sherman and A. Strowel, *Of Authors and Origins: Essays on Copyright Law* (Oxford: Clarendon Press, 1994), 23.
  'The Author in Court: *Pope* v *Curll* (1741)' (1992) 10 *Cardozo Arts and Entertainment Law Review* 475.

Authors and Owners: The Invention of Copyright (Cambridge, Mass.: Harvard University Press, 1993).

'Authority and Authenticity: Scribbling Authors and the Genius of Print in Eighteenth-Century England' (1992) 10 *Cardozo Arts and Entertainment Law Journal* 495.

Ross, T. 'Copyright and the Invention of Tradition' (1992) 26 *Eighteenth Century Studies* 1.

Rudwick, M. 'The Emergence of a Visual Language for Geological Sciences: 1760–1840' (1976) 14 *History of Science* 148.

Ryan, A. *Property and Political Theory* (Oxford: Basil Blackwell, 1984).

Ryland, A. 'The Fraudulent Imitation of Trade Marks' (1859) *TNAPSS* 229.

Sanctis, V. de, 'The Development and the International Confirmation of Copyright' (1974) 79 *RIDA* 206.

Saunders, D. *Authorship and Copyright* (London: Routledge, 1992).

Schechter, F. *The Historical Foundations of the Law Relating to Trade Marks* (New York: Columbia University Press, 1925).

Schroder, J. 'Observations on Mr Mackinnon's Bill' (1837) 10 *The London Journal of Arts and Sciences* 108.

Scrutton, T. *The Law of Copyright* (3rd edn) (London: William Clowes and Sons, 1896).

The Laws of Copyright: An Examination of the Principles which Regulate Literary and Artistic Property in England and Other Countries (London: John Murray, 1883).

Sebastian, L. *The Law of Trade Marks and their Registration, and Matters Connected therewith* (London: Stevens and Sons, 1878).

The Law of Trade Marks and their Registration, and Matters Connected therewith (2nd edn) (London: Stevens and Sons, 1884).

Seville, C. 'Principle or Pragmatism ? The Framing of the 1842 Copyright Act' (PhD Thesis, University of Cambridge, 1996).

Sherman, S. 'Printing the Mind: The Economics of Authorship in *Areopagitica*' (1993) 60 *English Literary History* 323.

Shortt, J. *The Law Relating to the Works of Literature and Art* (London: Horace Cox, 1871).

Simpson, A. 'The Rise and Fall of the Legal Treatise: Legal Principles and the Forms of Legal Literature' in *Legal Theory and Legal History: Essays on the Common Law* (London: The Hambeldon Press, 1987), 273.

Slater, J. *The Law Relating to Copyright and Trade Marks Treated more Particularly with Reference to Infringement* (London: Stevens and Sons, 1884).

Smith, A. *The Wealth of Nations* (1776) (ed. Edwin Cannan) (London: Grant Richards, 1904).

Smity, H. Llewellyn, *The Board of Trade* (London: Puttnams, 1928).

Society for Promoting Amendment of the Law, *Annual Report 1860–1* (London: McCorquodale and Co, 1861).

Speakman, W. 'Copyright Act: Designs' (31 May 1912) 23 (5) *Manchester Chamber of Commerce Monthly Record* 141.

Spectator, 'The Unanswered Charges of Piracy Against Mr S. Hutchinson – The State of English Patent Law' (1839–40) 32 *Mechanics' Magazine* 390.

Spence, W. 'Patents as Channels of Industry' (1868) *TNAPSS* 256.

A Treatise on the Principles Relating to a Specification of a Patent for Inventions (London: Stevens, 1847).

Copyright of Designs as Distinguished from Patentable Inventions (London: Stevens and Norton, 1847).

The Public Policy of a Patent Law (London: Printed for the Author and sold at 8 Quality Court, 1869).

Stearns, L. 'Copy Wrong: Plagiarism, Process, Property, and the Law' (1992) 80 *California Law Review* 513.

Stewart, S. *Crimes of Writing: Problems in the Containment of Representation* (New York: Oxford University Press, 1991).

International Copyright and Neighbouring Rights Law and Practice (London: Butterworths, 1989).

Symonds, [no initial], 'Summary of Proceedings of the Trade and International Law Department: Patent Law' (1862) *TNAPSS* 884.

Temple Franks W. 'The Protection Afforded to Artistic Designs' (30 June 1910) 21 *The Manchester Chamber of Commerce Monthly Record* 165.

Terrell, T. *Law and Practice Relating to Letters Patent for Inventions* (3rd edn) (rev. W. Rylands) (London: Sweet and Maxwell, 1895).

'The Benefit of a Patent-Law' (13 July 1877) 25 *Journal of the Society of Arts* 818.

'The Bill for Amending the Patent Laws' (1833) 19 *Mechanics' Magazine* 302.

The Cases of Appellants and Respondents in the Cause of Literary Property before the House of Lords (London: Printed for J. Bew, 1774).

'The Copyright Bill' (30 Sept. 1911) 22 (9) *The Manchester Chamber of Commerce Monthly Record* 259.

'The Copyright Question' (1841–2) 49 *Quarterly Review* 186.

'The Government Patents Bill in its Relation to Trade Marks' (7 April 1883) 74 *The Law Times* 404.

'The Law of Copyright and Designs' (31 Jan. 1911) 22 (1) *The Manchester Chamber of Commerce Monthly Record* 4.

'The Law of Trade Marks' (18 Jan. 1879) 2 *The Legal News* 25.

'The Proposed Legislation as to Designs and Trade Marks: Part III' (12 May 1883) 27 *Solicitors' Journal* 464.

'The Protection Afforded to Artistic Designs' (30 June 1910) *The Manchester Chamber of Commerce Monthly Record* 165.

Thomson, J. *A Letter to the Right Honourable Sir Robert Peel, on Copyright in Original Designs and Patterns for Printing* (London: Smith, Elder and Co, 1840).

A Letter to the Vice President of the Board of Trade on Protection to Original Designs and Patterns, Printed upon Woven Fabrics (2nd edn) (Clitheroe: H. Whalley, 1840).

'Title to Sue for the Protection of Industrial Property' (1892) 36 *Solicitors' Journal* 213.

Tompson, R. 'Scottish Judges and the Birth of British Copyright' (1992) *Juridical Review* 18.

Toulmin, H. 'Protection of Industrial Property: Monopolies Granted by Governments' (1915) 3 *Virginia Law Review* 163.

'Trade Marks' (31 July 1912) *Manchester Chamber of Commerce Monthly Record* 198.

'Trade Marks: Classification' (30 Sept. 1913) 24 (9) *The Manchester Chamber of Commerce Monthly Record* 253.

Trueman Wood, H. 'The Patents for Inventions Bill, 1877' (9 March 1877) 25 *Journal of the Society of Arts* 339.

'The Registration of Trade Marks' (26 Nov. 1875) 24 *Journal of the Society of Arts* 17.

Turner, T. *Counsel to Inventors of Improvements in the Useful Arts* (London: Elsworth, 1850).

On Copyright in Design in Art and Manufactures (London: Elsworth, 1849).

Remarks on the Amendment of the Law of Patents for Inventions (London: Elsworth, 1851).

Underdown, E. *The Law of Artistic Copyright: The Engraving, Sculpture and Designs Acts, the International Copyright Act and the Artistic Copyright Act 1862* (London: John Crockford, 1863).

'Unreasonableness of Judge-made Law in Setting Aside Patents' (1835) 22 *Westminster Review* 447.

Unwin, G. *The Guilds and Companies of London* (4th edn) (London: Frank Cass and Co, 1963).

Van Zyl Smit, D. 'Professional Patent Agents and the Development of the English Patent System' (1985) 13 *International Journal of the Sociology of Law* 79.

'The Social Creation of a Legal Reality: A Study of the Emergence and Acceptance of the British Patent System as a Legal Instrument for the Control of New Technology' (PhD Thesis, University of Edinburgh, 1980).

Vojacek, J. *A Survey of the Principal National Patent Systems* (New York: Prentice Hall, 1936).

Waggett, J. *The Law and Practice Relating to the Prolongation of the Term of Letters Patent for Invention* (London: Butterworths, 1887).

Wallace, R. and J. Williamson, *The Law and Practice Relating to Letters Patent for Inventions* (London: William Clowes and Sons, 1900).

Wallace, W. 'Protection for Designs in the United Kingdom' (1975) 22 *Bulletin of the Copyright Society of the USA* 437.

Warburton, W. *A Letter from an Author to a Member of Parliament concerning Literary Property* (London: John and Paul Knapton, 1747).

Webster, T. 'On the Protection of Property in Intellectual Labour as Embodied in Inventions, Books, Designs and Pictures, by the Amendment of the Laws of Patent-right and Copyright' (1859) *TNAPSS* 237.

Webster, T. *On the Subject Matter, Title and Specification of Letters Patent for Inventions and Copyright of Designs for Articles of Manufacture* (London: Elsworth, 1848).

Webster, T. *Counsel to Inventors of Improvements in the Useful Arts* (London: Elsworth, 1850).

Webster, T. in (ed.) H. Dircks, *Statistics of Inventions Illustrating a Patent Law* (London: E. and F. Spon, 1869), 45.

On Property in Designs and Inventions in the Arts and Manufactures (London: Chapman and Hall, 1853).

The Law and Practice for Letters Patent for Inventions (London: Crofts and Blenkman, 1841).

The Subject Matter of Letters Patent for Inventions and the Registration of Designs (3rd edn) (London: Elsworth, 1851).

Whicher, J. 'The Ghost of *Donaldson* v *Beckett*' (1962) 9 *Bulletin of the Copyright Society of USA* 102.

Wittkower, R. 'Imitation, Eclecticism and Genius' in (ed.) E. Wasserman, *Aspects of the Eighteenth Century* (Baltimore, Md.: Johns Hopkins University Press, 1965), 143.

Woodmansee, M. 'The Genius and the Copyright: Economic and Legal Conditions of the Emergence of the "Author"' (1984) 17 *Eighteenth-Century Studies* 425.

Yeo, R. 'Ephraim Chambers' *Cyclopedia* (1728) and the Tradition of Commonplaces' (March 1996) *Journal of the History of Ideas* 157.

'Reading Encyclopaedia: Science and the Organisation of Knowledge in British Dictionaries of Arts and Sciences, 1730–1850' (1991) 82 *ISIS* 24.

Zionkowski, L. 'Aesthetics, Copyright and the Goods of the Mind' (1992) 15 *British Journal for Eighteenth Century Studies* 167.

SELECT COMMITTEES

Abbreviated titles and Command Paper numbers, where appropriate, are given in parentheses.

1829 *Report from the Select Committee Appointed to Inquire into the Present State of the Law and Practice Relative to the Granting of Patents for Inventions* 3 *PP* (332) (1829 *Select Committee on Patents*).

1831 *Minutes of Evidence Before Select Committee on Manufactures, Commerce and Shipping* 6 *PP* 240 (690).

1831 *Report from the Select Committee on Dramatic Literature* 7 *PP* 1 (679).

1836 *Report of the Select Committee on Arts and their Connexion with Manufactures* 9 *PP* 18 (568) (1836 *Select Committee on Arts and Manufactures*).

1840 *Report from the Select Committee on Copyright of Designs* 6 *PP* (442) (1840 *Select Committee on Designs*).

1849 *Report of the Committee Appointed by the Lords of the Treasury on the Signet and Privy Seal Office* 22 *PP* (1099) (1849 *Report of the Committee on the Signet and Privy Seal Office*)

1851 *Select Committee of the House of Lords Appointed to Consider the Bills for the Amendment of the Law Touching Letters Patent for Inventions* 18 *PP* (486) (1851 *Select Committee on Patents*).

1862 *Report from the Select Committee on Trade Marks Bill, and Merchandise Marks Bill: Together with the Proceedings of the Committee, Minutes of Evidence* 12 *PP* (212). (1862 *Select Committee on Trade Marks*).

1864 *Report of the Commissioners Appointed to Inquire into the Working of the Law Relating to Letters Patent for Inventions* 29 *PP* (5974) (1864 *Report on Letters Patent for Inventions*).

1864 *Report from the Select Committee on the Copyright (No. 2) Bill* 9 *PP* (441) .

1871 *Report from the Select Committee on Letters Patent* 10 *PP* (3681).

1872 *Report from the Select Committee on Letters Patent* 11 *PP* (193).

1878 *Report of the Royal Commissioners on Copyright of 1878* 24 *PP* (C 2036).

1887 *Report of the Committee Appointed by the Board of Trade to Inquire into the Duties, Organisation and Arrangements of the Patent Office under the Patents, Designs and Trade Marks Act 1883 Having Special Regard to the System of Examination of the Specifications which Accompany Applications for Patents now in Force under the Act* 66 PP (C 4968).

1888 *Report of the Committee Appointed by the Board of Trade to Inquire into the Duties, Organisation and Arrangements of the Patent Office under the Patents, Designs and Trade Marks Act, 1883, so far as Relates to Trade Marks and Designs* 81 PP (C 5350) (1888 *Patent Office Inquiry*).

1894 *Special Report from the Select Committee on the Patent Agents' Bill* 14 PP (235).

1897 *Report from the Select Committee on Merchandise Marks* 11 PP (346).

1898 *Report from the Select Committee of the House of Lords on the Copyright Bill (HL) and the Copyright Amendment Bill (HL)* 9 PP (393).

1899 *Report from the Select Committee of the House of Lords on the Copyright Bill (HL) and the Copyright (Artistic) Bill (HL)* 8 PP (362).

1900 *Report from the Select Committee of the House of Lords on the Copyright Bill (HL) and the Copyright (Artistic) Bill (HL)* 6 PP (377).

1910 *Report of the Committee on the Law of Copyright (1909) (Cd 4976) with Minutes of Evidence (1910)* 21 PP (Cd 5051) (1910 *Gorrell Report*)

1910 *Report of the Committee on the Law of Copyright Cd 4976; Minutes of Evidence taken before the Law of Copyright Committee. Sessional Papers* 21 PP (241).

索引

（本索引所标页码为原书页码，本书边码）

abridgements，节选 55

aesthetics of law，法律美学 *see* law, form of

Arts and Manufacture: Select Committee on Arts and Manufactures (1836)，技术和制造品：技术和制造品特别委员会（1836 年）104

Austin, John，约翰·奥斯丁 216

Australia，澳大利亚 127, 206, 211

author 作者

    as individual，作为个人的 ~ 35

    collaborative nature of authorship，~ 的协作性 37—38

    detachment from work，~ 与作品的脱离 200

    invention of，~［思想］的创造 36

autopoesis，自我制作 57

Babbage, Charles，查尔斯·巴比奇 102

Baines, Edward，爱德华·贝恩斯 104, 105

Barlow, John Perry，约翰·佩里·巴洛 1, 5

Bastide, F.，F. 巴斯蒂德 49

Bentham, Jeremy，杰利米·边沁 9

Berne Convention (1886)，《伯尔尼公约》（1886 年）124, 162

Blackstone William，威廉·布莱克斯通 21, 53 n. 34, 147 n. 24

book trade，图书交易；图书行业 12, 36, 39, 118 n. 83

    regulation of，~ 的管制 11

Boulton and Watt v. Bull (1795), 46, 108

    Buller, Justice，布勒法官 46

Brougham, Lord Chancellor, 布鲁厄姆勋爵 103
bureaucratic property, 登记制财产 71
   see also 另参见 registration

calico printers, 白棉布印花工 67—73
   of London, 伦敦的～ 63
   see also 另参见 design
Carpmeal, William, 威廉·卡普梅尔 189
categories of intellectual property law, 知识产权法的范畴 see 参见 intellectual property law codification, 62, 121, 135
Collier, J., J. 科利尔 107
colonies and dominions, 殖民地和英联邦自治领 112, 136
   feral laws, 野蛮法 136
   Imperial Copyright Conference, 帝国著作权会议 136
commodification, 商品化 50
common law copyright, 普通法著作权 13
Common Law Procedure Act (1852), 普通法程序法 191
common property, 公共财产 28
compilations, 汇编 55
Comptroller-General of Patents, 专利局局长 51, 162, 166
copies, 复制 55
Copinger, W., W. 科平杰 53
copyright law 著作权法
   Artistic Copyright, 艺术作品著作权 127
   attempts at reform, 改革～的意图 136—137
   automatic protection 自动保护 164
   codification, 法典化 135
   compared with patent law, 与专利法的比较 153—157
   crystallisation of, ～的固定化 111—128
   cultural nature of, ～的文化特征 125
   emergence of, ～的显现 111—128
      role of text book, 教科书的作用 111

role of legislative reform,立法改革的作用 111

　　　role of bilateral treaties,双边条约的作用 111—128

　entrenchment of, ~的稳固 128, 137—140

　for art and not trade, ~是为艺术而非手艺 161, 163

　glorious muddle,极度混乱 135, 217

　images of, ~的形象 119—125

　　　non-commercial nature of, ~的非商业性 124—125

　overlap with design,与外观设法的重叠 123—124, 163—165, 166

　pre-modern nature of, ~的前现代性 192—193

　see also 另参见 literary property

copyright legislation 著作权立法

　Copyright Act (1911),《著作权法》(1911年) 128, 129, 135, 137

　Copyright Amendment Act (1842),《著作权修订法》(1842年) 116

　Copyright of Designs Act (1839),《外观设计著作权法》(1839年) 64, 65, 70

　Fine Arts Copyright Act (1862),《美术作品著作权法》(1862年) 127

　Fine Arts Copyright Bill (1862),《美术作品著作权法案》(1862年) 184

　International Copyright Act (1838),《国际著作权法》(1838年) 114, 115, 116, 117

　International Copyright Act (1844),《国际著作权法》(1844年) 114, 115, 116

　Literary Property Act,《文学财产法》208

　Statute of Anne (1710),《安妮法》(1710年) 12, 36, 40, 74, 135, 207, 208, 210, 214

copyright treaties 著作权条约

　Anglo-French treaty (1851),《英法条约》(1851年) 117

　Anglo-Prussian Copyright Treaty,《英国—普鲁士著作权条约》124

　Berne Convention,《伯尔尼公约》111

　bilateral copyright treaties,双边著作权条约 111—128

　　　impact on domestic law, ~对国内法的影响 115—120

　　　role of the Crown,英王国政府的作用 114

　multilateral copyright treaty,多边著作权条约

　　　establishment of, ~的缔结 113—114

Coryton, J., J. 科里顿 201, 203

Crane v. *Price* (1842), 108

creativity, 创造性 16, 43, 44, 205—206

    designs, 外观设计 44

    interpersonal nature of, ~的人际性特征 37

    model of, ~的模式 44, 46, 65—66, 143—144

    patents, 专利 44

    personality, 人格 169

    return of, ~的回归 199—204

    shift away from, ~的转换 180—182, 194—204

    suppression of, ~的抑制 200

    see also 另参见 intangible property; personality

Cunynghame, Henry, 亨利·坎宁安 48

Cutlers' Company, 刀匠公会 71, 181

Daniel, E., E. 丹尼尔 196

Darras, A., A. 达拉斯 76

design 外观设计

    beauty and utility, 美观与实用 84

    Britain, 英国的 ~ 63

    classification system, 分类制度 189

    denigration of, 对 ~ 的贬低 163—166

    Designs Office, 外观设计局 69

    Designs Register, 外观设计登记簿 61, 170

    distinguished from trade marks, 与商标相区别 199

    duration, 期限 196

    form of objects, 对象的形式 86

    France 法国 63

    non-ornamental, 非装饰性 77

    ornamental, 装饰性 77

    overlap with patents, 与专利的重叠 80—81, 83—84, 91, 92—93

    overlap with copyright, 与著作权的重叠 123—124

Registrar of Designs，外观设计登记官 85

relationship to copyright and patents，与著作权和专利的关系 199, 210—212

Select Committee on Designs (1840)，外观设计特别委员会(1840 年)78, 148

subjugation to patents，从属于专利 110

design legislation 外观设计立法

    Calico Printers Acts (1787), (1794),《白棉布印花工法》(1787 年)、(1794 年)37, 41, 63—64, 74—75

        objection to registration system，对登记制度的反对 68—73, 77, 78

    Designs Registration Act (1839),《外观设计登记法》(1839 年)64, 65, 67, 70, 74, 80—85, 87

    Non-Registration Act (1839),不登记法 77

    Ornamental Designs Act (1842),《装饰性外观设计法》(1842 年)65, 77, 79, 87, 90

        failure of ～的失败 87—94

    Utility (or Non-Ornamental) Designs Act (1843),《实用(非装饰性)外观设计法》(1843 年) 65, 77, 79, 90—91, 93

digitisation，数字化 1, 193 n. 75

discovery，发现 46

Donaldson v. Becket (1774), 14, 39, 42, 210

    Donaldson, A., A.唐纳森 11

    Camden, Lord, 卡姆登勋爵 39

duration of protection，保护期限 146, 195, 196

economics 经济学

    arguments，经济学论据 6

    as a mode of organising categories，作为将范畴组织起来的一种模式 195—196

    political economy，政治经济学 4

    shift towards，向着～的转换 174—175

    value of subject matter，对象的价值 195

Edmunds, Lewis, 刘易斯·埃德蒙兹 163

Engravers' Act (1735),《雕工法》(1735 年)16, 40, 74

Exhibitions Medals Act (1863),《展览奖章法》(1863 年)166

expression (or style), 表达(或者风格)34
  abstract, 抽象的 52
  inventor, engraver, designer, 发明人、雕工和设计师 52
  unique, 独一无二的 35, 52, 53, 54, 66, 156
  see also 另参见 individual, personality

Farey, John, 约翰·法里 106
Fine Arts, 美术作品 see under 另见于 copyright legislation
Foucault, Michel, 米歇尔·福柯 185
France, 法国 63, 74, 84, 106, 115, 118, 121, 123, 161, 164, 173—175, 212, 216
Frost, Robert, 罗伯特·弗罗斯特 48

GATT/TRIPS, 219
Ginzburg, Carlo, 卡洛·金兹伯格 51, 52
Gladstone, William, 威廉·加尔斯通 79
Godson, Richard, 理查德·戈德森 99, 103, 104, 105
Grotius, 格老秀斯 21, 22, 23

Hargrave, F., F. 哈格雷夫 22, 26, 52
Hindmarch, W., W. 欣德马什 153, 171
Hornblower v. Bull (1799), 108
Hutcheson, J., J. 哈奇森 203—204

idea/expression dichotomy, 思想/表达二分法 30—35, 45, 156
  see also 另参见 expression
ideas, patenting of, 思想的专利 45
Imperial Copyright Conference, 帝国著作权会议 136
In re Robinson, 190
individual, 个人 35
  as creator, ~作为创作者 35, 36, 37, 38
  as focal point, ~成为焦点 36, 65

in Calico Printers, 在白棉布印花工中的 36
individualism 个人主义
  epistemological, 认识论的 ~ 35
  possessive, 占有式 ~ 23
  role of, in intellectual property law, ~在知识产权法中的作用 35
  see also 另参见 expression, personality
industrial property, 工业产权 161—162
  as a French concept, ~作为一个法国概念 161
  as an alien concept, ~作为一个外来概念 161
information, 信息 71
  regulation of, ~的管制 72
infringement 侵权行为
  copyright 著作权 155
  patents (nature of invention), 专利（发明的本质）154—155, 210
intangible property 无体财产；无体物
  as action, 作为行为的 ~ 47—50
  as monopoly, 作为垄断的 ~ 34
  as object, 作为客体的 ~ 48
  boundaries, of, ~的界线 25
  closure, 闭合 176
  commodification, 商品化 50
  economic and social, 经济和社会的 28—35
  essence, 本质 32, 55—59, 186, 201—203
  fear of evaluating, 对评价的担忧 176—180
  firm name as, 作为 ~ 的商号 41
  goodwill as, 作为 ~ 的商誉 41
  identification of, ~的确认 4, 20, 24, 27, 33, 51—55, 153
  incorporeal, 非实体性 20, 24
  justifications, 正当性解释 20—24
  marital felicity, as 作为 ~ 的燕婉之欢 41
  metaphysical nature of, ~的形而上学本质 202
  nature of, ~的本质 2, 24, 26, 28

non-physical, 非物质性 20

normalisation of, ~的规范化 40

normative nature of, ~的规范性 66

    occupancy, 先占 21—24

performative nature of, ~的行为性特征 47—50

problems, ~难题 5, 41—42, 43, 58—59

purity, 纯粹性 145—146

registration, 登记 5—6, 153—154

    role of title page, 扉页的作用 27

see also 另参见 creativity

intellectual property law 知识产权法

  categories 范畴

    alternative ways of categorising, 替代性的归类方法 96—98：

        attitudes towards, 对~的态度 93—94

    closure of, ~的闭合 140

    consolidation, 合并 129—140

    drawing boundaries, 划定界线 18, 85—87, 92—93

    explaining differences between patents and designs, 解释专利与外观设计之间的差别 217—218

    how explained, 如何解释 195—196, 205

    how shaped, 如何形成 2, 15

    overlap between, ~之间的重叠 84—85：patent/design, 专利/外观设计 194

    role of registration, 登记的作用 92—94

  changing concerns, 变化的问题 139

  crystallisation 固定化

    emergence of, ~的显现 3, 6, 17, 61, 95—100, 106, 120, 129, 167

    organisation, 组织 17

    passive, nature of, ~的消极性 75

    pre-modern, 前现代的 3, 73—74

    reactive, 回应性的 73—74

    subject specific, 按对象而具体化的 73—74

  form, 形式 3—4, 16

creative nature of, ~的创造性 57, 203—204
history of, ~的历史 209
mimetic nature of, ~的模仿性 58
modern, 现代的 3
　　abstract nature of, ~抽象性 75
　　organisation, 组织 17—18
non-existence of, ~的不存在 95—100
origins of, ~的 206—212
pre-modern intellectual property law, 前现代的知识产权法 73—74
　　compared with modern, 与现代的比较 3—5
　　copyright, 著作权 192—193
　　defined, 定义 3—5
　　designs, 外观设计 75—76
　　patents, 专利 101—102
　　trademarks, 商标 166—167, 170—171
pure, 纯粹的 212—215
text books, 教科书 96, 99
trade marks as a form of, 商标作为一种~ 166—172, 196—199
trust in, 对~的信任 139

invention 发明
　　as a creative process, 作为一个创造性过程 150
　　as a non-creative process, 作为一个非创造性过程 150, 153
　　as unique expressions, 作为一个独一无二的表达 151—153
　　cf. discovery, 比较,发现 46
　　intertextuality and, 相互交织性与~ 36
　　intuition, 直觉 204
　　more deserving, 更值得的 110
　　nature of, ~的本质 46, 150—157
　　reverse engineering, 反向工程 147
　　trivial, 琐细的 88, 110, 177—178
　　utility of, ~的实用性 86
　　see also 另参见 patents

judgment, 判断 200—201, 203—204

kaleidoscope, 万花筒 88, 110
Kant, Immanuel, 伊曼纽尔·康德 213
Kenrick, William, 威廉·肯里克 19, 44 n. 2, 54 n. 40, 179 n. 21, 210
Kilburn, William, 威廉·基尔伯恩 63, 210

Langdale, Lord, 朗戴尔勋爵 178
Latour, Bruno, 布鲁诺·拉图尔 71 n. 45, 72
Law 法；法律
 codification, 法典化 62, 121, 135
 form of, ~的形式 3—4, 61, 73—76, 79—80, 81, 119—122
 simplification of, ~的简化 74
Law of Arts and Manufacture,《技术和制造品法》61, 101, 104, 105, 161
Lennard, Thomas, 托马斯·伦纳德 103
Licensing Acts (1695),《经营许可法》12
literary property 文学财产
 as gift, 作为赠予 28—35
 as monopoly, 作为垄断 34
 boundaries of, ~的界线 25
 economic and social, 经济的和社会的 28—35
 essence, 实质 32
 identification, 确认 24, 27, 33
 literary property debates, 文学财产争论 9—15, 19, 142—148
 nature of, ~的本质特征 24, 26, 32
 normalisation of, ~的规范化 40
 scope of the right, 权利的范围 32
 see also 另参见 copyright
Lloyd, E., E.劳埃德 197
Locke, John, 约翰·洛克 23, 36, 107, 144, 152 n. 43, 210, 216 n. 37
Lucas, L., L.卢卡斯 148

Macfie, Robert, 罗伯特·麦克菲 149, 151, 156
MacGregor (Foreign Office), 麦格雷戈(外交部) 124—125
Mackinnon, William, 威廉·麦金农 104, 105, 209
manual labour, 体力劳动 *see* 参见 mental labour
memory, 记忆 71
    public, 公共 72
mental labour 智力劳动
    as a form of property, 作为一种财产 19, 40
    compared with manual labour, 与体力劳动比较 5, 9, 15—16, 142—148
    disappearance of, ~的消失 157, 173—193
    property rights in, ~中的财产权 2
    quality of mental labour, 智力劳动的质量 149—157
        as a way of distinguishing design law from patents and copyright, 作为一种将外观设计法从专利和著作权中区分出来的方法 148—149
        as a way of distinguishing patents and copyright, 作为一种将专利与著作权区别开来的方法 151—157
    quantity of mental labour, 智力劳动的数量 142—149
        as a way of distinguishing design law from patents and copyright, 作为一种将外观设计法从专利和著作权中区分出来的方法 148—149
        as a way of distinguishing literary property and patents, 作为一种将文学财产权与专利区别开来的方法 142—148
        duration of protection, 保护期限 146
        in books, 书籍中的~ 143—148
        in machines and clocks, 机器和钟表中的~ 143—148
        in utensils, 器具中的~ 144—146
    replacement of, ~的替换 194
    role of, in intellectual property law, ~在知识产权法中的作用 4, 141
    shift to the object, 向着对象的转换 173—193
        consequences of the shift, 转换的结果 194—204
    see also 另参见 intangible property
Merchandise Marks Act (1862),《商品标记法》(1862年) 168
Millar v. Taylor (1769), 13—14, 19, 27, 38, 39, 210

Aston, Justice, 阿斯顿法官 27

Yates, Justice, 耶茨法官 19, 20, 24, 28, 41

Milton, John, 弥尔顿 150

Monkswell, Lord, 蒙克斯韦尔勋爵 135, 207

moral rights, 著作人身权 127

narratives, 叙述 205—220

networks of communication, 交流网络 29, 37—38

Newton, Isaac, 艾萨克·牛顿 151

object 对象

 external form, 外部形式 91

 utility of, ~的实用性 91

occupancy, 先占 21—24

Palmer, R., R. 帕尔默 154

paper, role of, 书面文件的作用 72

Paris Convention (1883), 《巴黎公约》138, 162, 211

 see also 另参见 industrial property

patent law 专利法

 compared with copyright law, 与著作权法比较 153—157

 crystallisation of, ~的固定化 101—110

 emergence of, ~的显现 103, 105—110

  role of design law, 外观设计法的作用 106

  role of foreign patent systems, 外国专利制度的作用 106, 213

  role of judiciary, 司法的作用 107—109

  role of legislation, 立法的作用 104—106

  role of specialist treaties, 专门条约的作用 107

 important inventions, 重大发明 109

 non-existance of, ~的不存在 101

 overlap with designs, 与外观设计的重叠 80—81, 83—84, 91, 92—93

 Select Committee on Letters Patent (1871), 专利特别委员会(1871年)154

Select Committee on Patents (1829),专利特别委员会(1829 年)83, 101, 105

Select Committee on Patents (1851),专利特别委员会(1851 年)186

trivial inventions,琐细发明 109

uncertain nature of,～的不确定性 82—83

patent legislation 专利立法

    Act to Amend the Law Touching Letters Patent for Invention (1835),《修订与发明专利相关法律法》(1835 年)103

    Patent Law Amendment Act (1852),《专利法修订法》(1852 年)130, 134, 188

    Patent, Designs and Trade Marks Act (1883),《专利、外观设计和商标法》(1883 年)162

    Protection of Inventions Act (1851),《发明保护法》(1851 年)134

    Statute of Monopolies (1624),《垄断法》(1624 年)108, 206 207, 208, 209, 210

patent system 专利制度

    attempts to abolish,取消～的企图 152

    gender balance of patentees,专利权人的性别比例 139

    Patent Office,专利局 132—133, 163

    patent specification,专利说明书 186—189

    problems with,～的难题 80, 82—83, 103, 130—131

    reform,改革 102—106, 134

    royal prerogative,王室特权 109, 131, 134

    shift from Crown to administrative system,从王室到行政管理体制的转变 134

    trust in,对～的信任 131, 182

    use of,～的用途 131—132

patents 专利

    communication to the public,向公众传达 156

    patent agents,专利代理人 109, 130, 133, 169

    patent specification,专利说明书 10, 72, 84 n. 41, 89 n. 62, 103, 104, 130, 182, 186

    process patent,方法专利 49, 108

    product patent,产品专利 48—49

    see also 另参见 industrial property; invention

personality,人格 169, 202

political philosophy, 政治哲学 6

principles of law, 法律原则 90, 215—218

    role of, ~的作用 94

profits, 利润 26

proof 证据

    private, 私人的 61, 70—71

    public, 公共的 61, 71

    manufacture, of ~的出具 181

property 财产

    in green hats, 在绿帽子上的 ~ 76

    in ideas, 在思想上的 ~ 30

    injunctions, 禁制令 198

    Trade marks as, 商标作为 ~ 197—198

    see also under 另见于 intangible property; justifications

Prussia, 普鲁士 113, 115, 118, 212

    Prussian Law for the Protection of Property in Respect to Works of Science and Art against Counterfeiting and Imitation, 《普鲁士保护与科学和艺术作品相关的财产以反对假冒和仿冒的法》116

public/private, 公/私 33

    public domain, 公共领域 28—25

Puffendorf, Samuel, 塞缪尔·普芬道夫 21, 22, 23

reasoning 推理

    a priori, 先验性 ~ 39

    consequential, 结果性 ~ 39

registration 登记;注册

    as a mode of identifying intangible property, ~作为确认无体财产的一种方式 68, 154, 185—193

    as a prerequisite for protection, ~作为保护的一个前提条件 180

    as legal guarantee, ~作为法律保证 68

    as proof of ownership, ~作为所有权的证据 184, 185

    as source of information, ~作为信息来源 69, 71

centralisation of, ~的集中化 181

closure of intangible property,无体财产的闭合 181

copyright,著作权 183—184, 191—193

development of modern system,现代登记制度的发展 61

encyclopaedia, as a form of, ~作为一种百科全书 71

function of, ~的功能 73

inappropriate subject matter, 不适当的对象 87—88

indexes, introduction of,索引的引入 132

lack of interest in, 在~上缺乏兴趣 72, 184

library,图书馆 72

memory,记忆 71

modern,现代的 4, 67—73

ownership,所有权的 73

pre-modern,前现代的 4

private, nature of, 私人性 69—71

publicly funded, 公共资金支持 5

representative registration, 表述性登记 5, 72, 182, 186, 191, 192, 202
   defined, 定义 5

role in shaping legal categories, ~在法律范畴形成中的作用 92

role of, in identification of intangible property, ~在确认无体财产时的作用 4, 185—193

role of, in scope of intangible property, ~在确定无体财产范围上的作用 73, 182—184, 185—186

reproduction,复制;重制 51—55

reputation,名誉 41

Reynolds, Joshua,乔舒亚·雷诺兹 144

Richardson, Samuel,萨缪尔·理查逊 151

romanticism,浪漫主义 38

Rose, Mark,马克·罗斯 36, 40 n. 125, 40 n. 126, 41 n. 128, 50n. 25

Royal Commission on Copyright (1878),王室著作权委员会 135, 174

Ryland, A., A.赖兰 167—168

Schwabe, Salis, 索尔兹·施瓦布 70
Scrutton, T., T. 斯克鲁顿 175
Shakespeare, William, 威廉·莎士比亚 151
Sheffield (Cutler's Company), 设菲尔德(刀匠公会) 181
Sheffield Chamber of Commerce, 设菲尔德商会 168
shorthand, invention of, 速记的发明 16
signature, 签名 66, 169
Slater, J., J. 斯莱特 47—48
Smith, John, 约翰·史密斯 169
Smith, Joseph Travers, 约瑟夫·特拉弗·史密斯 166
Stationers' Company, 出版商公会 11, 170
Stationers' Hall, 出版商公会所 71, 181, 184
Statute of Anne (1710), 《安妮法》(1710 年) see 参见 copyright legislation
Statute of Monopolies (1624), 《垄断法》(1624 年) see 参见 patent legislation
Stephens, James Fitzjames, 詹姆斯·菲茨詹姆斯·斯蒂芬 174
style, 风格 see 参见 expression
subject matter, 对象
    as a mode of distinguishing copyright and patents, ~作为区分著作权与专利的一种模式 155—157
    fear of evaluation, 对评价的担忧 178—180
    willingness to evaluate, 自愿评价 176—178
Sublime Society of Beef Steaks, 卓越牛排协会 74

technological change, 技术变化 65
Tennent, Emerson, 埃默森·坦南特 78, 79
text books, 教科书 96, 99, 111, 138
theory, 理论; 原理 215—218
Thomson, James, 詹姆斯·汤姆森 196
Thomson, Poulett, 波利特·汤姆森 67, 70, 77, 79
trade marks 商标
    agents, 代理人 169
    as a form of intellectual property, 作为知识产权的一种 166—172, 196—199

as a form of property, 作为财产的一种 197—198

bureaucratic property, 登记制财产 198

classification system for, ~的分类制度 189—190

colour, registration of, 颜色的注册 190

concern with forgery and fraud, ~对伪造与欺诈的关注 171—172

crystallisation of, ~的固定化 166—167

designs, patents and copyright, relationship to ~与外观设计、专利和著作权的关系 169, 199

emergence of, ~的显现 167—169

non-creative nature of, ~的非创造性特征 170—171

not a form of property, ~不是一种财产 171

objections to trade marks as a form of intellectual property, 反对将商标作为知识产权的一种 170—172

pre-modern, 前现代的 166—167

role of registration system, 登记制度的作用 198

Select Committee on Trade Marks (1862), 商标特别委员会(1862年)169

Trade Marks Act (1875), 《商标法》(1875年)190

Trade Marks Bill (1899), 《商标法案》(1899年)162

translations, 翻译 55

Turner, Thomas, 托马斯·特纳 73, 92, 96, 203, 210

utility model, 实用新型 110

　　see also 另参见 designs

United States, 美国 106, 170n. 52, 212, 214n. 29

Victoria and Albert Museum, 维多利亚和艾伯特博物馆 64

Watt, James, 詹姆斯·瓦特 18, 152

Webster, Thomas, 托马斯·韦伯斯特 44, 45, 98, 109, 134, 186

译跋

I

由澳大利亚学者谢尔曼和英国学者本特利合著的《现代知识产权法的演进:英国的历程(1760—1911)》,在1999年出版时被列为"剑桥知识产权研究丛书"(Cambridge Studies in Intellectual Property Rights)第一种,足见它在英语世界是有影响力的。我相信,此书对于英国知识产权制度,知识产权发展历史,乃至一般法律制度演变历史有兴趣者,都具有参考价值。

本书是我在2000年为论文写作收集资料时发现并粗略读过的。彼时所着重的,仅为论文中关于英国知识产权制度的阐述部分增添一些材料而已,对于本书所蕴含之深层意义并不上心。但是在此后的教学研究工作中,愈觉研究知识产权法基础理论和梳理其历史发展之重要性与必要,遂于2001年底有意将此书译介,并着手联系两位作者。2003年初,适遇贺维彤为北京大学出版社延揽译作,毛遂自荐,得由北大社与剑桥大学出版社接洽,达成本书的翻译出版协议。此后不久,我的导师刘春田教授也相中此书,有意将之收入他主编的一套文丛,但鉴于我跟北大社已经有约在先,最终只能让恩师割爱了。这是我要向老师抱歉的,也希望本书的翻译出版差强平衡老师对它的伯乐之谊,但我必须说,北大社的认真负责,同样令人起敬。

历经 3 年,译事告竣,在即将推出中文版之际,我要对其中的贡献者表示衷心的感谢。北大社的编辑王晶和北大法学院 2003 级博士研究生朱理对本书倾注了大量精力和心血,他们不仅通读译稿,指出其中的不少错误,而且使我在后期校译时,不敢稍有偷懒或者糊弄之意。翻译过程中的若干疑难之处,也曾通过电子邮件向两位作者(他们均已离开本书初版时各自所在的单位,分别到昆士兰大学法学院和剑桥大学法律系当教授去了)讨教。他们的释疑,无疑增强了译文在某些方面的可信度。To err is human; to forgive, divine.[1] 中译本的错误自然仍由我本人承担。译稿的后期校对,大部分是在德国慕尼黑的马克斯-普朗克学会知识产权、税法和竞争法研究所(Max-Planck Institute for Intellectual Property, Competition and Tax Law)完成的,其时为 2005 年的最后 3 个多月。除了感谢马普学会的慷慨邀请和资助,使我偷得浮生三月闲,捎带完成了这个活计,我还要特别向研究所所长 Joseph Straus 教授、Peter Ganea 博士,以及在慕尼黑大学攻读法学博士学位的曹晶晶、王旭明伉俪,谨致谢忱。最后但同样重要的是,我要对妻子小红和女儿点点表达歉意、谢意和爱意,为了我无法与她们更多地共享时光和我不时的缺乏耐心,也为了她们的陪伴和关心。

---

[1] Alexander Pope 语,中文译作"凡人多舛误,唯神能见宥",见陆谷孙主编:《英汉大词典》,"前言"。

II

　　本来，人们只要吃着鸡蛋就可以了，还要看那下蛋的母鸡干什么？这好像是钱钟书说过的（大意）。我们在知识产权领域，同样也只是调整智慧劳动或者经营活动的结果，而不问其产生的过程。而在创作者这一方，那种百思不得其解的窘状，或者一语点破梦中人的快意，却总是另有一番滋味在心头，有时甚至就有一吐为快的念头。想想也是，人们不必看下蛋的那只母鸡，但刚下了蛋的母鸡却常常大声叫唤，引得人们来看。

　　以下文字，怕也属于这样的情形。人们阅读本书时，如无疑问，尽管各取所需，大啖鸡蛋即可。但若在其中遇有疑惑之处，那就看看母鸡是如何下蛋的吧。

　　先说说本书中的一个关键词 bureaucratic property。根据字面意义，通常译作"官僚财产"即可，但我总以为，这样的中文表述，极易引起读者的误解。可能的误解有二：一是可能将其与中国在1949年之前存在而后被没收的、以四大家庭为首的官僚资本联系起来；二是可能发生疑惑，既然知识产权属于私权，为何又是官僚的财产呢？总之，问题就出在"官僚"上。翻译伊始即左右寻思，总难以找到一个贴切的中文对译词，一度采用解释的方法，译作"受政府管理的财产"。

　　求询于作者，答曰："*Bureaucratic property* is a term that we used to highlight the important role that the registration system (and the State) plays in establishment of the property interests"（我们用 *Bureaucratic property* 这个术语，是为了突出国家和登记制度在确立财产权益方面的作用）。其实通过阅读本书我们也已经知道，该词语重在说明英国知识产权法发展过程所引入的登记制度，或者称之为"表述性登记"（representative registration）。登记制度从举证、公信力、确认权利范围等多个方面影响了英国的知识产权制度，甚至成为国际通行的、在知识产权多数范畴采用的制度。它从根本上改变了法律调整无体财产的方法,实现了知识产权领域的"从创造到对象"(from creation to object)的转换。所以,该词语实际上是中性的,在某种程度上甚至是褒义的。这就难免与我们通常对该中文词语的理解相左了。

我们如果扩大阅读范围,就可能会想到,bureaucratic 是否与韦伯(Max Weber)的 bureaucracy 有关？线索是有了,但找来相关资料,发现社会科学领域对该词的表达也存在分歧:"官僚(制)" vs. "科层(制)"。

> 如何翻译 bureaucracy？像约定俗成的那样现成地译作"官僚(或官僚制)"行吗？似乎没这么便利！恰恰是由于在中国的政治传统里,"官僚"具有了太重的负面含义,当代研习和传播西方社会学的少数华人学者,在翻译 bureaucracy 时,刻意不去用早有的"官僚"这个词,而生造出"科层"这个新词。遗憾的是,"科层"这个译名虽有某些合理的成份,它却难以作为形容词使用,更重要的是它难以涵括自从 Robert Merton 以来,bureaucracy 研究中十分强调的那些 dysfunctional aspects。也就是说,任何一种译法,只能顾及一面,顾及不到多面。中国乃是"官僚制"的故乡,在中文的社会科学文献里处理 bureaucracy 尚且如此之难,遑论他者！[2]

有没有更好的译法？尚未可知。如果没有,就只能在这两者

---

[2] 丁学良:《华人社会里的西方社会科学》,载《香港社会科学学报》第 10 期,1997 年秋。丁学良教授以该词为例,说明华人学生由于在制度和文化的各方面与西方社会均有着重要的历史的和现状的差异,从而对诸多现代西方社会科学的概念不易接受。他在该文章中还提到,"中国大陆社会科学系大学生对韦伯的 bureaucracy 论难以接受,根本上是因为他们对中国社会里 bureaucracy 的观察及对与之相关的中国历史经验的了解,实在与韦伯的概念间的黑白反差太强烈。他们的存在经验中的 bureaucracy,更多的时候与 rationalization(合理化)、efficiency(效率高)、impersonality(不徇私情)相距很远,而倒是与'长官意志'(arbitrary)、形式主义(red tape)、无能、低效、特权、傲慢乃至腐败联系在一起。"

之间权衡取舍了。显然,后者既难以当形容词,而且放在本书中会更加令人难解。所以,本书将"bureaucratic property"译作"官僚式财产"。读者诸君如果看了上述解释,仍有疑问,就只能扩展阅读韦伯的相关论著了。如有更好的译法,也请有以教我!

再就是书中一句引文的翻译。原文第175页(中译本边码,划线部分为我后加的):Although this mode of inquiry had once been virtually obligatory, questioning the nature of intangible property in terms of the mental labour it embodied was now said to be "as fruitful in controversy and as fruitless in proportionate results as that other realm <u>where ignorant armies clash by night</u>: over the debatable fields in Phaenomena and Noumena, destiny and Free Will" [note: T. Scrutton, *The Law of Copyright* (1883), 2—3]。这句话的大部分是作者引用19世纪的斯克鲁顿的著作,而在引文当中,又充满了的那个时代的特色,因为它也借用了同一世纪甚至前一世纪的流行用语。我在初译时,就注意到 Phaenomena and Noumena 以及 destiny and Free Will 两组词语的打头字母多为大写,所以特别查阅了资料,确认这些用语实际上出自德国哲学家康德(Immanuel Kant, 1724—1804),尤其是他的《纯粹理性批判》一书,因此把它们分别译作"现象"和"本体","神意"和"自由意志"。

但是,这句话中的"where ignorant armies clash by night"一语,一直到最后时刻,还是被王晶编辑发现破绽,指出翻译有误。说实在的,此句在当初译校时,就一直感觉理解起来不很顺,但一直没有能够下定决心,把它参透。现在接到编辑来信,等于给我出了一道考题,让我不得不重新面对当时的难题了。长考多时,仍觉得无从下手。忽然想到,原文既然引用1883年英国人斯克鲁顿的一部著作,是否可以从19世纪英国名人的作品中去寻找线索呢?上网加查阅相关图书,终于找到答案。一查不得了,这一用语看似平

常,却是大有来历呢! 它出自英国诗人马修·阿诺德[3]的代表诗作《多佛海滩》(Dover Beach)的最后一句:

> ……
> And we are here as on a darkling plain
> Swept with confused alarms of struggle and flight,
> Where ignorant armies clash by night.

原来典出于此! 再查阅该诗的中文翻译,发现不同时期都曾有名家译过此诗。

其一:麦修·阿诺尔德《多弗海滨》,卞之琳译

> ……
> 我们在这里,像在原野上受黑暗包围,
> 受斗争和逃遁惊扰得没有一片净土,
> 处处是无知的军队在夜里冲突[4]

其二:马修·阿诺德《多佛海滩》,飞白译

> ……
> 我们犹如处在黑暗的旷野,
> 斗争和逃跑构成一片混乱与惊怖,
> 无知的军队在黑夜中互相冲突[5]

因此,我最终将上面提到的这句话翻译为:

> 这样一种调查将"立刻把研究者带入所谓的'法律的形而上学王国'(realm of legal metaphysics)"。虽然这种调查方式一度在实际上是必须的,但是,根据其中所体现的智力劳动而来探求无体财产的本质,现在则被认为"与其他王国那样,具

---

[3] Matthew Arnold(1822—1888),英国维多利亚时代的诗人和评论家,主要作品除《多佛海滩》外,还有长篇叙事诗《邵莱布和罗斯托》(Sohrab and Rustum)和批评论著《文化与无政府状态》(Culture and Anarchy)等。
[4] 卞之琳编译:《英国诗选:莎士比亚至奥顿》,商务印书馆1996年版,第175页。
[5] 胡家峦编著:《英国名诗详注》,外语教学与研究出版社2003年版,第469页。

有丰富的争议,但就相应的结果而言,却一无所获。在这些其他的王国中,处处是无知的军队在黑夜里冲突:就是那些有关现象(Phaenomena)和本体(Noumena)、神意和自由意志的可争议的领域"。(中译本第208页)。

至此,这道翻译难题似乎在理解和表达上均已告解决。然而,完全是出于自己的好奇,我还想把对这个问题的进一步追问以及结果记录在此。阿诺德的这首诗这么有名,那谁最早将它翻译为中文的呢?卞之琳的译本肯定算是早的,但因为卞译未注明具体翻译时间,而仅从卞之琳在其书的前言中所提及的情况看,早不过20世纪20年代末,因此,恐怕在更早的时候还会有人译过。果然,这位译者就是闻一多,他是将此诗翻译为中文的第一人。闻一多在1919年将此诗翻译发表时,诗名译作《渡飞矶》,且以旧体诗格律译出。其译文的最后部分为:

……
深屑短兵接,奔腾杂顽犷。
月黑风雨晦,终古无恬靖。[6]

III

"处处是无知的军队在黑夜里冲突"!我们何尝不是在像无知的军队在黑暗里冲突呢?!原文与译文、作者与译者、著译者与阅读者;知识与产权、私权与公益、历史与现实……阿诺德写于1867年的这一句诗,至今仍然可以让人引发更多的思考。

略缀数语,纪念这段寻找和发现的过程。

金海军
2006年3月于中国人民大学

---

[6] 原载1919年5月《清华学报》第4卷第6期。《闻一多全集》第1卷,湖北人民出版社1993年版,第283页。